U0509392

上海社会科学院文学研究所学术研究文丛

上海社科院城市文化创新研究院智库文丛

城市软实力研究系列

主编 徐锦江　执行主编 包亚明

城市民俗

时空转向与文化记忆

上海社会科学院文学研究所民俗非遗研究室　编

上海人民出版社　上海远东出版社

图书在版编目(CIP)数据

城市民俗：时空转向与文化记忆 / 徐锦江，包亚明，上海社会科学院文学研究所民俗非遗研究室主编. —上海：上海远东出版社，2021
(城市软实力研究系列)
ISBN 978-7-5476-1746-5

Ⅰ.①城… Ⅱ.①徐… ②包… ③上… Ⅲ.①城市—风俗习惯—研究—中国 Ⅳ.①K892

中国版本图书馆 CIP 数据核字(2021)第 189919 号

责任编辑 李 敏 王智丽
封面设计 徐羽情

上海社会科学院文学研究所学术研究文丛
上海社科院城市文化创新研究院智库文丛
城市软实力研究系列
主编 徐锦江 执行主编 包亚明

城市民俗：时空转向与文化记忆

上海社会科学院文学研究所民俗非遗研究室 编

出 版 上海遠東出版社
(201101 上海市闵行区号景路 159 弄 C 座)
发 行 上海人民出版社发行中心
印 刷 上海中华印刷有限公司
开 本 635×965 1/16
印 张 20.25
插 页 2
字 数 281,000
版 次 2021 年 10 月第 1 版
印 次 2021 年 10 月第 1 次印刷
ISBN 978-7-5476-1746-5/K·186
定 价 79.00 元

上海社会科学院文学研究所学术研究文丛
上海社科院城市文化创新研究院智库文丛

致谢与编写说明

特别感谢本书各位作者在城市软实力研究方面贡献的卓识，特别感谢各位作者慷慨授权支持。

本书由毕旭玲统筹、策划，程鹏负责版权联络、编辑、综述撰写等工作。

上海社会科学院文学研究所民俗非遗研究室

2021年10月

总序

《毛诗序》中最早出现“城市”二字:“文公徙居楚丘,始建城市而营宫室。得其时制,百姓说之,国家殷富焉。”《共产党宣言》说:“资产阶级使农村屈服于城市的统治。它创立了巨大的城市,使城市人口比农村人口大大增加起来,因而使很大一部分居民脱离了农村生活的愚昧状态。”城市社会学家亨利·列斐伏尔说:“离开了城市生活和城市社会的实现,人类社会的进步,将不可想象。”城市规划理论家刘易斯·芒福德说:“这城市,象征地看,就是整个世界。这个世界,从许多实际内容来看,已变为一座城市。”

今天,全世界已有超过一半人口生活在城市。在中国,城镇化率也已在2020年达到了63.89%,尽管城市起源仍然众说纷纭,尽管中国一些原始城邑遗址仍被含混地称为“文化城”,但这并不妨碍我们进行深入的城市研究。作为解开这个世界和我们自身之谜的一个途径,为了让城市更美好,为了实现人的全面发展,城市文化研究已然成为拥有智慧的人类必须承担的使命。

创建于1979年的上海社会科学院文学研究所(以下简称“文学所”)一直以文学研究为已任,但随着社会发展和学科发展,以及所属的上海社会科学院在2015年成为首批国家高端智库试点单位,文化研究也逐渐成为文学所的重要科研方向，并形成了学者辈出的研究团队。而身处全球超大城市上海的区位优势，也自然而然地使城市文化研究成为历任文学所决策层的心之所属，成为文化研究的一个重要方向。2005 年，文学所确认"城市文化研究"为重点学科，以此为基础，将城市文化理论研究、城市文化应用研究、文化产业研究、国际文化比较研究互相结合，互通有无，互相促进，使其既具有基础学科的厚实，又具有现实关怀的敏锐，学科建设得以较全面地发展。2006 年，在上海社会科学院新一轮重点学科建设中，文学所的"城市文化研究"名列其中，并确立了城市文化理论研究、城市文化现实问题研究、城市文化史研究、城市文化国际比较研究四个研究方向。为了更好地整合研究力量，在文学所中国文学、科技人文、公共文化、城市文化、文化产业、国际文化交流和比较文学、民俗和非遗保护开发七个研究室科研成果的基础上，在国家对外文化交流研究基地、上海文化研究中心等派生机构的先导下，2020 年文学所自主增设二级学科"城市文化"申报成功，2021 年 3 月，经上海社会科学院党政联席会议批准，以文学所作为运行主体，正式成立了院属城市文化创新研究院，旨在将文学所多年来积累的包括城市文学、城市科技人文、城市公共文化、城市文化创意产业、国际城市文化交流、城市民俗等学科领域在内的研究力量进一步聚焦整合。用志不分，乃凝于神，持之以恒，期有所成。

城市文化研究在世界范围内的展开历史虽然不是很长，但在西方学界已具备了基本的学术规范和学科体系，并出现了格奥尔格·齐美尔、瓦尔特·本雅明、刘易斯·芒福德、亨利·列斐伏尔、曼纽尔·卡斯特尔、大卫·哈维、简·雅各布斯、莎伦·佐金等一批学界先驱。时至今日，随着中国城镇化和以超大城市为中心的都市圈的高歌猛进，丰富而生动的中国城市创新实践必然呼唤中国特色的城市文化理论。借 2021 年世界城市文化论坛举办之际推出的《海派文化新论》、"城市软实力研究系列”、“海外亚洲汉学中的上海文学研究系列”，以及“文学所青年学者研究丛书”，体现了近年来文学所和新成立的城市文化创新研究院在城市文化方面的初步研究成果，与历年出版的《上海文化发展蓝皮书》、《上海文化》(文化研究版)一起成为所院学术成果的展示平台。在此请益行家里手，并接受社会各界检验，恳请不吝指教，批评匡正。

衷心祈愿城市让生活更美好。

上海社会科学院文学研究所所长、研究员
上海社会科学院城市文化创新研究院院长
徐锦江

2021年8月1日于砥石斋

序言

文化为魂的城市软实力

城市软实力，是软实力概念在城市研究中的具体运用，是指区域文化、价值观念、制度机制、城市形象、市民素质等方面所具有的感召力、吸引力、凝聚力和影响力。城市软实力是建立在城市文化、城市环境、人口素质、社会和谐等非物质要素之上的一种合力，这一力量最终通过内部公众（市民）对城市的认可和城市对外部公众（其他地区居民）的吸引而产生作用。城市软实力为城市发展提供了“无形有质”的动力，对城市竞争力具有极为重要的协调、扩张和倍增效应。如果说城市的发展速度和规模是由城市的经济水平决定的，那么城市发展的高度和质量则是由城市软实力决定的。

迈克尔·波特（Michael E. Porter）在《国家竞争优势》一书中认为：初级生产要素主要包括自然资源、气候、地理位置、非技术人工及资金等，高级生产要素包括通讯、信息、交通等基础设施，以及受过高等教育的人力、科研机构等。迈克尔·波特认为初级生产要素可以继承或者从外部获得，而高级生产要素很难从外部获得，须通过投资创造而得。随着社会的发展与进步，对初级生产要素的需求逐渐降低，初级生产要素的重要性也因此减弱，而高级生产要素对于获得竞争优势的重要程度日渐彰显。延伸到城市竞争力领域，迈克尔·波特所说的初级生产要素和高级生产要素，分别对应城市竞争力中的硬实力和软实力。在城市竞争力形成和提升的前半程，硬实力的驱动是软实力无法替代的，但在城市竞争力基本成型，特别是向外辐射之时，城市软实力就开始明显发力了，而城市竞争力发展到更高阶段时，硬实力的功效反而较难发挥，城市软实力则能够显著促进城市竞争力的可持续发展。城市软实力服务于城市发展的两个目标：一是推动城市经济社会可持续发展，这就要求形成以创新及其服务、应用等为核心的软实力增长模式；二是助推城市全面融入全球城市网络，在全球竞争中走向繁荣。

英国文化协会在2013年的《影响力与吸引力：21世纪的文化和软实力竞赛》报告中明确了“软实力”与“文化”之间的关联，并涉及传播、教育、企业和政府组织。就城市发展而言，文化本身就是一种资本性的城市竞争力，与经济资源、关系网络一样，是决定一个城市创造力的各种潜力和可能性。文化是一座城市的灵魂和根基，城市文化影响着本地居民的精神面貌与价值取向，城市文化的影响力既有对外的辐射作用，也有向内的凝聚作用。文化既是城市的创造基因，也是城市可持续发展的重要指标和组成部分。英国国家品牌研究学者西蒙·安浩特(Simon Anholt)在其著作《竞争性身份认同：国家、城市与地区品牌创新管理》认为，一个国家、城市或地区形象的改变及品牌竞争力的提升，80%靠创新，15%靠协调一致，5%靠传播。尽管对于具体权重可能有争议，但这至少说明：创新是重中之重，而文化则是城市软实力中最能体现创造能力和创新特色的组成部分。文化堪称城市软实力当之无愧的灵魂。

本丛书是一套以文化为魂的城市软实力读本，是由上海社会科学院城市文化创新研究院和文学研究所共同策划，由文学研究所下属六个研究室通力合作完成的。本丛书共分为六个主题：“创意城市：空间生产与城市活力”“全球城市：文化维度与国际经验”“文学城市：文化想象与本土实践”“城市民俗：时空转向与文化记忆”“公共文化：城市实践与文化服务”和“文化产业：创意经济与中国阐释”。本丛书的编选框架是：每个主题基本按照理论视野、城市实践、上海经验和全球前沿四个板块进行编选。本丛书确立这一编选思路，是希望从文化的视角审视城市软实力中的重要资源、潜能和活力，并通过理论阐释、城市实践、上海经验和全球前沿四个方面来讨论城市软实力，特别是城市文化软实力提升的重要路径和动力来源。上海实践的板块是对独具地方经验的城市软实力的考察，之所以列入这一相对特别的板块是基于如下的考量：上海作为移民城市，本身并没有现成的完整形态的文化传统，许多文化现象都是随着移民文化逐渐形成的，这在后发展国家的城市发展进程中颇具代表性。上海城市文化是在江南传统文化的基础上，融合开埠后源于欧美的近现代工业文明而逐步形成，这使得上海城市文化既有江南文化的古典与雅致，又有国际大都市的现代与时尚，明显区别于中国其他区域文化。开放性与创新性，既是上海城市文化与生俱来的鲜明特质，又是自成一体的独特品味与精神气质。上海城市文化的创造“力度”，正在缔造富有活力的城市生活和精彩纷呈的创意城市。

城市文化软实力是城市直面挑战、干预复杂社会结构、重新配置社会网络、创建可持续发展社区、推动社区参与、推广文化创意的内在驱动力。城市文化软实力为经济社会和文化创新发展注入了城市活力，不仅关系到城市空间的变迁、城市面貌的焕新和GDP发展水平及增速，也关系到对城市现代化程度的认同度和城市发展生命力的认同度，“生机”和“活力”已经成为全球新增长城市的共同特征。文化与创新合璧是城市未来发展的双引擎。独特的创新精神和强大的文化力量，代表着城市独特的软实力，将持续驱动城市未来的发展；文化特色的认知水平、文创类产品与服务的购买、世界文化遗产的认知水平、居民参与文化活动的程度等构成的文化实力，塑造了强大的城市软实力，彰显着城市最卓越和最充满魅力的一面。

上海社会科学院城市文化创新研究院执行院长

包亚明

目 录

第三部分　上海经验

第四部分　全球前沿

理论视野

城市民俗圈理论及其与城市文化分层的关系

程　洁*

城市民俗学是一门在全球化时代的风浪中涌现出来的新实学。它将构成民族文化和精神文明原动力的民俗，与超越国家和民族界限、发挥着世界性作用的城市结合起来，揭示出人类文明的重要一面。面对城市民俗文化的差异性现实以及目前所处的城市民俗文化研究的初级阶段等原因，城市民俗圈理论及其与城市文化分层的关系的构建和完善也应当被给予高度重视。

一、城市民俗圈理论的相关问题

（一）城市民俗圈理论的提出

"圈"和"层"的研究早已有之。文化圈概念是由德国民族学家 R. F. 格雷布纳首先提出的，他认为，文化圈是一个空间范围，在这个空间内分布着一些彼此相关的文化丛或文化群。从地理空间角度看，文化丛就是文化圈。奥地利学者 W. 施密特踵其后，主张文化圈不仅限于

---

* 程洁（1978—　），女，安徽省绩溪县人，文学博士，上海社会科学院《社会科学报》主任编辑，主要从事文化人类学、古代文学研究。本文原发表于《学术月刊》2011 年第 6 期。

一个地理空间范围，它在地理上不一定是连成一片的。格雷布纳和施密特的学派又合称为文化圈学派。文化圈理论被后来的文化人类学家接受，美国历史学派博厄斯的文化区、文化带主张又影响了一批人类学者。文化圈理论对于研究民族学和文化传播是很有价值的。此外，西方学者还很早就针对城市内部地域结构设计了一些模型，这是城市圈研究的探索。比如伯吉斯（Ernest W. Burgess）的同心圆带模型、霍伊特（H. Hoyt）的扇形模型及哈里斯（Chauncey Harris）和乌尔曼（Edward Ullman）的多核模型①，等等。

民俗圈是对文化分布的另一种划分方法。民俗圈不同于行政区划，它是特定的文化空间。通常说的“因土成俗”“人以群分”，本身就展现了文化分化的逻辑，不同民俗圈的不同文化表象，成为族群社区成员区分你我他所广泛认同的一个重要视角。北京学者乌丙安，上海学者陈勤建、郑土有，关陇民俗研究者王知三等都曾提及民俗文化圈。明确以理论来建构民俗圈的是陈华文：“民俗文化圈是一种以族群为活动依托，具有地域性和传承性特征的民俗文化生存形态。它因为家庭或家族制度的形成、因为自然村落或自然环境的不同、因为行政区划或语言（方言）的不同，而使民俗文化事项在各自的家庭或家族、自然村落或自然环境，以及相同的行政区域或相同的语言（方言）中形成具有自我个性的内容、互相独立传承、具有不同的解释系统和施行的族群。……换句话说，民俗文化是在相对的族群中以相对的内容和方式独立地存在。顺便应该提到的是，这儿的‘圈’并不是种绝对对称的圆圈，而是一种相对范围的区域，一种包括过去、现在和地域、空间范围的区域。”②应当说，这个定义还是比较具体的。

尽管陈华文有自觉建构的努力，但是，陈的民俗文化圈更适合相

---

① 王恩涌：《文化地理学导论》，北京：高等教育出版社，1989 年，第 357—360 页。

② 陈华文：陈华文《论民俗文化圈》，《广西民族学院学报（哲学社会科学版）》，2001 年第 6 期。

对简单的乡村社会，对多元异质的城市民俗文化而言，显得稍许有些空泛。总的来说，目前城市民俗圈的理论建构还十分薄弱。“都市文化就是当今世界最大的人文，对它的关注与研究则有助于人类建设一个真正的和谐世界。”①城市民俗文化的差异性现实以及目前所处的城市民俗文化研究的初级阶段等一些原因，都使得城市民俗圈理论与城市文化分层的研究应当被提上议事日程。

（二）城市民俗圈形成原因

人类的文明史从某种意义上说就是城市史。芒福德（L. Mumford）在论述城市时指出，“它的表现形式之多，很难用一种定义去概括”，就民俗学的角度而言，城市具有集中性、地域性、层次性以及多元异质性等显著特征。近代化、现代化城市的形成和日趋完善，使得城市民俗文化随之形成。又由于形成民俗的要素以及地缘集团、血缘集团、职缘集团发生变化，从而形成了相应的城市民俗文化圈。下面我们将化繁为简，从时、空二维展开对城市民俗圈形成的讨论，因为，城市存在的意义，取决于时间纵轴上的连续性及每一时段空间上的合用性。所有政治、经济、军事、文化等因素，皆是时空共同作用的结果。

从空间维度来看，首先，乡村城市化是一个重要原因。德国哲学家斯宾格勒说，“世界史就是人类的城市时代史”②，城市以其绝对强势和辐射力，长久以来，不断向周边、郊区，乃至乡村腹地渗透，这是一个动态的地域空间过程，带来的是城乡空间范围的变化。“美国学者弗里德曼（J.Friedmann）把城市化过程分为城市化Ⅰ和城市化Ⅱ，前者包括人口和非农业活动在不同规模城市中地域集中过程、非城市型景观转化为城市型景观的地域推进过程；后者包括城市文化、城市生

---

① 张杰：《都市文化研究与全球化时代的新实学》，《光明日报》2009年10月25日。

② 帕克等著，宋俊岭等译：《城市社会学》，北京：华夏出版社，1987年，第2—3页。

活方式和价值观念在农村地域扩散过程。”①然而，在景观快速城市化之下，乡村族群文化心理并未同步城市化，相对传承稳定的传统民俗的变化则更是滞后一步，这是城市民俗差别化，并由此形成不同圈层的重要原因之一。

其次，移民文化的大量汇聚。城市从形成之日起，就是多个人群的聚居共存，血缘、地缘广泛交织，“如巴黎有华人区、意大利区和阿拉伯区。以美国纽约为例，一代又一代移民在纽约安家落户，繁衍生息，使纽约成为了一个典型的移民城市，其城内有华人区、意大利区、波多黎各区。”②上海也是著名的移民城市，“各省均有寄寓之人，首指者为广帮，次则宁、绍，次则苏帮，最次则本帮。”③各地移民携着迥然不同的文化模式作为城市人的角色在街头相遇，“外来人口在城市中求生存与发展往往形成一些相对集中的聚居区，如上海的外来移民中，江苏人多分布在北半部的闸北、普陀、江宁等区，浙江人多分布在城市的南半部，而广东人则主要居住在四川路和南京西路一带。外地人口的区域分布又自然影响到不同地域民俗在城市里的空间分布。”④在城市中至少有两种基本的城市族群类型——本地族群和移民族群。像北京、上海，作为历史和当代的国际性大都市，其族群版图更是呈现多元丛生的局面。相应地，它们就拥有更多风格各异的民俗文化圈。

从时间维度来看，民俗源于社会生活的积淀，最终是时间的产物。虽然民俗具有传承性，不同历史阶段的民俗内容还是会有一些差异。中国城市的几次大发展，是城市民俗形成发展的契机，比如盛唐、辛亥革命后、改革开放以来，都是城市民俗发展的关键阶段。可见，时间不仅在一定的长度上孕育出相应的城市民俗圈子，而且在一定的节点

① 姜斌等：《快速城市化下城市文化空间分异研究》，《地理科学进展》2007 年第5 期。
② 殷京生：《试论城市文化的特征》，《宁夏社会科学》2003 年第 1 期。
③ 姚公鹤：《上海闲话》，上海：上海古籍出版社，1989 年，第 108 页。
④ 朱爱东：《城市民俗的多元化特征》，《民俗研究》2000 年第 4 期。

上，催化出不同的民俗圈。清末民初时上海的情况十分典型，开埠之后，华洋杂处，存在着三个特色不同的民俗圈：租界的西洋民俗圈、华界的老城厢民俗圈，以及郊区的传统乡村民俗圈。“新”与“旧”围绕着时间这个圆心，划起了各自的民俗辐射区域。正如李大钊所说：“中国今日生活现象矛盾的原因，全在新旧的性质相差太远，活动又相邻太近。换句话说，就是新旧之间，纵的距离太远，横的距离又太近，时间的性质差得太多，空间的接触逼得太紧。同时同地不容并有的人物、事实、思想、议论，走来走去，竟不能在一路来碰头，显出两两配映，两两对立的奇观。”[①]时间维度是城市民俗圈形成的不可或缺的一翼。

（三）城市民俗圈的特征

第一，一座城市的同一个民俗圈具有相对的文化共性。这是因为，民俗具有模式化、类型化的根本属性，它沟通民众物质生活和精神生活、传统与现实，反映民间地域或族群社区的共同意愿，甚至可以跨越时空，进行传承。所以说，城市民俗圈是集体性的、族群性的，具有相对的稳定性和广泛性，这些构成了相对的文化共性。

第二，城市文化是一个多层次的，综合、复杂的统一体，这决定了即使是同一民俗圈中的文化也具有多层次的特征。以西安市回民民俗圈为例，“从城市的角度看，西安回民区是一个完整的族群社区，而如果从内部进行观察，就会发现存其整体结构之后实际是一种更为多样化的教坊街区组合：各教坊之间的文化差异不仅存在于教义或宗教仪式上，也反映在社区建筑上。有意思的是，回民区的东区以格底木教派为主，该派在恪守伊斯兰教义的同时也接受了许多地方文化的影响，其清真寺以传统形式者居多，新建住宅中亦有不少保持传统室内装饰风格，还有一些做成仿古式样；而西区相对以依赫瓦尼教派为

① 李大钊：《新的！旧的！》，《新青年》1918年5月15日，4卷5号。

多，其五个清真寺中的两个在重建中已将原先古典形式改为中国-阿拉伯混合形式，新建住宅多以满足实用需求为主，并不企图在形式上大做文章。有少数富裕家庭则在建筑上以使用穆斯林喜好的绿色和尖券为其身分象征。”①城市民俗圈的多层次性，构成城市文化的张力与活力，是城市赖以生长和发展的内在动力。

第三，每一个民俗圈都不是封闭的，不仅其内部可以继续细分为若干亚圈，而且民俗圈之间又可能是相互交叉，彼此影响，互相渗透的。复旦大学郑土有博士在《冲突・并存・交融・创新：上海民俗的形成与特点》一文中分析道：“现时上海民俗如果从构成因素分析是由土居（并非严格意义上的）民俗、外地民俗、西方民俗三部分组成的。但实际上，在上海民俗的形成过程中，三要素之间的关系是极为复杂的，既不是简单的相加，也不是机械的拼凑，而是一种共时的融汇、历时的沉淀。”②这里所谓“共时的融汇、历时的沉淀”，就体现了民俗圈之间的互渗性。

第四，多元复杂性。法国历史学家莫里斯・埃马尔认为：“城市是一些纵横交错、布局密集的空间，是按照虽不成文但人人均需严格遵守的一套一定之规部署的，这些反映在城市生活各个层次上的规定，决定了文化的复杂性。”③这既是城市文化的特点，也是城市民俗圈的特点。近年，传统小聚居的居住模式随着商品房的普及被打散，不同民俗的主体，高度异质化的人口在空间分布上更加驳杂。有调查表明：“截至 2005 年底，全国城市化率已经达到 42.99%，城市化已从向城市中心集聚为主的初期阶段过渡到以分散为主的郊区城市化阶

① 董卫：《城市族群社区及其现代转型——以西安回民区更新为例》，《规划师》2000 年第 6 期。

② 上海民间文艺家协会编：《中国民间文化》(第三集)，上海：学林出版社，1991 年，第 14 页。

③ 转引自殷京生：《试论城市文化的特征》，《宁夏社会科学》2003 年第 1 期。

段。”①城市民俗的多元化及其空间分布的分散化使得城市民俗圈的特征更趋复杂。此外，城市民俗圈的空间范围随社会发展，在不同时代还会呈现出一定的变化。这些都充分表明城市民俗圈的多元性、复杂性。

二、城市民俗圈与城市文化分层关系

（一）城市民俗圈中文化分层的存在

虽然城市的同一个民俗圈具有相对的文化共性，但是，由于民俗圈还具有多层次性、多元复杂性等特点，因此，现实中的同一民俗圈并非铁板一块，而是层次分明，由若干亚文化层组合而成。

老北京有句俗话：“东富西贵，南贫北贱。”西城，紫气东来，官宦达人聚集；东城，商贾云集，吞吐万象之地。上海同样如此，“上个世纪三四十年代起，沪上谈的大多是‘上只角’、‘下只角’：即以现在的淮海路为中心形成的豪华的西区，以闸北、南市区为中心形成贫穷的东区。两‘角’的房租可以差三四倍以上。上只角与下只角的区别还反映在社会生活与文化中。‘倘若走进住家的弄堂里去，就看见便溺器、吃食担，苍蝇成群地在飞，孩子成队地在闹，有剧烈的捣乱，有发达的骂詈，真是一个乱哄哄的小世界。’这无疑是鲁迅先生对‘下只角’的写照。……因而这里人口密度高、成分杂、居住条件恶劣、是非多。而在西区那些寂静而优雅的高级弄堂里，除了有三五个男孩在那里玩耍外，很少有人在此停步。偶尔有三两个人聚在一起低声谈话则大多为某家的‘娘姨’（保姆）或‘大师傅’（厨师）。假如哪一扇门忽然开了在迎宾或送客，甚至有些不寻常的活动时，人们也只是装成漫不经心地

① 姜斌等：《快速城市化下城市文化空间分异研究》，《地理科学进展》2007年第5期。

遥望着，不会去围观。这样的自然而成形成了旧上海的格。”①“东富”、“西贵”体现的是京城民俗圈之下两种不同的文化形态，“上只角”、“下只角”则反映出海派民俗中两种典型的具有差异的文化层的存在。

（二）城市民俗圈与城市文化分层的关系

1. 城市文化分层是城市民俗圈形成的重要基础

如果将文化层视作城市文化结构的基本单位，城市民俗圈则是这种文化结构的一种类型。正是一个个基本结构单位组成了文化类型，即城市民俗圈就是由一些更为具体的亚文化层以不同的排列方式组合而成。上述西安回民民俗圈中，东区的格底木教派和西区的依赫瓦尼教派，尽管教义、宗教仪式、建筑风格等有差别，但同属于穆斯林文化，有着独特的族性。然而，穆斯林文化与其特殊的族性特征不是单一的，因此，缺少任何一个亚文化层，都少了一股力量，都无法构筑起一片完整的回族族群社区。又如，上海徐汇民俗文化圈，它因浓郁的历史文化特色与现代商业文明而卓然于上海城市副中心之林。然而，这个民俗圈的构成，是由老徐汇人/新徐汇人、金领/白领/蓝领、复兴路—衡山路休闲文化/龙华传统文化/徐家汇商业文化等若干亚文化层共同塑造而成的，城市文化分层是城市民俗圈形成的重要基础。

2. 城市民俗圈又反过来强化了城市文化层的文化认同

民俗具有类型化、模式化特征，它在本质上决定了人的文化归属。从民俗圈与文化分层关系的逻辑推断表明，以民俗为依据的文化分层是城市民俗圈形成的重要基础，这一民俗圈以其相对的文化共性，亦会反过来强化、熏染归属于它的文化层的文化认同。调查表明，同样是城市中的回族，九江市却“没有形成自己的回族社区。其文化界限

---

① 语嫣：《这个城市的秘密：地倾西南》，《国际金融报》2003 年 1 月 24 日。

不明显、居住格局比较分散、族群同化程度较高、族群开放程度较高，所以相对于‘典型回族’来说，九江市回族的传统习俗的表现形式弱化、族群归属感相对不强……”①这个例子非常突出地反映出，在文化多元的城市中，城市民俗圈对于其下亚文化层的文化凝聚与认同的重要作用。正是因为九江市回族因为没有形成自己的民俗文化圈，导致文化界限不明显，族群同化程度高，开放程度高，回族传统习俗弱化，族群归属感不强。

（三）当下城市文化的分层

由于城市民俗圈的多元性、复杂性，城市文化分层自然也并非易事，城市文化层同样是多元复杂的，根据不同的划分标准，可以划分一些不同的文化层。例如，由不同文化特征、文化取向构成不同势位的文化层，如高势位文化、低势位文化；由居住空间和时间不同形成的不同族群构成的各文化层，如市区老居民文化、市区新居民文化及市郊原住民文化；由不同行政区划造成的不同文化层，如上海的徐汇文化、静安文化、杨浦文化；等等。这些文化层甚至还可以继续析出更小的文化层，比如市区老居民文化层中，可能包括先锋派、保守派以及中间派。徐汇民俗文化圈也必然包括高势位文化、低势位文化，或者老徐汇人、新徐汇人等。在诸多的文化分层之中，不同势位的文化最显而易见，故，下面以此为标准，大体将当下城市文化分为：中心时尚文化、边缘城市文化以及城市原乡文化，以进一步探究城市文化层的一些特点。

中心时尚文化层，一般发生于城市建成区域，即指城市内实际已成片开发建设、市政公用设施和公共设施具备的地区。像上海、北京这样的大都市，城市建成区不止一个，但基本相连成片，构成更广义的

---

① 应超，田敏：《试论城市散杂居回族的族群认同和族群关系——以九江市回族为例》，《理论月刊》2008 年第 3 期。

城市中心区域，以住家和工作等形式，积聚了城市中的精英分子和资深的城市人。这个区域中城市文化积淀深厚，各种信息荟萃，传播迅捷，是时尚文化的引领，迥异于乡村文化。德国社会学家齐美尔通过对“时尚”的研究发现，时尚是一种对下层阶级不断发明模仿与追逐上层阶级的行为模式。“示异”与“示同”构成消费的两种动力，“示异”是上层阶级的消费动力，为的是在消费模式上拉开与普通阶层的距离；“示同”是中下层阶级的消费动力，为的是消除与上层阶级的距离。消除的手段就是对上层的消费模式进行模仿，二者结合，构成时尚。① 因此也可以这样说，中心时尚文化是一种“示异”的文化，它的日常生活习俗处于引领的地位，具有明显的文化优越感，是一种强势能文化。

城市原乡文化层，基本发生在范围较大的城市郊区，这里仍是乡村腹地，主要的生产和生活方式仍是传统农业社会的，这个圈层最大限度地保存了“原生态的传统民俗”，比如上海的金山、松江等地，还较多地保留了吴越文化的特征。城市是在乡村聚落的基础之上形成的更大的聚落，因此必然与生俱来就裹挟着原乡文化基因。布迪厄曾以“区隔”理论强调社会阶级的场域与位置，它和“社会结构”联系在一起。借助“区隔”概念，我们可以看到，今天的乡村社会、今天的农民在社会结构中地位依然是很低的。他们处在被区隔的社会关系中的低层。这个“结构中的秩序”，主要是指市场化、城市化的系统。市场化、城市化进程加速社会分化，社会资源分配的不平等，使得竞争一开始就被约束在不同等级的跑道上。文化资本的缺乏（技术资格、教育背景、品味），与经济资本缺乏一样，让他们在社会竞争中处于劣势的地位。② 是故，与近在咫尺的城市文化相比，这一圈层的文化很明显属

① 王宁：《从苦行者社会到消费者社会》，北京：社会科学文献出版社，2009 年，第 5—6 页。

② 扈海鹂：《乡村社会：“秩序”与“文化”的提问》，《唯实》2009 年第 7 期。

于弱势能文化，不掌握文化话语权。然而，在城市的扩张过程中，它也不可避免地受到城市文化层的影响，城市文明作为一种诱惑，一种目标，时时吸引着大批乡村追随者，传统的文化心理掀起涟漪，不同程度地向城市文化“示同”。

边缘城市文化层，主要发生在快速城市化过程中出现的农转城区域，它既容纳了由农业人口转变来的新城市人口，外来移民转变而来的新城市人，也包括了部分从老城厢迁移过来的老城市人。从民俗变迁的角度推测，这个边缘城市文化区域发生的变化既有其自身历时性的变迁，又可能包含有共时性的冲突与融合；既有传统民俗在现代社会的回放，又有与商业文明结合的再生。正如上海城市民俗专家蔡丰明所说，“现存于上海城市中的传统民俗文化空间，却是一种再生态的文化现象，它们已经与原来的现实生活场景相脱离，已经被现代社会中的人们按照自身的文化需求进行过一定程度的复制、再创与加工改造。它们的文化内涵中，固然还保持着一定成分的传统民俗文化原貌，但同时也融入了某些代表现代都市人的文化情趣与文化理念。因此，较为客观地说，至今仍存的上海城市传统民俗文化空间，实际上已经不是一种纯粹的原创文化类型，而是一种经过复制、重塑与改造过的再生文化形态。”①可以说，边缘城市文化层介于中心时尚文化层与城市原乡文化层之间，是一种求同存异的文化。

城市以文化论输赢，建构起以城市民俗圈为依归的分析考察体系，具有十分重要的意义：通过对民俗圈和文化层的研究，我们可以很明确地制定传承和改善民俗文化的方案，保存城市记忆，突显城市个性，塑造城市精神，升华城市品质。有利于更合理地对社会经济文化进行定位、规划和布局，有利于优化文化发展格局，改善城市文化生态，解决社会失范引发的诸多问题，促进社会良性整合与城市合理有

---

① 蔡丰明：《上海城市传统民俗文化空间》，《民间文化论坛》2005 年第 5 期。

序地发展。还利于更综合、更系统地去认识和把握城市化及其本质,把握城市化进程中的文化冲突。相应的民俗文化圈建设不仅能够满足民众和谐温馨的人际交往需要,而且有利于提升区域空间的文化含量,丰富城市文化元素,提高城市在区域中文化能见度,从而求得城市的最大发展和社会的最大和谐。

城市化过程中的民俗学田野作业

刘铁梁*

当前民俗学研究中最热门的话题之一是非物质文化遗产保护与抢救，然而，我们作为民俗学者应该超越"非遗"问题，回到社会生活发展变化上来，更多地关注"民"以及"民"在今天的生活处境、文化困惑与情感诉求。这个"民"，就是包括我们自己在内的所有现实生活中的人。面对城市化进程，以往以抢救和研究传统文化为己任的民俗学，特别需要进行一定的学术转型。

其实各国的民俗学在诞生之时就已经面临着城市化的境况，例如：在"folklore"（民俗）诞生的英国，工业化使得农民离开乡村而进到城市；在日本的柳田国男倡导"乡土研究"，关注农民和日本人的"心性"，也是由于他们开始欧化、工业化和城市化。但是城市化是一个逐渐加速的过程，它的最初阶段并没有妨碍一个传统乡村社会的存在。直到 20 世纪九十年代初，中国的城市化过程虽然加快，但是在东南沿海地区的大部分村落中，传统的农耕生活方式与民俗文化都还大量保留着，一些节日祭祀活动甚至也处在复兴过程中。过了十多年，情况就大不相同了，中国乡村和城市的面貌都在加速度地改变。一些村落已为城市的扩张所淹没，或者成为了只有老人的村落，另一些村落由

---

* 刘铁梁（1946— ），男，辽宁绥中人，山东大学文化遗产研究院教授、博士生导师，北京师范大学文学院教授，中国民间文艺家协会顾问。本文原发表于《文化遗产》2013 年第 4 期。

于改变了产业结构和走向公司化而变得面目全非。再看城市里，到处都是高楼林立，你已经很难再找到原来的街巷和见到原来的老街坊。在北京这样的城市里，想找人问个路都很难。更让我们感到尴尬的是，无论是在城市还是在农村，人们都在忙忙碌碌，不再那么愿意接受我们的访谈了，这可能是因为我们提出的问题跟他们的现实生活已经离得太远。“城市化过程中的民俗学田野作业”这一问题，就是在这样的情况下被提了出来。

一、面向城市化过程的民俗学研究课题

城市化过程要求民俗学再也不能墨守成规，不能只想着发现和保护一些传统的民俗文化形式，而要紧密联系现实生活的变化提出新的研究课题，确立新的研究方向。这里，根据我和同学门最近这些年在农村和城市中开展民俗学田野作业的经验，同时也参考其他学科的相关研究情况，讨论一下民俗学的调查研究可以有哪些新的课题方向。

（一）村落民俗调查的新课题

1. 作为村落记忆的民俗

近十几年来，社会学研究关于村落社会发展已经有很多调查性论著，比如有两本著作就引起我们的注意，一本是1997年出版的折晓叶的《村庄的再造：一个超级村庄的社会变迁》，另一本是2004年出版的李培林的《村落的终结：羊城村的故事》。从书名上就可看出，两书反映的情况不尽相同，但共同关心的问题都是要认识村落社会发展的道路问题、模式问题，都是力图对村落变化的事实做出客观的认知。民俗学者看村落的出发点有所不同，面对一个个原来的村落都快不见了的情况，我们最直接的问题就是：人们还会记得以前的村落吗？或者是：村落中的民俗还能得到保留吗？其实这都是一个问题——人们

还保留有哪些村落记忆。这与关怀“非物质文化遗产”的心结有相似之处，但是看问题的眼界要更加宽广一些，更加现实一些。

所谓村落记忆，一般是指村民集体对于自己村庄由来已久的历史的记忆。这种记忆是村民在世世代代生活实践中不断被积累也不断被选择的过程，保留在各种形式的民俗当中。无论是口头叙事、仪式表演，还是其他一切生产生活的习惯，都具有村落记忆的性质。所以说，在村落中的民俗调查，也是针对村落记忆所进行的调查。近来一些民俗学者提出“身体记忆”的概念，强调的就是文献记载并不是历史记忆的唯一方式，以身体为载体的民俗传承才是人们更为普遍掌握的历史记忆方式。

随着城市化进程的加速，许多村落不复存在，这些村落的历史自然会逐渐被遗忘。在村落尚存的地方，村落历史的记忆也开始变得含混不清，尤其是新一代的村民，不再记得那么多村落历史的故事，由于他们或者是在乡镇企业中上班，或者是远在外地务工，所以不能与本村的长辈人有日常的交流、沟通，已渐渐地融入到城市生活之中。在这种情况下，我们的村落民俗调查，的确就具有抢救那些比较久远的村落历史记忆的意义。但是从另一方面来看，今天的村落民俗调查也不应该摒弃村民对于现实生活经历的叙述，因为这些叙述依然具有村落记忆的性质，只不过是更多地记忆了村落发生重大变化的历史。我们从这些叙述中获得的是一个个鲜活的人生故事，包含了源于村落社会传统并且推动村落社会向前发展的集体生存智慧。因此，我们的民俗调查就需要了解那些拥有各种经历的村民个人生活史。

2. 村落发展的地域性观察

随着市场化农业和旅游业的发展，农民的生活方式发生了根本性的变化，但这并不意味着所有的村落都要走向解体。一方面高科技农业和旅游业等都需要依托村落的土地、环境和人力才能够发展。另一方面在城市化进程中，村落和地方社会的整体利益也被突显出来，农民在极力维护家乡共同利益的行动中，历史上形成的地方感和民俗传统作为情感的纽带发挥了强大作用。所以，在地域社会与文化传统的基础上实现村落的再造就具备了现实的条件。

社会学对于区域性的社会发展问题历来比较关注，例如费孝通先生的《江村经济》，所描述的其实是关于长江三角洲或者是太湖流域的农村在工业化影响下所发生的最初变化。对于今天农村的发展状况，仍然需要在区域发展历史背景下进行观察。桂华《城市化与乡土社会变迁研究路径探析——村落变迁区域类型建构的方法》一文，就讨论到如何建构区域历史基础与村落发展路径之间的关系。

民俗学历来注意乡村生活及其文化的地域性表现，近年来还进一步加强了这方面的调查研究，例如对于华北社会村落庙会传统的研究，就与人类学、历史学一起进行，而且与其他地域如闽南、岭南地区的祭祀仪式传统研究形成了对话。但是这些有关区域性历史与文化传统的研究，一般还没有与当下的社会发展问题联系起来。地域性的民俗文化传统究竟怎样影响了当下村落社会的发展，应该成为民俗学今后自觉去调查研究的一个课题。

3. 村落传统的再造与劳作模式的转变

城市化过程导致村落生活发生重大变化，但是村落也可能进入一个再造的过程。那么村落的再造是怎样发生的呢？我以为，村落劳作模式的改变应该是我们考察的一个重点，或者说是当下民俗学研究村落发展问题的一个重要视角。所谓劳作模式，不仅是指获得某种物质利益的生产类型，而且是指身体经验意义上的日常生活方式。提出“村落劳作模式”，是为了将村落的物质生产活动、对外交易活动与其他交往活动统一于村落认同的身体实践之上来加以理解，也可以说要关注村落民俗文化传统的日常实践层面。我和蔡磊博士在房山沿村作过一个个案调查，发现近代以来这个村庄发展起来的“荆编”生产全面影响了村庄自身经济结构、社会关系的再建构。荆编生产的扩张，意味着村民日常生活与身体经验，也就是村落劳作模式发生了较大的改变，然而这种改变不仅没有造成这个村庄的解体，反而加强了村庄的地方感与文化认同感，而且还特别表现在村民共创共享的象征文化上面，例如由于荆条作为重要的生产原料是从与邻村交界的山上得来的，所以他们曾组织起十多个“山神会”，正月里举办祭祀山神的活动。

从日常生活的身体经验的视角，运用“劳作模式”的概念也可以深入理解今天的农村在经济与社会转型过程中，村民们如何实际调适与创新了自身的生活方式和民俗文化。一种普遍的现象是，许多村落共同体都在市场经济体制下进行了公司化的再建构，使得村落在市场环境、劳动关系、人地关系等方面都发生了结构性的转变。村民在劳作、社会交往的日常实践中既要主动去适应也要积极参与这种转变，但是这并不说明他们一定会忘却前辈人的生活经验。所以，村庄的传统如何再造，就成为民俗学在村落研究方面重要的新课题。

（二）城市民俗调查的新课题

有了关于村落民俗调查新课题的认识，再来谈城市民俗调查新课题，就可以用相互对比的眼光来谈了。城市，可以理解为具有区域社会中经济、文化和政治中心地位的社区。城市民俗历来与乡村民俗形成鲜明对比，同时又形成相辅相依的关系，我们从“清明上河图”上看到的从乡下涌入一个都市的源源不断的人流、物流，就描绘了这种关系。工业化之后的城乡关系所发生的最大变化，是城市作为行政中心、产业基地、商业中枢、知识与信息发散地等新老功能地位都得以强化，而广大农村进一步成为了城市的腹地，全面卷入了国家控制的或者市场经济制约的体制当中，自给自足生存的程度大幅度降低，人口向城市移居的数量加大。因此，观察城市民俗的变化，也必须以城乡关系的变化为背景。

1. 作为城市记忆的民俗城市的记忆并不比村落的记忆容易保留

以北京来说，各种历史建筑符号被破坏得比较严重，市民的居住空间和生活方式更发生巨大改变，都使得人们对这个城市历史的记忆越来越淡。庆幸的是我们保留了紫禁城，保留了一部分老的街道和胡同；有很多人正热情地写着“老北京”的故事；当然，我们也竖起了鸟巢、国家大剧院等一些新的建筑符号，这些都对于北京人的城市记忆发生某些正面的影响。在我看来，影响北京人历史与文化认同的城市记忆，流失最多的是在传说知识方面。北京人因为居住在五朝古都和新中国的首都而感到自豪，就有很多历史传说的流行。其中，有关北京建城的传说就突出地反映出广大市民的历史与文化的认同感。这中间有八臂哪吒城的传说、高亮赶水的传说，什刹海的传说等。可惜这些传说现在已经不那么广泛地流传了，这与城市古老风貌的被破坏是有关系的，连城墙都没有了，还谈什么八臂哪吒城？更重要的是城市居民的构成发生了根本变化，老居民所占的城市人口比重已经很小。

但是，一个城市的历史记忆是非常丰富与多元的，这与城市的庞大和生存方式的复杂相关，也与每个居民个人生活经历的差异相关。市民在彼此交谈中关于自己城市历史的述说不尽相同，共同地构成了不同职业、不同阶层、不同文化和教育背景的多群体的市民集体的记忆。如何择取和组织这些关于城市历史的多重叙事，其实是城市民俗学或城市民俗志研究特别需要解决的问题，需要在一定合理的框架下来处理好这些叙事内容的统一性与差异性关系。

城市的记忆又是随城市的发展而流动变化的，从身体记忆和情感记忆的角度来讲，不同年代的市民有对于不同城市面孔的记忆。举个例子，一说起“天桥”这个地名，立刻就会唤起许多老北京人的回忆，想起当年在那里看“杂耍儿”的情景，还有那些撂地卖艺的人，他们的面孔、身段、语言都在人们的心中挥之不去。但是，年轻的北京人，从外地来北京还没有多少年的市民，就不会有这样的记忆了，因为他们根本就没有见过天桥平民市场，那里几十年前就“散了”。当然，他们对天桥也会有一点了解，但那是来源于各种媒体的宣传，或许在春节庙会上还有幸见过老天桥艺人的表演。

京东通州人关于大运河的历史记忆，也是如此。运河漕运是早在清朝中期就已经衰落，到了光绪年间彻底停止，所以现在上岁数的人都没见过漕运。但是你到通州作民俗调查，当地学者特别爱跟你说有关漕运的历史。我觉得在这样的访谈基础上来写通州民俗，就可能与当地老百姓的实际记忆发生偏离。漕运，固然对通州地域社会的历史发展产生过重大影响，但是它与今天通州人的身体记忆和文化认同已经是一种间接的关系。我们在调查中发现，通州人实际上对不同时期的运河有不同的记忆，大体可以归结为三个时期：漕运时期、自清末开始的民船运输时期（或者说后漕运时期）和 1958 年开始的运河停运时期（因修建密云水库，运河失去潮白河水源）。也许还可以加上第四个，现在的运河旅游时期。要考虑到当地不同年龄段的人和与运河发生不同生活联系的人，他们有诸般不同的运河记忆，合起来才是通州人集体对于运河的记忆与想象。

2. 城市社会空间和文化空间的改变

村落边界是村民在日常生产劳作、社区交往、文化娱乐等实践活动的统一边界；而在城市里，市民各项日常活动的边界却是分开的：胡同是居住空间的边界，单位是工作空间的边界，另外又有剧场、餐馆、公园等是娱乐休闲空间的边界。如何描述出一个有声有色、有情有义的城市生活画卷，需要从人的不同行动空间入手。当然也不能把这些空间完全分割，比如住在北京胡同和四合院里的人，既是邻里关系，也可能是共同参与一些文化娱乐活动的伙伴关系。举个例子，庄孔韶教授每次跟我见面就问：“最近玩什么呢？”因为他是老北京人，这么一问就很有一股京城爷们儿的味道。就是说，北京人讲究“玩儿”，而且多是在自己或别人的家里玩儿，玩鸟儿、玩虫儿、玩空竹、玩票（当唱戏曲的票友）等。再比如，去妙峰山朝圣的各个“会口儿”，也是从各个街道、胡同或者行会地点走出来的。他们也可以说自己是玩会的，但是这一玩就玩出了对于京城的神圣想象。所以妙峰山庙会的时候不要只研究碧霞元君是怎么回事儿，还要考虑到人们是怎样通过走会来结成空间和时间上的文化关系。

妙峰山庙会暗示了城市内部的生活空间与城市外部的世界有着紧密的联系。但是目前对妙峰山庙会的研究还是比较封闭，没有与北京历史上其他庙会，特别是丫髻山庙会的研究结合起来，也没有与京津地区近代以来的经济、交通、民间结社、地方性信仰等变动的情况结合起来，这就影响了对城市生活空间开放性的全面了解，因为庙会是与多种社会和文化网络结成复杂关联的，也会随这些网络的变迁而变迁。

今天，城市社区里人与人互动的关系变化很大。居住地点的不稳定、居所的封闭性，使得邻里之间缺乏来往，居住关系的地方感变得淡漠。就业的艰难和工作压力的加大，亲属、老友之间见面的减少，购物和娱乐方式的时尚追求等，都使得个人的自我认同和归属感变得更加不确定。社会秩序规则的复杂多变和贫富分化，使得人们安全感和信任感也有所失落。拿城里人的消费来说，以前常说的“开门七件事：柴米油盐酱醋茶”，虽然是说城里人的日子跟农村不一样，处处离不开花钱，但是买这些日常用品地方都离家不远，一来二去的，售货员就跟你形成了彼此熟悉和信任的关系。相比之下，今天的消费者对商家就不那么信任了。现在上医院看病，有的病人想送红包还生怕送不上去。诚信是否丧失和如何建立，这也是民俗学应予关注的问题。

民俗学对于现代城市生活的关注，最初是在都市传说方面，这就要牵扯到人与人互动关系、交往方式的改变，特别是大众传媒的作用。现在民俗的传播可以超越血缘、地缘、业缘等关系，而进一步突出了趣缘(娱乐伙伴的)关系,这就与传媒技术还不发达的过去时代的民俗建构方式有很大不同。公众话语权力关系因为网络空间的出现而被重新建构,人们上网就可以非常方便地发表和交流各种意见,似乎一下子就获得了参与和监督公共政治生活的权力。中国社科院文学所有一篇硕士生学位论文,研究的就是网络上的政治民主问题,重点描述了在网上的那些批评时政的文字。比如,网络管理机构屏蔽了一个隐晦的词儿,马上就会又冒出一个替代的词儿。所以,网上的言论好像是很民主,但又不像是在严肃地提意见,倒像是在"恶搞"。这种政治生态是不是正常的呢?文章提出了这样尖锐的问题,并且用了民俗学叙事研究的手段来解释网络空间上话语建构的特点。

3. 文化群体、职业群体的新生与多变

如何对城市中缤纷复杂的群体生活及其文化进行描述,一直是城市民俗志调查与书写的最大难题。在城市化过程加快的情况下,城市民俗志又面临一个新的难题,这就是群体文化的新生与多变。近些年来,城市公园里的大众文化活动非常活跃和自由,这是城市文化空间再建构的一个重要现象,也是城市各种文化群体不断新生的一种表现。这样,公园也成了民俗学者进行城市民俗调研的一个出发地,可以跟随着在那里的人一起活动,再进入到众多群体和社区的日常生活当中。比如,我们前年在崇文区调查时关注到戏迷这个群体,就是从公园里开始接触他们的。我们认为民俗学对于戏曲的研究应该与一般戏曲史的研究有所不同,不能只是研究在各个剧场舞台演出的那些名角,还要重点研究住在城市各个角落里的戏迷。龙潭湖公园有一个地方叫"蛤蟆坑",一群老戏迷就在那边儿活动,热情无比。这个戏迷群体中有工人、干部、老师等各个职业的人,他们走到一起形成了以戏会友的关系,也形成了京剧艺术得以传承的观众基础。这些戏迷的生活经历包含了许多关于艺术与人生的道理,因此是对戏曲文化研究资料的重要补充。

各种文化产业的兴起，也影响到城市文化空间的变化，造就了一些新的职业或业余文化的群体。比如在北京怀柔区，由于北京电影制片厂的拍摄基地建在那里，附近就经常有大批年轻人等着被招聘为“群众演员”。当地的市民或农民为这些人提供住宿、吃饭和信息服务，由此形成了一个新的文化产业群体。为了整顿这些群众演员、劳务人员的市场，在区政府主导下成立了“群众演员协会”。文化产业如何造成了一些新生群体的出现，这也是需要民俗学加以关注和研究的问题。从这样的情况来看，我相信今后生活文化的多样性并不是被保护出来的，恐怕主要是被创造出来的。

此外，民俗学以往对业余生活中的娱乐群体情有独钟，现在必须要改变这种偏好，要把目光更多地投向那些新生的、流动的或重组的各种谋生群体，关心他们的生存处境，体会他们的情感，了解他们的诉求。最近正在指导一篇博士学位论文的写作，这篇论文是以东北老工业基地某国企工厂的下岗工人为研究对象，写他们在收入水平和社会地位骤然下降的困局中，如何适应新的环境和发挥个人聪明才干的生活经历。这说明，民俗学正在关注社会变革中群体生活及其民俗文化的巨大变动，近几年北师大就出现了好几篇这方面的研究生学位论文。我觉得，民俗学的确应该有这种自觉的担当意识，不是只去挽救那些正在失去的文化，而是走近所有那些需要关怀的人群，去了解他们的生活经历，倾听他们的心声，理解他们的情感，协助他们在社会与文化协商中获得应有的话语权。

二、田野作业与文化对话

面对城市化过程的现实生活，民俗学不仅需要有一些新的课题研究方向，而且需要改进田野作业的态度和方法。有些民俗学者比较习惯于将访谈对象当成研究资料的提供者，而不是当成真诚谈话的朋友，这种具有距离感的做法曾被美其名曰是客观的态度和科学的立场，但是，今天看来这样的态度和立场显然不利于深入生活。照我看来，民俗学者只有与访谈对象建立起相互关心、相互信赖的对话关系，才可以说是真正进入了田野作业的过程。民俗学者以访谈为主要方法的田野作业与人们平常关于生活与文化的谈话，其实并没有本质上的区别。

（一）地方生活史与个人生活史

研究当下生活的民俗学田野作业的任务，从大的方向上来说，就是要通过实地访谈，了解和掌握当地人关于地方生活史与个人生活史所拥有的记忆。地方生活史的记忆属于一个地方社会的集体记忆，个人生活史的记忆属于有不同生活经历的个人记忆，两方面的记忆是相对而言的，在人们日常交流的谈话中其实也是相互交织的。

近年来，社会学、历史学等普遍展开有关“社会记忆”问题和“口述史”方法的讨论，这说明大家都意识到，不是所谓客观的历史事实，而是全社会参与的社会记忆与文化建构的实践，才是社会学历史学等学术研究的直接对象，也是学术生命的现实基础。民俗学一直就是以老百姓创造传承的文化作为研究对象，到各地进行访谈和观察，获得口述的和身体记忆的资料，本应该在有关社会记忆、口述史的讨论中占有一个重要席位，可是，由于民俗学以往比较习惯于往“过去”看，未能更多地关注现实生活中的文化，所以反而与社会大众的生活与文化传承过程发生一定的分离，多少造成了民俗学对于上述有关讨论的一度冷淡。现在，我们面对城市化过程提出了民俗学研究的一些新课题，这种情况自然就会发生改变。

民俗学与社会学、历史学相比，在对于社会记忆概念和口述史方法的理解和运用上，也有与自身学术传统相联系的一些特殊表现：其一，在有关群体或个人记忆的访谈过程中，各行各业、各个年龄段的人都可以作为民俗学者的访谈对象,当然那些相对被边缘化或被忽视的群体一般会受到民俗学者的更多关注,这是因为民俗学者的研究一直具有“自下而上”的眼光。其二,关注现实的研究方向,与以往对民俗进行追根寻源的研究方向有所分工,更加强调民俗学的“现在性”,即不是静态地而是动态地去理解民俗作为生活文化传承现象的本质。其三,民俗学在实地进行访谈与观察的田野作业方法,可以在任何一个地方运用,不必再专门去寻找“古朴的乡村”。因为无论在城市、乡村的哪一个地方,都有关于那里生活变化的集体记忆和个人记忆,并且可以从人们都口述中被记录下来。其四,在这种情况下,“民俗”被进一步看作是历史记忆与文化创造的同一过程,“访谈”就成为民俗学者与各种个人、群体的文化对话。总之,民俗学关注当下的研究方向是与对自己学术传统的反思与重温联系在一起的。按照这样的方向进行民俗调查,一定会有与以往不同的收获。比如,我们的民间文学调查向来是要获得口头表演的文本资料,再回到案头去研究这些文本的类型性问题,但这与今天大部分人对于自己生活经历的真实感受却离得太远。以往我们之所以去关注民俗“传承人”如歌手、故事家、艺人等,但那主要是因为他们能够给我们提供研究传统文化的资料,而不是因为他们代表了更多的大众所拥有的生活经历与生存智慧,尽管他们也可以代表。因此在进入访谈的时候,我们如果能够从大家普遍关心的社会文化话题谈起,而不是从我们既定的文化遗产抢救目标谈起,所拥有的视野是不一样的。例如,我们北京通州的一个村庄,访谈过一位梁姓老人,因为他很会做一种传统玩具——“风车儿”,所以被认定为国家级非物质文化遗产传承人。但是在他拥有这一身份之前,在村民看来却是一个最爱动脑子,在村办工厂中很能进行发明创造的多面手。此外,他还向我们讲述了自己一生中见过的许多事情,也说了做人的许多道理。那么,我们应该怎样看待他呢?“传承人”这一称号,对他来说的重要性是在哪里呢?我认为,民俗学如果不是满足于对各种文化形式进行比较，然后给一些人贴是某类文化的标签，而是要整体地了解一个人和他（她）周围人的各种关系，了解他（她）全部的生活经历和人生价值，那就需要开展个人生活史的调查和记述。属于一个社会共同体的多种个人的生活史，一般都具有相互勾连和相互构造的关系①，可以作为一个社会共同体集体记忆的主体内容。

（二）民俗志：感受生活变化的意义

在深度访谈的过程中，田野作业关系的所谓局内/局外，主位/客位等强调研究者与当地人差别的概念就显得不那么重要了，因为民俗学研究的主要是自己所在的社会，甚至就是“家乡民俗学”，因此民俗学调查的目的主要不是对于他者社会和文化传统的理解，而是通过访谈和参与地方生活实践来认知那些可能被主流文化所忽略、压抑的人群社会，以改变我们关于自身社会与文化认识上的某些疏忽、偏颇和误解。有学者认为，“争夺记忆反映了一种权力关系，对记忆的解释和支配反映了人们的社会地位。”“非主流的另类记忆具有一定的批判价值，是底层社会人们争夺话语霸权的表现。它的存在，为社会记忆增光添彩，使社会记忆变得更为真实，更贴近本色。”②因此民俗学的调查和民俗志的书写，从一定意义来说，就成为支持广大民众文化话语权的一种学术实践方式。对此，我们应该有高度的责任承担意识。

民俗学固然需要建立起一些新的概念和分析工具，但是更加需要建立的却是民俗学特有的话语形式，在这种话语中，人们的文化思考与对于生活的感受（往事的回忆、情感的表达等）是交融在一起的，这种话语形式能够将大众所关切和交流的文化话题突出出来，将他们的

① 集体记忆，也被认为是个人记忆相互勾连和相互建构的过程和结果。刘亚秋：《从集体记忆到个人记忆——对社会记忆研究的一个反思》，《社会》2010年第5期。

② 郭景萍：《社会记忆——一种社会再生产的情感力量》，《社会学家茶座》2010年第一辑。

生动叙述呈现出来。因此作为民俗学调查、研究方式和书写文体的民俗志,与一般采用的理论分析研究方式和书写文体相比,最大的不同就是要掌握并且传达出人们对于各种生活经历的鲜活记忆与真切感受。对于任何一个常人来说,拥有一段生活经历就拥有了一些难忘的身体经验和情感记忆,他对这一段生活经历的讲述就赋予了那段生活以新的意义,不管与其他人之间发生过哪一种故事,或者让人愉快,或者让人难过。反过来,对那段生活的追忆又赋予他今天的行动以自我认同的意义,不管他已经怎样改变了自己。所以,在记述个人与集体生活史的民俗志文字当中,就不可以缺少有声有色的故事和有血有肉的细节,否则离开了生活史写作的特性,从而也就削弱了大众话语的感人力量。令人高兴的是,现有的民俗志写作实验中,已经取得一些书写个人生活史的成功经验,或者直接呈现个人记忆,或者整理为用来分析的口述资料,或者以第三人称写出鲜活的个人与群体,都是为了深刻理解一个地方社会中某些人的某些生活方式及其变化。

北京师范大学前几年毕业的一位硕士研究生,她写了一篇学位论文,题目叫《乡村医生·父亲——乡村医患关系的变迁(1985—2010)》。她叙述了作为乡村医生的父亲的二十五年生活经历。这位乡村医生遇到过乡村医疗制度的几度改革,他的医生身份也发生过多次变动,都引起了他和乡亲们之间关系的微妙变化。他需要克服各种困难来适应医疗制度改革的新规定,又需要灵活地发挥自己的聪明才干,让乡亲们既能治好病,又能少花钱。他与乡亲们保持了互相信任的关系,但未来的道路该怎么走,还是不甚明了。这篇论文的选题、对研究对象的认识以及写法都很有创造性,可以看出背后的理论修养与观察生活的能力,作为一种民俗志文体的论文,具有特别的感人力量和批评精神。例如我们从这位乡村医生的经历中,能够体会到城市化过程对乡村原有生活秩序的巨大冲击,乡村的医患关系一步一步变化,认识到某些制度、政策都需要进一步深化改革。这个例子说明,民俗志最重要的作用，就是通过叙述老百姓的生活而传达老百姓的心声。

民俗志也会通过一定的主动对话与发现，去掌握在个人生活追忆与群体民俗文化传统之间的各种关联。就民俗文化地方性的表现来说，有些民俗现象具有地方或人群社会历史和文化的标志性意义，包含了鲜明的地域或群体文化认同感，所以对于区域民俗志来说，就需要将这样的民俗现象摆在一个突出的位置，并且以它来引领当地其他民俗文化现象的书写。我提出"标志性文化统领式"民俗志的调查与书写方法，就主要是针对区域民俗志说的。最初主要是考虑怎样抓住一个地方民俗文化的总体特色，也考虑到一个地方的各种民俗现象之间会有互相连带和建构的意义关系。经过主持一段时间的调研，我和同学们进一步意识到，区域民俗志的调查与书写除了要有一般生活文化知识的详细叙述，还要可以容纳一些个人或群体的生动、微妙的故事，从而丰富区域民俗志的内容，特别是能够与地方文史志的写作形成一定的分工。也许当下社会大众的生活记忆，包括可以叙述的和表现为身体习惯与技术方面的，其中那些基本不为主流学术和宏大叙事所关切的部分，正是应该由民俗志去承担记录和写作的部分。

另外，如果集体记忆与个人记忆可以相对区分的话，那么民俗学也可以进一步在集体记忆之下提出群体记忆的概念，就是指一定群体对于自身生活变化的记忆，而群体记忆是由所有对这一群体有认同感的个人的记忆所分担和交汇而成的。一般来说，民俗学调查容易操作的情况是，或者选定地域，或者选定群体，从具有模式化表现的生活文化即民俗的提问开始，通过访谈与观察来理解地域或群体生活的整体变化。正是通过捕捉群体记忆与个人记忆之间的关联性调查，民俗学才能够在更为广泛的社会记忆中来表述和保留"民众"的记忆。所以，民俗调查的课题指向与民俗志书写文体形式之间的完美统一，就有了多种选择的可能性。我说过，"应该将问题、事件、人凝结于富有弹性变化的表达与呈现之中”,并认为这是感受生活的民俗学所应该追求的。①

(三) 身体性的关注

城市化过程中民俗学调查研究新课题的提出,并不只是民俗学为获得现实的合法性而采取的权宜之策,也是对于自身学术传统进行自觉反思的表现。如岩本通弥所说:“都市民俗学兴盛的原因和意义在于,它针对定型已久的民俗学提出了不同的观点,并对既成的方法论、调查论以及记录论提出了重新考察其前提性概念的必要性。”②

我们经常会问:民俗学的本位是什么?我想这不是一两句话就能完全说清楚的。在《民俗研究》2011 年第 2 期中,主编特意组编了几篇论文,都是围绕民俗学的本位问题来谈的,由于角度不同,看法也就不尽相同。简单地说,就是赵世瑜主张民俗学是传承之学,我主张是感受之学,王晓葵主张是记忆之学。另外,有德国学者卡舒巴关于欧洲民俗学本位的反思,大体是民族学走向的主张;日本学者菅丰主张民俗学向公共民俗学发展的“第三条道路”。③ 我觉得,面对民俗学现实的各种经验来说,这些主张基本上还是可以互相借鉴和补充的关系。这里我只谈一下与我那篇文章有关联的一个问题:民俗的身体性。

学科的本位取决于一个学科共同体一贯性的作为。各个学科都需要面对生活世界,但是通过民俗来直接感受生活,是民俗学回归生活世界的特殊途径。这应该是对民俗学本位的一个基本解释。但是

---

① 刘铁梁:《感受生活的民俗学》,《民俗研究》2011 年第 2 期。

② 岩本通弥:《“都市民俗学”抑或“现代民俗学”?——以日本民俗学的都市研究为例》,《文化遗产》2012 年第 2 期。

③ 这五篇文章分别是:赵世瑜《传承与记忆:民俗学的学科本位》;刘铁梁《感受生活的民俗学》;王晓葵《记忆论与民俗学》;沃尔夫冈·卡舒巴《民俗学在今天应该意味着什么?——欧洲经验的视角》;菅丰《日本民俗学的“第三条路”——文化保护政策、民俗学主义及公共民俗学》。

下面的具体看法就比较多了。我提出感受生活的民俗学，其实也是出于对民俗身体性的关注，也就是意识到：民俗是在身体上发生、习得、记忆、使用和改变的语言和行为文化。各国民俗学发生的背景不同，研究的目的也不尽相同，但是所关注的现象却十分一致，都是口头、仪式等作为身体性文化的民俗，所建立起来的一些研究方法也是以民俗的身体性特征为根据，用来更好地解读民俗形式与身体感受结为一体的现象。民俗学后来的发展，虽然与其他学科发生了更多的交叉和对话，但是始终没有抛开民俗作为身体性文化的眼光，而是从民俗中全部丰富的感觉入手来感受生活之变，从而使民俗学研究的传统不断得到发扬和深化。

民俗学最初从研究口头传统、信仰行为等民俗入手，就已经包含了对于身体的关切，但是这种朴素的关切能够变成后来自觉的学科意识，是与现象学、存在主义等哲学思想相呼应，与社会学、人类学有关身体研究的经验相结合的结果。彭牧概括了美国民俗学在这一方面所经历的过程，认为：自 1989 年美国民俗学年会上，民俗学家凯瑟琳·扬依据民俗（folklore）的构词法，创造性地提出“身体民俗”（bodylore）以来，“二十年过去了，美国民俗学的身体研究已远远超越了对身体民俗的探究，不仅把身体实践看作一个可以和口头叙事、仪式行为等相提并论的研究类型（genre），而且将身体看成民俗学一个基本的理论视角。”她也注意到在我们国内开始探讨民俗的身体性问题，并且指出：“bodylore 一词出现的背后是波及几乎所有的人文和社会科学界愈演愈烈的‘身体转向’（the body turn），其矛头直指西方哲学的根基之一，也即从柏拉图开始到笛卡尔达致顶峰的灵魂与肉体的二元对立。”①

从国际民俗学的视野来看，对于民俗身体性的认识表现出一些差

① 彭牧：《民俗与身体——美国民俗学的身体研究》，《民俗研究》2010 年第 3 期。

异。在中国古代哲学思想中，身体整体性的观念始终占据主导地位，将灵与肉绝对分离开来的观念不占上风，所以也就缺乏关于灵肉二元论的讨论。可是由于中国在引进西方现代民俗学的同时也引进了科学主义，所以也需要反思民俗学曾过分倚重文本而疏离身体表现的研究习惯，对于民俗身体性特征、民俗与身体相互塑造关系等问题进一步加深认识。与中国稍有不同，在日本民俗学开创期的柳田国男的思想中，已较多地用身体的视角来理解乡土社会的生活史，特别是关于民俗分类的思考，他说："我自己依据及其自然顺序试着立了方案。即首先把映入眼睛（看得见）的资料作为第一部，把耳闻（听得见）的语言资料置于第二部，把最微妙的诉诸于心意和感觉才能开始理解的事物放入第三部。"显然这是从发挥调查者身体能力的角度谈到对民俗资料的分类，其实也是在考虑到民俗与身体感官相联系的性质，他说："另外，第二部正合口传这个词，所以我认为可以把第一部叫做身传；把第三部叫心传。"他一方面是站在对民俗资料进行客观分类的立场，一方面也自然地流露出研究者与乡人面对面接触的不同程度，说这三部分资料分别属于"旅人学""寄居者学"和"同乡人学"。① 柳田还在一些研究中体现出对于民众身体感觉的关注，如在其名著《木棉以前的事》论述了木棉在日本的普及如何影响了人们的生活，对于木棉制品普及于庶民以后，人们穿上棉制衣服时的感觉，给予了体悟，也比较了陶瓷制品普及的重大影响。在其他论文中还就色彩、声音、气味等感知的世界给予关注，这些都是以前的历史学当中所没有的。② 提出感受生活的民俗学，不是要拒绝对于生活进行各种理性的思考和普遍意义的阐释，而是说这些理性思考的合理性必须是与身体的感受深刻

---

① 柳田国男：《柳田国男全集第 28 卷 · 民间传承论》，东京：筑摩书房，1990 年，第 370—373 页，转引自乌日古木勒：《柳田国男与日本民俗分类》，《民俗研究》2010 年第 3 期。

② 福田亚细男：《日本民俗学方法序说——柳田国男与民俗学》，于芳、王进、王京、彭伟文译，北京：学苑出版社，2010 年，第 110—116 页。

交融而不发生冲突。同样，在高科技手段进入生活，深刻影响人们交往方式的时代，这种通过民俗的研究，也不是为了要拒绝高科技而退回到过去，而是为了更加自觉地调动身体感受的方式加强人与人的交流，从而加深对于生活变化的理解。这也是文化自觉的一种表现。

新型城镇化语境下民俗文化反哺的效能与维度

刘爱华*

美国著名经济学家、诺贝尔奖获得者斯蒂格利茨(Joseph Eugene Stiglitz)认为,美国的新技术革命和中国的城镇化是影响21世纪人类社会发展进程的两件大事。中国的城镇化也是中国经济未来发展的最大驱动力,将直接推动中国由农耕社会走向工业社会、信息社会。这种巨变必然促进新的城乡关系的调整,加速民俗文化的调适与变迁,推动传统中国向现代中国的转变。当然,城镇化的发展并非以民俗文化的消亡为代价,城镇化和民俗文化发展不存在必然的冲突,在经济社会快速转型过程中,民俗文化作为广大民众长期以来所创造、享用和传承的一种生活文化,对于缓解社会矛盾、推动社会和谐发展都具有积极的意义。在新型城镇化语境下,积极发挥民俗文化的反哺效能,有效利用其潜在的多元维度,加强民俗文化保护,是中国城镇化未来发展的必然趋势,也是最优化、可持续的发展路径。

---

* 刘爱华,民俗学博士,江西师范大学历史文化与旅游学院副教授。本文原发表于《民俗研究》2015年第3期。

一、过犹不及：城镇化的病象及对民俗文化的冲击

从人类社会发展来看，城镇化是人类社会发展的必然趋势，是生产力发展的集中体现和重要标志。我国城镇化发展，早在远古时代就已经开始，但由于生产力水平与社会制度的局限，城镇化发展水平一直比较缓慢，主要局限在政治型、军事型城市。近代以来，随着商品经济的发展，沿海部分地区经济型城市逐步兴起。整体而言，古代中国属于农耕社会，农业经济的内驱力极其有限，“靠天吃饭、靠地穿衣”的自然经济固有属性无法改变，因而全国城镇化水平较低，城镇人口比例、工业产值比重、城市数量都处在一个比较低的层次。新中国成立后，城镇化水平快速发展，新型工业城市迅速崛起，尤其是 20 世纪 80 年代中期以来，我国城镇化进入中速加速阶段，有学者经过慎重的统计分析，认为我国城镇化“1982—2000 年间的平均速度为 0.835 个百分点，其中 1982—1990 年年均 0.89 个百分点，1990—2000 年年均0.79 个百分点”。① 而沿海城镇化速度更加快，进入超高速城镇化阶段。“1982—2000 年 18 年来，广东城镇化的年均增长速度超过 2 个百分点，浙江、江苏、上海的年均增长速度分别在 1.3、1.4、1.5个百分点以上。”②经过近三十年的快速发展，我国城镇化率也由 20 世纪 80 年代中期的 25%提升到 2013 年的 53.73%③。改革开放以来，我国城镇化取得了举世瞩目的重大成就，激发了我国经济持续发展的巨大内需潜力，成功克服了国际金融危机，推动我国经济三十多年的高速发展。李克强同志认为，城镇化是现代化应有之义和基本之策。要实现现代化的目标，就必须协调推进工业化、城镇化、农业现代化。“工业化处

---

① 周一星：《关于中国城镇化速度的思考》，《城市规划》2006 年第 S1 期。

② 周一星：《关于中国城镇化速度的思考》，《城市规划》2006 年第 S1 期。

③ 国家统计局编：《中国统计摘要 · 2014》，北京：中国统计出版社，2014 年，第 16 页。

于主导地位，是发展的动力；农业现代化是重要基础，是发展的根基；城镇化具有不可替代的融合作用，能够一举托两头，有利于促进工农和城乡协调发展，可以有效提高农业劳动生产率和城乡居民收入。”①可见，城镇化对实现现代化目标具有重要的战略意义。

当然，城镇化快速发展，伴随而来的是一系列“城市病”，主要表现为：

其一，城市人口迅速增长，交通状况进一步恶化。随着农民市民化工作的推进，未来很长一段时期内我国将面临城市人口增长的“井喷期”。“目前我国每年从农村转移到城镇的人口有1 000多万，相当于欧洲一个中等国家的人口总量，未来较长一段时期我国城镇人口还将增加3亿左右，相当于美国的人口总量。”②人口的大量涌入，人口密度的增加，交通工具尤其是家用汽车的增加，必然对交通造成巨大压力，将使我国本已拥堵不堪的“堵城”交通状况进一步恶化。

其二，资源能源供应紧张，经济发展成本进一步增加。城镇化过快发展，人口大量向城市转移、集聚，必然带来资源能源供应的进一步紧张，诸如石油、水、电、煤气供应等问题，这些问题的解决与否将直接制约城镇化发展的成效。

其三，生态环境破坏加剧，生活质量进一步降低。在很长一个时期，我国城镇化的典型特征就是大拆大建，“贪大”“追新”“求洋”，盲目发展，不少具有历史价值、文化价值的古建筑被拆毁，代之以钢筋水泥、玻璃幕墙的高楼大厦，生态环境遭到极大破坏，城市生态环境急剧恶化，近年来的厄尔尼诺现象、沙尘暴现象、异常旱涝现象等，与城镇化的这种盲目发展不无关系。

---

① 李克强：《协调推进城镇化是实现现代化的重大战略选择》，《行政管理改革》2012年第11期。

② 李克强：《协调推进城镇化是实现现代化的重大战略选择》，《行政管理改革》2012年第11期。

其四，社会问题愈来愈多，社会矛盾进一步加剧。城镇化的过快发展，人口的迅速膨胀，城市公共服务设施与承载能力难以适应，必然增加不少社会问题，诸如房价高、就业难、医疗贵、福利低等，甚至偷盗、抢劫、吸毒、赌博、卖淫等犯罪案件也会进一步增加。

其五，社区管理难度加大，文化认同进一步弱化。农村人口转移到城镇，农村人口的市民化，对社区管理要求进一步增强，来自不同地区的人组建成新的社区，其生活习俗、文化观念、价值追求、宗教信仰都有较大差异，文化认同感、心理归属感较弱。

在诸多"城市病"中，城市文化的流失和历史文脉的割裂是城镇化的最大困境，因为文化是城市内涵的展示和城市魅力的源泉及幸福感的重要构成要件。人类发展不仅仅是为了追求高度发达的物质生活，更是为了寻求一处可以满足自己多元化精神文化需求、可以安放自己灵魂的精神栖居之地。因而，从某种意义上来说，城镇化的终极追求是人类多元化精神文化需求的满足，实现人类至善至美、健康富裕、和谐自由的生活。"城市的深层内涵是其精神特质，而城市独特的气质和风格正是通过文化塑造形成，文化正成为城市更新、永续发展不竭的动力源泉。文化是城市的灵魂与生命，是城市的核心、实力和形象；城市是文化的凝结与积淀，是文化的容器、载体和舞台。"①在我国以往城镇化过程中，过于追求城镇化速度，追求 GDP，没有很好处理其与经济增长、就业、资源、环境、生态、文化保持协调和可持续的关系，缺乏整体的、生态的眼光，把城镇化当成"赶农民上楼""圈地运动""造城运动""并村运动"，大拆大建，追求形象工程，不少城市遗产、民俗文化遭到重大破坏，生态破坏严重，城市个性、韵味和历史文脉不断消弭。"近十年来我们对文化的这种破坏，文化资源的这种破坏，超过了

① 卜希霆、齐骥：《新型城镇化的文化路径》，《现代传播》(中国传媒大学学报)2013 年第 7 期。

历史上任何一个时期”。[①] 而植根农耕社会土壤而逐步发展起来的作为广大民众所创造、享用和传承的民俗文化，在这种史无前例的城镇化“大跃进”中更无法幸免，遭到前所未有的冲击和破坏。

民俗文化是中华民族文化的根性文化和母体文化，因其受众的广泛性和本体的生活性，在人类发展演变史上，不断糅合、汲取、重构异质文化元素，形成具有厚重生活土壤的稳定的文化基因，并逐步渗透进华夏子孙的文化血脉中，成为隐藏在华夏子孙心灵中的一种集体无意识，成为华夏民族文化认同的标志和符号。民俗文化源自农耕社会，在近代社会裂变中，西学东渐的兴起及西方现代思潮的涌入，其发展逐步脱离自身发展规律，在断裂的社会更替中，不断变异，尤其是当代城镇化的快速发展，在西方现代主义、消费主义、工具理性主义等驱动下，以效率、经济、竞争、消费等为表征，逐步冲击、解构、消释着传统民俗文化所承载的文化内涵、价值观念及展示形式。比如传统节日习俗今天不少只是徒有形式，其黏附的文化内涵、价值特点、象征意义、隐喻符号基本消失殆尽。又如很多传统小戏，随着互联网、影视的出现，已经逐步淡出人们的视线。还有很多具有高度艺术价值、历史价值和文化价值的民间绝活，因为经济效益低下，随着传承人的消亡，往往出现“人亡艺绝”的悲剧。“‘工业化’剥离了民俗文化的物质载体，‘城镇和城市化’的步伐缩小并改变着民俗民风的聚集地，都市生活的霓虹使得传统艺人改行变当，无以为计。‘现代化’消融并拆解了民俗传统与现代艺术的界限，‘技术文明’使得我们的民俗文化失去了许多有形的物质载体和无形的技艺形式。”[②]

当然，面对城镇化的冲击，民俗文化也不断自我调适，一部分仍具有较强生命力的民俗文化，开始不断吸收新的时代因素，逐步演变为

---

① 柏定国：《文化热已经开始走向反文化》，见 http：//www.sinoss.net/2011/0112/30295.html。

② 叶春生：《活化民俗遗产　使其永保于民间》，《民间文化论坛》2004 年第 5 期。

新的城市民俗文化，亦有一部分民俗文化逐步失去其文化内核，而只保留其文化形式，逐步演变为伪民俗文化。

二、礼失求诸野：新型城镇化与民俗文化反哺的效能

中国城镇化是在世界全球化、现代化潮流的裹挟下急促地推进的，这种城镇化虽然取得了巨大的成就，但也是不可持续的，它是以能源的过度消耗、生态的严重破坏、文脉的割裂消解等为代价。城镇化过程的诸多弊端已引起了政府关注和反思。自十七大以来，党和政府就开始不断探索一条可持续发展的城镇化道路，十八大要求工业化、信息化、城镇化、农业现代化良性互动、同步发展，2012 年中央经济工作会议首次提出新型城镇化概念，十八届三中全会上，新型城镇化的内涵得以完整表述。至 2013 年 12 月，中央城镇化工作会议对新型城镇化进行了更深入的探讨，强调要以人为本，推进以人为核心的城镇化，并首次用充满情感的散文化语言表达了新型城镇化的愿景，“让城市融入大自然，让居民望得见山、看得见水、记得住乡愁”。

在学界，伴随城镇化带来的弊端，学者们也一直在进行反思。岳永逸借助的士司机的话道出了城镇化进程中人的生存困境：人不是主体，车才是主体，人被非人化。① 张鸿雁指出，一些只见物不见中国人文精神的“洋规划”，不仅丧失了本土化的空间文化价值，也在抹杀中国城镇的“集体记忆”。“‘洋人规划’和‘洋规划’导致中国的城市没有‘中国味’，没有了中国城市的历史与‘集体记忆’，没有中国式的城市形态和结构。”②单霁翔③、

① 岳永逸：《反哺：民间文艺市场的经济学》，《思想战线》2010 年第 5 期。

② 张鸿雁：《中国城市化理论的反思与重构》，《城市问题》2010 年第 12 期。

③ 参见单霁翔：《关于城市文化建设与文化遗产保护的思考》，《中国文化报》2012 年 5 月 10 日。

胡小武[①]、范周[②]等也对城镇化进程中传统文化衰微的现象进行了深刻反思。

“礼失求诸野”，西方曾经经历的大规模整容式的“城市更新”之路在中国再次出现，并且有过之而无不及，大拆大建之后，导致“千城一面”，城市历史文脉和城市记忆被割断，城市个性和韵味也随之丧失殆尽。因而，从西方城镇化模式化中走出来，重新审视、传承和重构传统优秀文化，树立文化自信、自觉，走本土化的新型城镇化就成为必然。正如习近平同志所指出，“中华优秀传统文化是中华民族的突出优势，是我们最深厚的文化软实力”。[③] 什么是新型城镇化？党的十八届三中全会对之有比较深入的论述，“坚持走中国特色新型城镇化道路，推进以人为核心的城镇化，推动大中小城市和小城镇协调发展、产业和城镇融合发展，促进城镇化和新农村建设协调推进。优化城市空间结构和管理格局，增强城市综合承载能力”[④]。新型城镇化，简单来说是人的城镇化，是一种更加包容的城镇化，是集理念、思路、体制转变于一体的政治、经济、社会、文化、生态“五位一体”协同发展的城镇化，也是一种兼顾文化多样性的城镇化。

新型城镇化不仅要保持与新型工业化、信息化和农业现代化同步发展，更要关注人、自然、社会的和谐发展，其核心是人，“而‘人的城镇化’的基础是人的社区化，包括岁时节日、人生礼仪、游艺、信仰、家族等在内的民俗传统，理应成为当代城镇化建设‘社区落地’的重要构建

---

① 参见胡小武：《粗放型扩张加重城市病》，《中国环境报》2012年12月13日。

② 参见范周：《关于我国城镇化与文化发展的思考》，《现代传播》（中国传媒大学学报）2013年第8期。

③ 习近平：《全国宣传思想工作会议上的讲话》，见 http：//news.12371.cn/2013/08/21/ARTI1377027196674576.shtml。

④ 中央政府网：《中共中央关于全面深化改革若干重大问题的决定》，见 http：//www.gov.cn/jrzg/2013-11/15/content_2528179.htm。

因素”①。因而力推农民市民化，让人们在城镇化过程中“记得住乡愁”，保护、传承蕴含丰富优秀文化基因的民俗文化，并使之反哺②于城镇化建设，让人们真正感受生态城镇、文化城镇和个性城镇，就成为应有之义。

新型城镇化新在以人为本，注重城市遗产保护和历史文脉延续。它不同于以往的城镇化，只注重单向度的反哺，其反哺具有多元性，也就是说，不仅仅存在工业反哺农业、城市反哺农村两个“反哺”，还存在另一个反哺，即文化反哺社会。而后者的反哺是一种双向互动的反哺，是一种城乡文化的互哺，既包括城市文化对乡村文化的反哺，也包括乡村文化对城市文化的反哺。在新型城镇化过程中，民俗文化这种双向互动反哺效能尤为明显，也就是说，在城市新民俗强势渗透、解构着乡土民俗传统的同时，乡土民俗传统也在进行着“逆侵蚀”，不断渗入、糅合、重构着城市新民俗。

新型城镇化的推进与民俗文化反哺及民俗文化保护既对立又统一。一方面，城镇化与工业化、信息化、现代化相伴而生，高科技的发展，工具理性主义的膨胀，必然打破传统乡土社会结构，不断离析、分解着村落社会和乡土传统，快速解构、瓦解着民俗文化依存的根基，动摇了民俗文化反哺的基础，也在很大程度上消解了民俗文化反哺的效能发挥。民俗文化滋生于传统农耕社会，依托传统劳作模式、生活模式而传承、延续，隐藏着中华民族生生不息、代代相传、最具生命力的文化基因。随着城镇化进程的快速推进，传统血缘关系逐步为地缘关系、业缘关系所取代，人口流动加剧，社会分层迅速分化，社会变迁速度加快，民俗文化反哺依托的稳定的俗民群体、社会结构、生活方式急

① 张士闪：《“顺水推舟”：当代中国新型城镇化建设不应忘却乡土本位》，《民俗研究》2014 年第 1 期。

② 这里的反哺概念并非指涉代际知识的逆传递，而强调民俗文化对城市内涵、城市精神的输血机能及对城市发展的意义。

剧崩溃，民俗文化呈现碎片化、镜像化，反哺效能的呈现也是断裂的、零碎的。另一方面，新型城镇化的推进和民俗文化反哺又是内在统一的。民俗文化反哺效能是不以人的意志为转移的，人从呱呱坠地时起就生活在民俗文化的氛围中，为民俗文化所滋养和熏陶，接受各种规约、禁忌与束缚，学会各种人生仪礼、游戏、技艺，存储各种民间故事、传说、俗语，感受民俗生活的温馨与宁静，被塑造成一个“循规蹈矩”的为俗民社会所接受的社会公民，同时，我们生活的世界也被营造成一个遵守习俗规制的温馨和谐的俗民社会。这种不依法律强制约束而秩序井然的俗民社会，是城镇化持续推进的稳定的社会基础，如何合理吸收其积极因子，重构和谐社区，更好促进农民市民化，对于新型城镇化的快速推进和最终目标实现都具有积极的意义。

新型城镇化的核心是人的城镇化，促进农民的市民化，因而不仅要关注户籍改革、城区拓展、科技创新、产业支撑等显性问题，也应关注农民市民化过程中主体的心理感受、心态变化、生活融入、社区认同及人际互动等隐性问题，推进城乡一体化，构建和谐社区，继承和保护传统优秀民俗，尊重农民文化差异和习俗生活，积极发挥民俗文化疏导社会矛盾的潜在缓冲器功能。“基于民俗文化的心理认同以及价值观的变迁，以及在此基础上形成的社会资本或社会网络的社会关系体制，是影响与决定一个国家或地区城市化方向的关键动力”。[①] 因此，推进新型城镇化，基于马克思主义人本思想的立场，必然关注农民本身，营造和谐的民俗文化氛围，激活或发挥民俗文化反哺效能。

在当下，为更好推进新型城镇化，更好发挥民俗文化反哺效能，客观上也要求加强民俗文化保护，保护俗民社会的文化根基。“现代城市追求现代化的价值取向虽然会使它与传统文化的保护之间产生一定矛盾，但是它又必须在传统文化的基础上形成、发展起来，

① 赵颖：《城市化进程与民俗文化》，《兰州学刊》2011年第3期。

必须在对传统民族文化进行合理的整合与利用的基础上才能提升与超越。要想实现城市的现代化，就必须尊重民族文化传统，弘扬民族文化精神，而不是彻底否定与摧毁它们。”①从很大程度上来说，民俗文化反哺与民俗文化保护也是紧密相联、内在统一的。民俗文化反哺传递了社会正能量，滋润了广大民众的心灵，促进了社会的和谐稳定，是民俗文化保护的基础。民俗文化得到有效保护，传统优秀文化基因被激活，焕发出强劲的生命力和影响力，积极推动着社区建设和社会稳定，从而能够更好地发挥民俗文化潜在的反哺效能，可以说，民俗文化保护是民俗文化反哺的前提。

三、润物细无声：民俗文化反哺的潜在维度

进入当下信息时代、网络时代或创意时代，国际竞争更趋复杂、激烈，经济力量、军事力量和科技力量等硬实力（hard power）已经无法涵盖一个国家综合国力水平，而文化、价值观念、社会制度、发展模式的国际影响力与感召力等软实力（soft power）影响更为深远和重大。软实力概念由曾担任过美国助理国防部长的哈佛大学肯尼迪政府学院的约瑟夫・奈（Joseph Nye）教授在1990年提出，2004年在《软实力——国际政治的制胜之道》一书中他对软实力概念进行了补充：“软实力是通过吸引而非强迫或收买的手段来达己所愿的能力。它源于一个国家的文化、政治观念和政策的吸引力。”②对于软实力的解读，国内外学者观点各异，但基本认同三要素说，即文化吸引力、政治理念或意识形态的吸引力和塑造国际规则和决定政治议题的能力。在此三要素中，文化要素是“软实力”的重要源泉，尤其是通俗文化的吸引

① 蔡丰明：《城市语境与民俗文化保护》，《山东社会科学》2011年第5期。

② 约瑟夫・奈（Joseph Nye）：《软实力——国际政治的制胜之道》，吴晓辉、钱程译，北京：东方出版社，2005年，第2页。

力、感召力和影响力。

有学者认为,以民俗、生活方式、艺术传统等为基本内容所生成的传统魅力,构成了国家软实力的历史土壤。作为传统可以超时空呈现的典型形态主要包括民俗、艺术、哲学。“民俗是一种无法言说的文化魅力和生命魅力,它指向大众,既展开为一种生存习惯、文化习惯、行动习惯,更表现为一套完整的礼仪系统。因而,民俗是通过大众的身体力行而得到保持、传承和革新的。所以,民俗作为一种国家软实力,它指向大众和大众生活的过程,就是重新塑造人性,全面开发人的身心,使人人都能道德地生活,其表现方式就是移风易俗。民俗事实上构成了一个民族国家生存发展的文化指南。”①民俗文化以约定俗成的方式规定人们什么该做,什么不该做,没有功利性、无目的性和强制性,人们往往在轻松、温馨、愉悦的氛围中接受规约俗制的规训,感受民俗生活的美好,完成人生的过渡仪礼,接纳民俗文化的反哺。

在当下,文化与经济的联系愈来愈紧密,文化产业迅猛发展,民俗文化作为文化软实力的重要组成部分,已经难以用传统的眼光来界定,在文化生态迅速变迁的过程中,开始不断跨越传统的藩篱,融入新的时代元素,呈现出多元化的表现形式。因而,在新型城镇化推进过程中,尊重民俗文化发展规律,努力激活或发挥其反哺社会的正能量,尽可能挖掘其潜在的多元维度,将极大有利于推动农民市民化进程。民俗文化反哺的潜在维度,笔者认为,主要体现在以下六方面:

其一,文化生态机制。民俗文化是广大民众在尊重自然、爱护生态、保护环境基础上,在追求美好幸福生活过程中潜移默化地达成的一种群体认同和集体无意识,它视大自然为有生命有情感的主宰,对大自然充满敬畏,是充满神话、传说、故事、谣谚、禁忌等内容,追求与大自然相协调的一种生产生活方式、生态民俗文化体系。在生态民俗

---

① 唐代兴:《国家软实力的构成及其功能体系》,《西南民族大学学报(人文社会科学版)》2012 年第 12 期。

链条中，它强调人类自身的消费能力和相关的食物链的协调与平衡。但是，随着人类生产力的发展，人类开始追求对大自然的征服，强调"人定胜天"，战胜大自然，使得民俗文化在科技的冲击下快速消亡，生态民俗链也开始断裂或失衡。"人类正在与自然生态成为极端对立的关系，原有的生态民俗链在人类统治生态环境的现状下已经变得支离破碎了。人类已经并正在超大规模地消耗生态资源，对于动物和植物也已经不再如原生态民俗链那样虔敬崇拜了。许多动植物种群已经灭绝或正在灭绝。"①因此，面对全球化、高科技的迅猛发展，工具理性主义泛滥，文化同质化突出，消费主义盛行等问题，我们需要保持必要的清醒与冷静，从长远发展着眼，保护好生态民俗链，促进民俗文化发展，保持人类发展与大自然的平衡，合理利用生态资源，尊重生态民俗规律，这是新型城镇化发展的本质要求，也是保护文化多样性的重要表现。

其二，社会控制机制。民俗文化是社会控制机制的重要组成部分，它是最早的社会规范，远远早于法律制度。《周礼》所谓"俗者习也，上所化曰风，下所习曰俗"，就是指其社会控制功能。作为一种社会习俗规制，它往往通过代代相承的行为模式内化于人们的心理，形成一种具有习惯性的潜在约束力量，促使人们不能打破固有的生活模式和行为规范。民俗文化具有广泛的约束力，在潜移默化、循循诱导中使人们受到教育，遵守社会秩序。它不具有法律的强制力量，而是一种"软控制"，但它往往能够起到法律所起不到的作用。如过年习俗，无论人们身在哪里，一到除夕，都会有强烈的回家的愿望，这种归心似箭的力量就源自民俗文化对人们潜意识的规训与教育。再如民间信仰，从其积极意义上来说，它通过其程式规范、祭祀仪礼，往往发挥出较强的约束力，规范人们的行为，抚慰人们的心灵，劝诫人们向

① 乌丙安：《论生态民俗链》，《江苏社会科学》2001 年第 5 期。

善,增强信众的凝聚力,维护社会稳定,反之,则成为影响社会和谐发展的消极力量。从今天来说,民俗文化的社会控制力依然非常强大,合理利用其社会控制机制,对于规范人们的社会行为,增进群体凝聚力,推进社区文化建设将产生十分积极的作用。“在现代文明的社会中,民俗仍然是社会控制中的重要机制,在社会中发挥着它的重要作用。特别是在少数民族地区,民俗作为各个民族的标志和主要特征,一直是人们衡量个人与民族关系,对民族感情深浅的尺度,并以此调整着民族地区的社会关系。因此,民俗作为一种不带有强制性的,内化了的行为规范,在社会控制中起着强制性行为规范的补充作用。并作为社会关系的调整器,在社会生活中发挥着巨大的作用。”①

其三,社会和谐机制。民俗文化具有生活属性,是一种熟悉而温馨的模式化的民俗生活。人们在从事民俗活动时,其潜藏的“集体无意识”被调动起来,驱使他如何去做,乐意去做,而不是依靠强制手段。民俗文化对于人们行为的控制主要体现在两方面,一方面是引导人们行为趋向一致,让社会生活变得有规律、有秩序。如祭祀、庙会等,通过群体的互动,在模式化的民俗生活中,加强情感交流,增强社会凝聚力,感受生活的美好;另一方面是控制、禁止异类的、不同寻常的人及其行为,维护社会生活的正常化、常态化。如对偷盗、同性恋等行为的控制,社会习俗往往形成强大的控制力、约束力,通过自身分类系统,把怪异的、模棱两可的东西排斥在群体之外,使其失去归宿感。民俗文化的社会和谐机制,弥补了法律、政令的不足,对于疏导社会矛盾,促进社会和谐有着重要的借鉴意义。“在当今建设和谐社会的过程中,有意识地弘扬民俗文化,可以更有效地平和地消除经济发展中所产生的一些不和谐的因素;充分利用这种最稳定的文化形态,可以避免产生新的震荡和不安定。”②

---

① 魏宏歆:《试论民俗的社会作用》,《民俗研究》1991年第1期。

② 万建中:《民俗文化与和谐社会》,《新视野》2005年第5期。

其四，创意资源机制。民俗文化具有符号性，寓意丰富，象征价值突出，如龙的形象，是自然界不存在的一种物种，但作为民俗符号系统，龙体现了桀骜不驯的性格、驰骋纵横的气度，是自由、强大的象征，同时也是华夏民族的图腾和象征。又如民俗的谐音寓意很丰富，五福捧寿——图案由一寿字或寿桃及周围五只蝙蝠组成。寓意有福长寿。连年有余——图案由莲与鱼组成。“莲”和“连”，“鱼”和“余”、富裕的“裕”谐音，象征吉祥富裕、美好。万事如意——图案由两只柿子与一支“如意”组成。“柿”与“事”谐音，寓意“事事如意”，象征着事事吉祥、如意，等等。近年来随着文化创意产业的迅猛发展，民俗文化这种丰富的符号性，被作为创意资源或创意元素广泛应用在影视、游戏、广告、旅游等领域。再如“动漫王国”日本，近年来深度挖掘民俗资源，其动漫作品往往以地域性的乡土文化为背景，真实地描绘了本地的历史、风土、人情，从而进一步推动了日本的动漫旅游产业发展。此外，如大家广为熟知的美国好莱坞拍摄的《功夫熊猫》《花木兰》，张艺谋导演的《印象刘三姐》，杨丽萍编导的《云南印象》，赵本山的绿色二人转，还有各种节日文化、民俗旅游，等等，民俗文化作为创意资源，已经融入了高科技，成为推动文化创意产业发展的重要资源宝库。

其五，身体技术机制。民俗文化不同于其他智性文化、理性文化，它不仅仅展示了广大民众的经验和智慧，作为一种知识体系呈现，同时它也是一种感性文化、生活文化，熔铸于人们的日常生活之中，充盈着体验、情感与灵性，与生活、身体紧密相联，须臾难分。身体性是内嵌于民俗文化之中的最重要特点，通过身体动作、行为来参与、感受生活，营造常态性而又不失个性的民俗生活，这也是民俗文化内在魅力之所在。“民俗是在身体上发生、习得、记忆、使用和改变的语言和行为文化……民俗学后来的发展，虽然与其他学科发生了更多的交叉和对话，但是始终没有抛开民俗作为身体性文化的眼光，而是从民俗中全部丰富的感觉入手来感受生活之变。”①在民间手工艺制作、民间游戏参与、民间戏曲表演、民间故事讲述等民俗事象都离不开身体的参与、感受。民俗文化的身体技术机制不排斥理性思考、高科技，“而是为了更加自觉地调动身体感受的方式加强人与人的交流，从而加深对于生活变化的理解”②，在生活中融入更多温暖、有触感的生活体验，增强生活的坚实感、幸福感和归属感。

其六，心理认同机制。民俗文化具有增强群体凝聚力、向心力，整合一切积极因素的机能。人们通过重复性的、模式化的参与、体验民俗活动，不是减弱了而是增强了民俗事象的神秘性和神圣性，强化了群体心理认同，形成了民俗文化共同体，在祖先祭祀、宗教信仰中尤为明显，这些民俗活动能够将逝去的远祖、飘渺的神灵与朝夕相处的今人紧密连接起来，产生近乎神秘的民俗力量，增强了群体的凝聚力。这种心理认同机制蕴含了整合机能、组织机能，合理利用，将有利于缓解新型城镇化过程中累积的社会矛盾，增强社会团结，推动社会和谐稳定。“在这种形势下，如何正确地利用这种民俗文化共同体结构的新模块，使之成为维系民俗文化情感指数的文化资本，能够携带地方的、祖先的和民族的民俗文化进入现代化文化建设，并能够对民俗文化在现代社会文化进程中所产生的积极含义加以关注，使之发挥民间积蓄的正能量，便成为一项既针对当下，又有可持续发展需求的重要工作。”③

当然，民俗文化反哺的潜在维度在现实中可能更广泛、更复杂，很难为上述六种机制所涵盖，且机制之间也可能存在相互交叉、重叠的情况。

---

① 刘铁梁：《城市化过程中的民俗学田野作业》，《文化遗产》2013年第4期。

② 刘铁梁：《城市化过程中的民俗学田野作业》，《文化遗产》2013年第4期。

③ 董晓萍：《当地民俗文化的“新精神性”建设》，《山西大学学报（哲学社会科学版）》2014年第1期。

四、简短的结语

在城市化进程中，经济社会的急剧转型，工具理性主义的泛滥，使植根于农耕文明的民俗文化遭到巨大的冲击，不断走向消亡。当然，在时下，在文化生态迅速变迁的背景下，民俗文化不仅仅以消亡的形式呈现，它也不断糅合新的时代因素，发生进化、传播、发明及涵化，呈现多元化的表现形式。也就是说，无论我们承认与否，民俗文化的反哺效能即便是在急速变迁的今天也一直存在。随着新型城镇化概念的提出及进程的推进，关注人本身、关注农民市民化这个环节成为新的时代要求，而这种以人为核心的城镇化在本质上是与民俗文化反哺效能的发挥是对立统一的，在瓦解、冲击传统民俗文化的同时也更重视发挥民俗文化反哺的正能量，客观上要求人们真正重视和保护城市文化遗产、民俗文化，以培育民俗文化反哺的文化根基。民俗文化反哺具有多元的潜在维度，文化生态机制、社会控制机制、社会和谐机制、创意资源机制、身体技术机制和心理认同机制是其具体呈现形式，因而，如何更好激活或发挥民俗文化的反哺效能，缓解社会矛盾，将在很大程度上影响着新型城镇化推进的成效和目标的实现。

城市化背景下民俗学的“时空转向”：从民间文化到大众文化

徐赣丽*

当代中国处于从农耕文明快速转向城市文明的转型期，整个社会是一个急遽变化的社会，变动不居成为时代和社会的主要特点，文化领域也不例外，民俗学的研究也要契合这个特点。中国的民俗学长期以来都很注重乡村民俗，钟敬文曾明确指出：“搞民俗学当然着重在广大农村。这在许多国家都是一样的。因为农村里保存着更多的传统的文化、风俗”“中国民俗学的材料多数在农村”“我们的民俗学研究重视传统的、民族固有的文化，因而重视农村（包括旧式小市镇）这方面的情况”。同时，他也表示，不能排斥对现代都市材料的搜集和研究，应该研究都市文化。① 中国社会的日益城市化，标志着以农村为关注重点的民俗学从此之后需要告别传统乡土社会，走入城市社会，关注由城市化带来的文化变迁。另一方面，中外民俗学家都认识到对民俗变迁问题进行研究的重要性。钟先生在中国民俗学成立大会上讲道：“研究过去近百年的社会出现了什么新的情况，文化风俗活动在这里起了什么变化，它同旧有的文化风俗有哪些不同……我觉得这些是很

* 徐赣丽，华东师范大学社会发展学院民俗学研究所教授，原文刊于《学术月刊》2016年第1期。

① 《钟敬文民俗学论集》，合肥：安徽教育出版社，2010年，第69—70页。

重要的问题。”[①]高桑守史说：“迄今，民俗学的重点曾是通过变迁来研究民俗的持续。面对今天的急剧民俗变化，其研究方法与体制尚未充分。为了适应现代的民俗变化，民俗学需要对民俗学的目的、方法、概念等基本问题再行探讨，同时探索以变化为重点的民俗变化。”[②]但民俗学界还较少关注城市化背景下的民俗变迁，鲍辛格在1961年曾指出“民俗学几乎没有注意到由前工业的农民文化向技术时代的民间文化过渡”[③]，故此，他对技术世界的民俗学研究引起了国际民俗学界的轰动。今天，城市化的程度以及技术和传媒的影响远远超过了以往任何时代，带来的民俗变迁也是有目共睹的，不仅在国外早已完成工业化、城市化的国家，在中国也是如此。既如此，我们有对此问题进行研究的必要。

一、城市化背景下的民俗变迁

（一）解读城市化

什么是“城市化”？关于其定义有多种。除了城市化，还有都市化、城镇化等概念，在这里，并没有严格区分的意思，相反，是在一种宽泛意义上的使用。因为在中国大规模城市化之前，中国的都市其实也是乡村的延伸，整个中国文化的根基就是建立在农业文明基础上的，其文化类型与乡村区别不大。中国的城市与西方不同，中国古代的都城是诸侯的住地，直到近世仍然是帝王及其高官要人的住地，是政治性中心；而不像西方国家是经济和商业中心；而在近代以后，伴随着现

---

① 《钟敬文民俗学论集》，合肥：安徽教育出版社，2010年，第70页。

② 高桑守史：《人口过疏与民俗变异》，王汝澜等编：《域外民俗学鉴要》，银川：宁夏人民出版社，2005年，第118页。

③ 赫尔曼·鲍辛格：《技术世界中的民间文化》，户晓辉译，桂林：广西师范大学出版社，2014年。

代化和科技发展,真正意义上的城市文明开始出现。

都市化包括多种理解。有乡村生活方式,也有移居城镇、人口转移而带来的生活变迁,还有很大一部分情况是乡村人口定期外出务工,阶段性地返回到乡村,并继续为城市提供劳动力,也就是开始新一轮的定期赴城市务工,成为城镇里的暂住客。都市化既包括居住在乡村而生活方式的都市化,也包括居住在都市而随之适应都市的管理和规范、生活节奏等的变化。

城市化不仅指农业人口转为城市人口,城市数量增加以及城市用地不断向郊区扩展,也意味着生活方式的城市化、现代化、科技化。换言之,乡村的城市化进程是伴随着现代最新科技发展和社会变迁的,城市化是与现代化相伴相生的。都市本身有一个动态发展和建构的过程,比如以前人们也不用自来水,而是用井水;以前人们也不住高楼和公寓,而是住平房;以前城市的边界是有限的、人口没有这么密集和容量庞大。而今日乡村实行"村村通"工程,使乡村也同样拥有自来水、楼房、电话、电视、电器和较为方便的交通。所以,城市化往往也是现代化的代名词。

关于城市化的特征,有研究者将其归结为五个方面:一是人口结构的分化,从事非农业的人增多;二是经济结构的多元化,农业经营方式从传统农业向外向型、商品化、现代化农业的转变;三是生活方式的都市化,人们的衣食住行和休闲生活向都市生活的转变;四是大众传播的普及化,推动乡村社会变迁;五是思想观念的现代化。① 这五个方面,都势必对乡村原有的民俗传统造成深刻而巨大的影响。

(二) 城市化带来民俗变迁

城市化带来的文化变迁,最突出的是生活方式的变迁。关于文化

① 周大鸣、郭正林:《论中国乡村都市化》,《社会科学战线》1996 年第 6 期。

的定义很多，威廉斯直接把文化界定为“生活方式”。[①] 民俗学以研究日常生活世界为旨归，各种关于文化变迁的论述，大都涉及民俗。从另一个角度说，文化变迁一定会导致民俗发生变易，其影响不仅在被城市化的乡村，对于现代城市和长期往返于城乡之间的外出务工者，也不可忽视。

1. 农村人口过疏化带来文化传承断裂

日本曾经历城市化带来的农村民俗衰微。城市化使许多农村人口离开农村到城市去谋生，家庭主要劳动力外出。山区村落有的因修水坝而全村淹没，有的因修道路而土地被占，全村迁移到平原地带，于是出现废村现象，民俗发生急剧变化。“尤其是以村落为单位的共同活动、共同事业的维持日益困难。由于人手不足，以往每年不可缺少的氏神祭已不能完全按例进行。”[②]在中国，也是同样。1980 年之前，农业是中国国民经济的基础，农业人口占 80%。由于户籍制度和单位制度的管理，农民极少移动，更难以进入城市，形成固定的、稳定的乡村。经过逐步的城市化，农业人口已经少于非农人口。根据国家统计局数据，中国城市化率 2013 年已经到 53.7%，按实际建筑面积计算，要远高于此。村落空壳化现象已很严重，民俗的传承面临危机。

民俗的传承因为男性的缺失，导致女性承担某些原来由男性主导的角色。比如，在西南苗族地区，芦笙被视为有代表性的民族文化符号，在很多场合都需要有芦笙在场。但近些年来，很多地方的芦笙文化已经少有传承，原本只能由男性而绝不能由女性上手的芦笙，在城市化带走男性青壮年的村子就只能专门培训女性来吹芦笙。侗族长期都盛行村寨之间的“月也”习俗，原本是两寨男女青年之间的一种结交、了解进而婚配的交际习俗。但如今，寨子里年轻人都外出打工，留

① 他曾提出：“文化”即“全部的生活方式，包括物质的、知识的和精神的”。雷蒙德·威廉斯：《文化与社会》，吴松江、张文定译，北京：北京大学出版社，1991 年。

② 高桑守史：《人口过疏与民俗变异》，王汝澜等：《域外民俗学鉴要》，第 113 页。

守的人们只好女扮男装，妈妈扮姑娘，活动的目的从联姻变成了自娱自乐。[①] 这种情形不仅仅局限于民俗文艺活动，也发生在比如中元祭祖、村社集体仪式等等，一向由男性出面的民俗和礼仪社交只能是女性来接替。乡村的民俗活动减少和被迫演变。另外，乡村的许多民俗活动因为人手不足，民俗传承被迫中断。

城市化还表现在一部分留守的农民，把土地出租给别人种，自己则从事其他非农产业。另一方面，由于新农村建设硬件设施的改善，以及近年来的高速公路和高速铁路等的建设，使得过去处于偏僻山区的村落与外界的联系越来越便利，不仅改变了村民日常生产生活的市场交换圈，也为城乡之间的人力物力等各种资源的交换提供了条件，进一步促进了城乡生活的一体化或乡村生活方式的城市化，村寨居民向交通便利的地区集中建房居住的趋势。传统农业村社，村民是靠近生产田园分散居住，非高度集中居住；现在越来越多的人选择在公路边建房，房屋建筑也越来越趋于现代化，砖石结构、铝合金窗和防盗门越来越多地被使用。饮食和服饰等日常生活消费品，人们越来越多地购买外来的成品或半成品，而较少自己动手加工。传统农村的自给自足的生活方式和节俭的观念发生了很大改变。

2. 城市人口流动频繁，多种文化杂融

有学者指出："流动性的原因和后果逐渐地被认定为城市生活本质最重要的决定因素。"[②]因为经济全球化发展，各地的人口频繁流动，还因为不同国家的交往及其互相的尊重使文化互相吸引和借鉴，旅行成为现代生活的重要组成部分等，文化越来越呈现融合的趋向。许多传统民俗从民间流向上层、从国外流入国内、从乡村走向都市、从

---

① 尹庐慧：《侗族大歌的文化传承与学习：贵州省黎平县九龙寨的个案研究》，华东师范大学硕士学位论文，2011 年。

② 斯科特·拉什、约翰·厄里：《符号经济与空间经济》，王之光、商正译，北京：商务印书馆，2006 年，第 344—345 页。

传统走向时尚、从自我享用走向他者消费。

当代人们主要生活在都市化的环境里，人们交流和接触的机会很多，民俗在这里常常表现为时尚，从而失去了作为地域和人群的身份认同意义。流动社会的民俗融合表现在语言逐渐统一的同时，各地方言同时出现在一个大都市中。由于旅游的传播、媒体的传播，民俗的价值被发现，从而被赋予新的意义整合进都市生活中，传统民俗也可以重新流行开来。极具代表性的例子就是随着《舌尖上的中国》热播，使得地方的传统饮食演变成全国性的都市大众流行文化。各地不同的饮食风味随着人口的流动而流动，如嗜辣的饮食习惯伴随着外出打工的人口流动，逐渐向北、向东、向南转移，已经遍及原来并不嗜辣的北京、上海、广州等大都市。在上海这座新老移民汇聚的城市，许多餐馆饭店为了招徕来自各地而保留家乡饮食爱好的客人，在招牌上也打出了多种口味，比如“沪粤闽餐馆”或“湘鄂赣风味馆”，等等；同时，上海的西餐、东南亚各国风味菜馆也很普遍，并且地道。在这里，多元文化混融，本土传统民俗的踪影越来越少。

当代都市，文化变化成为一种常态，“时空压缩”成为了当代社会重要现象①，由此使得原来属于不同时空中的文化同时汇聚在一起。吉登斯指出现代性的一个主要特点为：社会关系从行动的地方背景去嵌入②，“去嵌入”，意味着社会关系越过广袤时空重新组合。比如很多节日和礼仪习俗，在中国已经找不到影子或者不甚隆重，而在东南亚华人聚居区，却保存较为完整或原始。而在中国却也有西方文化中的许多元素。节日的互相借鉴，外来的节日和传统节日并置。中国的节日传到国外，在许多国家变成了公假。圣诞节、情人节、感恩节、

① 戴维·哈维：《后现代的状况——对文化变迁之缘起的探究》，阎嘉译，北京：商务印书馆，2003年。

② 安东尼·吉登斯：《现代性与自我认同——现代晚期的自我与社会》，赵旭东、方文译，北京：生活·读书·新知三联书店，1998年。

万圣节传入中国,在青年人中广为流行。

3. 新的生计方式诞生新的民俗

农村与城市往往呈现出相反的特征。传统农业社会中大多是以种养为主的生计方式和自产自销的交换形式。农民对土地高度依赖,主要的产出都寄托在土地上,日常生活和节庆活动都围绕农业生产,生活节奏依照农事安排进行,生产时间与自然时间高度吻合,按照谷物生长的周期安排四季生产生活,注重传统节日及其祭祀活动。城市人以工商业和其他产业为生计,严格遵守上下班时间作息和国家的法定节假日制度,习惯于一周双休的生活节奏,追逐现代流行时尚,奉行西方科技文明。乡村文化注重家庭和宗族的血缘关系和村里邻里的地缘关系,城市文明注重业缘关系,有整个社会的职业集团来满足各种需要。因此,城市化意味着一种新的生活方式。农民进城,不仅意味着身份改变,更意味着从事的职业改变,以往从事农业时所积累的经验和做法就此失效和失传。约舍夫·克拉佩尔在《都市民俗学》中所说:"血缘和地缘对保存民间习俗具有决定性的意义,流入都市就变成一种流失。"①这也就是说,乡村是以血缘和地缘为基础的封闭性社会,由此而生成的各种民间文化,进入城市就失去了其魅力和生存环境。

(1) 日常生活的衣食住行变迁

民俗是指衣食住行、婚丧嫁娶、岁时节日以及庙会、祭祀、口头叙述等日常生活文化,城市化带来的变迁首先就表现在衣食住行日常生活方式的变迁,也就是作为消费文化的生活方式的城市化。消费文化是伴随经济形式而变化的,传统农业经济是围绕家庭进行生产和生活,而城市是通过市场来调节生产和消费的,不再依赖田园生产和养殖,而转为专门的工厂生产或服务业等,这些都不是传统的生产模式,

① 转引自赫尔曼·鲍辛格:《技术世界中的民间文化》,户晓辉译,桂林:广西师范大学出版社,2014年,第29页。

人们从父辈那里继承下来的生计知识，也就是生产民俗内容不得不被抛弃。随着商品经济进入乡村，当代城市生活中商品意识和工业产品广泛影响人们的日常生活，传统家庭生活方式解体，家庭内部传承的民俗逐渐衰微和走向变异。

衣食住行基本日常生活方式的城市化，第一表现在住的方面，居住地不再是乡村的独门独户，而是城市里的公寓式住房。第二，都市生活方式服饰追求时尚，不断推新的大批量的成衣生产替代了手工或个体裁缝业。在我调查的西南少数民族村寨，他们平常所穿的民族服饰成为一个重要的民族认同符号，如果回到村寨不穿本民族服饰，会有舆论压力，遭受排斥。而现在村寨里外出务工的人员在年节或重大事件时回家时，也不再穿民族服装。制作民族服饰的人越来越少，很多时候仅仅作为是旅游工艺品出售，而不是自我享用。第三，饮食民俗发生了很大变化。比如饮食结构发生了变化。以前，居民饮食结构单一；如今，一年四季都能买到新鲜蔬菜和各种水果，各种新的食品源源不断地从各地运来，改变了居民的饮食结构。另外，饮食方式也逐渐开始复杂化，多样化。随着快节奏的城市生活，家庭内传统的饮食烹饪时间减少而且日趋简单化；而工业化和分工社会化导致由市场提供便利食品，人们购买方便面、火腿肠、面包、蛋糕、矿泉水等成品或半成品的食品的频率增加了，在外就餐的频次显著增加。① 仅从食品消费来看，工厂生产的食品和外地生产的新鲜菜蔬，大大调剂了人们的生活，更改了人们基于传统农家生活的饮食结构和饮食品种。第四，城市里的交通便利，而乡村城市化的表现是村村通公路，许多人置备了摩托车、汽车等，一些村民专门跑运输、做买卖，加速了人流、物流的运转。

另外，传统生计方式本身也在发生变迁。民间手工艺成为稀有资

① 蒋彬：《试论四川藏区的城镇化与文化变迁》，《西南民族大学学报》2005 年第 8 期。

源，而使得传统的民间艺人成为工艺大师。传统手艺从父子家族传承、沿袭，但又可能以学校培训和公司内部发展作为传承的手段。民间工艺本来为大众所欣赏和享用，现在更为专业化、艺术化，从副业和兼业变为唯一的生计方式。从事相关技艺活动者从农民走向职业大师。

(2) 社会习俗和思想观念的变迁

城市化或现代化生活方式之一是信息的便捷性。外界的各种信息迅疾在农村传播，传统农业社会的一些稳定性特征渐渐消解，从外在的物质生活到内在的思想观念都受到冲击。在我调查的地区，城市化带来的婚姻习俗的变迁，最主要是通婚范围的扩大。特别是少数民族地区，以往基本限定在本民族、本地区内通婚，现在随着外出务工等流动生活方式，年轻人在外认识的对象往往是不同民族、不同地域，甚至相隔遥远的人，此外，也有些是通过网络聊天等方式认识，而婚姻的形式也趋于多样化发展。

生活内部的变化和空间的变化进而引起人们意识和价值观念的变化。比如，手机的日常使用，电视的普及，使人们共时性地生活在一个地球村中。乡村的人常常通过电视想象城市人的生活，效仿其着装，不断追寻着都市最新流行款式。同时，也导致各处的民俗迅速一致，从建筑到服装、到饮食结构和方式等等，最有代表性的是全国各地的民俗旅游景区，不仅模式雷同，而且所售卖的旅游商品也各处一个样。追求电视剧里的"高大上"生活，而不满足于乡村环境和乡村生活的物质贫穷，严重的会以极端行动来改变自己的命运。

时空观念发生变化。城市里相距很远的地方可以很快到达，地铁、电梯等公共设施方便快捷，更不用说高铁和飞机连接国内各地和世界各国。很多农民常年在外务工，很少回家，家乡的观念淡漠，而对于土地没有感情。消费观念趋向城市化，比如嫁娶和孩子上大学等，都会亲戚朋友聚集到县城或乡镇比较大的饭店举行仪式，甚至请人来摄像等。而在春节这样的大日子里，越来越多的人通过集市购买来替代传统的手工制作节日食品和其他年货。诸如此类的生活变化是既明显又普遍，重新把农民塑造成市民，正如陶思炎所说："新时期现代化的快速发展打破了原有民俗的传承背景和自然演进的节拍，同时不断改造着传承主体，并以新思想、新知识、新信息、新眼界使他们成为文化新人。"①

同时，伴随外来资本和文化更早进入城市，以前基于共同地域而形成的集体意识淡漠。如日本学者所指出的，"过去因单一种稻所形成的村民的共同利害观，已渐为各个家庭的利害差异所取代，共同劳动习惯也难于维持。在氏神祭祀、岁时习俗、人生仪礼等方面所反映出来的村落的信仰生活因长期与村落的自然环境及繁重的劳动条件相结合而深入村民心中。但这时对神的依存心理也急速衰退"。

城乡空间的变化所带来的影响改变着家庭结构内部的伦理关系，并且也改变了人们的生活观念和态度。农民一旦进城住进了高楼，他就不是农民了，而逐渐地为城市空间所改造。不仅仅是身份上的变化，他的生活习惯、行为方式和思想观念也发生了改变。

总的来说，城市化等社会大环境造成民俗文化前所未有的变迁，许多传承千百年的民俗传统忽然消逝不见，但是由于物质文化的变迁要快于精神文化，因此，像衣食住行相关的民俗文化的变迁更为显著；精神民俗，也就是许多民俗观念，虽然表面上也借助物质的进步和许多现代便利条件在发生改变，但是其核心内容却似潜藏的暗流，一直在往前流动，人们的民俗心理依然延续着。这就会保存和诞生新的类民俗——以一种大众流行文化形式出现。

① 陶思炎：《论当代民俗生活的变迁》，《东南大学学报》2002年第3期。

二、民俗学的时空转向：从民间文化到大众文化

民俗学长期以来以群体确定研究对象，主要研究非官方或上层精英的普通民众所创造和享用的生活文化。在民俗学圈内，“民俗”与“民间文化”常常相等同，其民俗之“民”指的是主要生活在乡村的农民，但城市化使他们今后越来越多地居住在城市里，文化的主体更多是指生活在城市空间中的人。“大众文化、交通、技术、媒体、休闲时间等所有这些现代现象，现在都是城市生存方式的一部分”①，也应该成为民俗学关注的对象。

（一）当代大众文化的崛起

前述说明，城市化带来传统乡村民俗文化的变迁，也就是原有的文化基础被毁坏了。那么，在日趋城市化的社会中，民俗文化是否还存在？民众的思想情感以什么形式出现？传统的民间观念以什么载体传承呢？这些都是当代民俗学需要思考的。

1. 乡村文化、城市文化、民间文化、大众文化的区别与关联

乡村与城市这两个不同空间里文化有何不同？费孝通先生建立的一套范式和框架，像乡土社会和城市社会、乡下人和城里人、熟人社会和陌生人社会、礼制社会和法治社会、习惯与契约，等等，惯常用来区分城市社会与乡村社会，用来区分城乡文化之不同似乎也适用。

进一步分析，我们还可以发现：都市有更具时代性的流行文化，乡村保留更多的传统民俗。前者因为都市生活的快节奏而常常处于快速变动之中，注重创新，更为开放、包容、多元；后者有保守性或者稳定性、传承性、同质性强。都市是随着商业贸易活动而兴起的，其文化本质是消费文化；乡村更多是生产型或注重生产的自给自足的文化。

---

① 沃尔夫冈·卡舒巴：《民俗学在今天应该意味着什么？——欧洲经验与视角》，《民俗研究》2011年第2期。

都市注重信息交流和知识获得，以文字和现代媒介进行交流，以现代科技新方法解决各种问题；乡村注重经验的传递，以口头语言表达和交流情感，以神灵信仰为主要的解决焦虑的方式。都市生活是讲究效率的，甚至是无情的理性的；乡村是节奏舒缓的，非理性和人文的。

民间文化与农民文化、乡村文化、传统文化、通俗文化、市民文化、流行文化既相区别又有联系。民间文化在以往被视为民族文化的根基部分，更多是与农民、乡村、传统相联系的；而在当代城市化社会，大众文化因为吸纳或涵盖了通俗文化、市民文化、流行文化、民间文化，而成为社会文化的主流。

长期以来，民俗学都强调民间文化与大众文化是不同的，在此不妨比照一下：第一，民间文化是民众自己创造、享用和传承的文化；其创造和享用者很难区分，常常就是一体的，他们也是具有很强同质性的群体。大众文化是被专业人士生产出来，供他者消费，其创作者与享用者或接收者是分离的。① 第二，创作和流传的形式不同：民间文化诞生于乡土社会，是一种伴随生活的自然状态中以口头语言和行为传承的；大众文化主要流行于城市社会，是以书面文字和音像视频等媒介流传的。第三，内容的思想倾向不同：民间文化是民众在生产生活中自发的创作，并以之服务于自己的生活需要，它表达的是群体的情感与愿望，是“生产者的艺术”。大众文化常常以市场为导向来进行创作，是“消费者的艺术”。第四，传统民俗文化更多体现地域和群体之间的差异性，而现代大众文化更多具有一种流行的趋同性。第五，如鲍辛格所言，民间文化似乎未受现代发展影响，大众文化利用现代技术媒介，立意求新、频繁变幻。②

① 朱云涛：《断裂还是延续——论现代大众文化与传统民间文化的历史关联》，《重庆大学学报》2005 年第 6 期。

② 赫尔曼·鲍辛格：《技术世界中的民间文化》，户晓辉译，桂林：广西师范大学出版社，2014 年。

中国当代的大众文化与西方大众文化一样，也是随着人类社会走向商业化、都市化与技术化的历史进程而产生的，是在媒体和消费文化主导下不断推波助澜而发展起来的，其具有不同于民间文化的特征。什么是大众文化？早在大众文化开始兴起之时，杭之就界定其为“一种都市工业社会或大众消费社会的特殊产物，是大众消费社会中透过印刷媒介和电子媒介等大众传播所承载、传递的文化产品，这是一种合成的、加工的文化产品，其明显的特征是它主要是为大众消费而制造出来的”。① 陶东风认为，大众文化在文本方面具有“批量化、标准化、复制性”的特点。② 高丙中指出：“大众文化的社会凭借是商业霸权的建立和以都市为中心的消费社会的出现、大众传媒的发达。大众文化的特性可以概括为：通俗的、短暂的、可消费的、年轻的、机智诙谐的、诡秘狡诈的、性感的、有刺激性和冒险性的。”③可见，大众文化是现代消费时代伴随大众传媒技术、信息技术和文化产业而出现的，具有突出的商品性与消费性，具有模式化与雷同性特征；同时，具有世俗化、杂糅性、多变性和流行性。

以人群来分，城市文化当然是以市民文化为主，它有可能是民间文化，即市民创造的文化，但在当代更多被淹没在大众文化之中。有人曾提出：“大众文化就是市民文化。中国从明代中叶就有，清朝入关以后又扭转了。现在的大众文化也仍然是市民文化，主要在大、中城市，其产生的原因仍然是商品经济。”④这里指出了大众文化的市民特征和商品属性。如果把传统社会的中国文化分为统治阶级的上层文化、市民的中层文化、底层的农民所创造和传承的民间文化⑤，

---

① 杭之：《一苇集》，北京：生活·读书·新知三联书店，1991年，第141页。

② 陶东风：《欲望与沉沦——大众文化批判》，《文艺争鸣》1993年第6期。

③ 高丙中：《精英文化、大众文化、民间文化：中国文化的群体差异及其变迁》，《社会科学战线》1996年第2期。

④ 李泽厚：《世纪新梦》，合肥：安徽文艺出版社，1998年，第296页。

⑤ 钟敬文：《话说民间文化》，北京：人民日报出版社，1990年，第3页。

1990年代崛起的大众文化则是以市民为主体的中层文化，具现代性色彩。当然，城市文化其实要广于大众文化，更准确地说，民俗学的研究对象，还不是全部的城市文化或大众文化，而是其中具有一定传统性或者普通民众生活中具有共享性的部分。

民间文化与大众文化既有着历史的渊源，又有着现实的汇流。王笛曾说：“在传统社会中，由于没有现代这种大众传播媒介以缩小时空，地域文化的特征表现得相当强烈，因而‘大众文化’（popular culture）就难免常与‘民间文化’（folk culture）胶合在一起。”[①]虽然这里他所说的大众文化主要是指通俗文化，即大众文化的前身或一部分，但也说明二者是混同的。在当代社会，民间文化已然成为大众文化或朝向大众文化发展。在西方文化研究中影响甚大的A.葛兰西曾以“流行歌曲”为例，指出了三种类型：其一，由大众谱写而且为大众谱写的“民间文化”；其二，为大众谱写但不是由大众谱写；其三，既不由大众谱写也不为大众谱写，但由于表达了大众的思想和感情而为大众所接受。[②] 那么，在今天的都市化社会中，不仅第一种，第二种甚至第三种类型都可以是大众文化，也就取代了原来纯粹的第一种类型。正如鲍辛格在《技术世界中的民间文化》最新一版的前言中说：“民间文化与大众文化的分界线从来就不是泾渭分明，在技术渗透的过程中，它也越来越模糊。”[③]另有学者针对今天的现代社会中大众媒体的影响，明确提出民间文化与大众文化越来越融为一体，这两个词几乎同义。[④] 民间文化曾被想象为是传统文化的“本源”“纯正”“本真”，但

① 王笛：《大众文化研究与近代中国社会——对近年美国有关研究的述评》，《历史研究》1999年第5期。

② 王笛：《大众文化研究与近代中国社会——对近年美国有关研究的述评》，《历史研究》1999年第5期。

③ 赫尔曼·鲍辛格：《技术世界中的民间文化》，户晓辉译，桂林：广西师范大学出版社，2014年。

④ Stan Le Roy Wilson, *Mass Media/Mass Culture*, New York: MaGraw-Hill. Inc, 1992.

在技术世界里,二者逐渐互相融合或相互转移。另一方面,现代大众文化在流行一定时间之后,有可能融进人们的日常生活中,长久沉淀为新民俗。

总之,随着时代发展,纯粹的民间文化越来越少,而大众文化却日渐深入我们的日常生活中。在消费时代,随着文化产业和信息化、多种电子媒体的发展,民间文化已向大众文化开始转向。当代民俗研究,对手机短信、对网络谣言、对流行时尚、对非物质文化遗产等的研究,已经非常普遍,说明学界中民间文化与大众文化之间的界限已经不那么分明。

2. 当代城市社会中大众文化的崛起

当代社会,民间文化越来越向大众文化靠近。在这个崇拜技术和消费的时代,流行时尚大行其道,口头传承大多变成了文字阅读、视听传播,集体创作转为个体创作;原来自我创造和享受的文化日趋变为专人创造或被他者消费;具有传统性、地方性的民间社会走向流行性、标准性、广泛性的城乡一体。人们热衷于创新,传承被忽视,而看重新变,新技术和新理念迅速导引社会主流,尤其是由于信息化所带来的影响,中青年人的生活方式越来越依赖网络,如网恋、网聊、网上购物等,人们在虚拟空间里与陌生的熟悉人交往,业缘、趣缘、学缘群体替代了传统的血缘和地缘关系。技术带来的冲击,比如电视、手机、网络等等的影响,使得民俗被新技术重新组装或者以民俗为内涵,以技术为形式进行传承或传播。2015 年春节的微信抢红包,就是此典型代表。

民俗通常是在特定地理环境下产生的带有明显地域性的文化,当地方性消弭的时候,民俗也随之消失,即由于地理气候等因素长期养成的生存智慧失去了优势,地方文化的多样性也不存在了。大众传播媒介使时空缩小,网络瞬时传播,传播的速度和广度超越以往任何时候,交通的高速发展使人们感觉生活在"地球村",空间成为虚拟的符号或者只是意味着数字的变化。一些传统民俗在当代被商家和政府征用，由于形式过于雷同，变成了量贩式的“工业产品”，正如有人指出的，“在城市消费时代，艺术民俗在成为被消费的商品的同时，也成为被观赏的对象，艺术的接受者与创造者都趋向于职业化”①，也就是进入大众文化的行列。

当代民间文化的传承常以非创作者自身，而是外来力量进行传承或传播，这必然把各种非民间的因素带进来；而其参与创造和享用民间文化的人也从原来的以下层民众为主的群体，扩大为各个阶层的大众。民间文化借助媒体、科技、都市空间进行传承或传播时，往往经过专业人士的改造和国家管理机构的审查等，失去民间独立的地位和创造个性，同时也更具审美特性和时代活力。同时，传统民俗已经或正在经历巨大的变迁，其中有些内容，因为其速度之快疾，涉及面之宽，影响之深，造成断裂和修复困难，当然，仍然还有一部分在传承；但是文化的重心已经转移到城市，现代城市的大众文化已经占据了国家文化的主流。随着高科技发展，尤其是新的信息传媒手段的广泛使用，大众文化深入地影响到人们日常生活的方方面面。

大众文化在20世纪的发展经历了从支流到合流再到主流的过程②，1990年以后，中国社会逐渐进入商业化和市场化的轨道，消费社会里文化的命运为之一变。随着第二次文化范式的革命，以文字为主要媒介的文化形态逐步转向视觉文化，商业化、娱乐化、世俗化的现代大众文化随之迅速崛起，占据文化主阵地。大众文化具有强大的吸附功能，能将大量的文化整合在一起。现代大众传媒，对人们的群体意识、观念、认同乃至生活方式的影响日渐深刻③；同时也消解了民间自

---

① 耿波：《当代艺术民俗学发展的城市化语境》，《民族艺术》2009年第2期。

② 高丙中：《精英文化、大众文化、民间文化：中国文化的群体差异及其变迁》，《社会科学战线》1996年第2期。

③ 文军、吴越菲：《多域转型中的“文化抗拒”：中国社会大众精神文化生活的变迁路向及特征》，《探索与争鸣》2014年第7期。

我意识和观念。而消费社会日常生活的审美化，也使得一部分民间文化转化为大众文化。大众传媒的发展，导致视觉形象大规模扩散以及“日常生活的审美化”。① 当代社会呈城乡一体化发展趋势，文化的阶层和地域区别越来越小，民俗的地域性和群体性差别消失，民俗作为地区和人群的标志或认同的意义逐渐微弱。这也是民间文化变成消费性质的大众流行文化的原因。民俗也在审美化趋势和背景下，成为时尚的，而非实用的。比如旅游场域中的刺绣带或帽子等等，基本不会拿来用，而是装饰、收藏等。“今天那些民俗的要素已经成为可以和阿拉斯加风情或热带雨林相互替代的文物了。”②这说明，民俗变为了一种异域的浪漫的与时尚可以陪衬的消费品，也就是说今日我们看到的民俗已经具有异质性，已沦为大众文化的一部分。

如果说今后民俗学要以日常生活为研究对象，那么，大众文化既然是日常生活的重要组成部分，必然会更多纳入民俗学者关注的视野，当代社会技术对民间文化的影响已经不容忽视，笔者曾撰文论述，现代技术和媒体的进入使得民俗传播呈现与以往很不同的态势，“随着科学技术的发展，当代世界已经进入读图时代，视频图像已经取代文字，成为大众日常生活中主要的文化传承媒介。现代传媒的出现，使得民俗可超越时空局限传播和传承”“在当代民俗传承中，上层与下层，官方与民间、知识阶层与普通民众，都可能发挥作用。民俗不再是中下层百姓自己创造、享用和代代相传的，而可能是政府传承、精英传承、中产阶级传承和商家传承的。随着城市化和全球化的人口流动和交流的频繁，国外新思想与本土观念互相流动和影响，出现文化渗透、借用、融合、同化和分化等”，尝试提出“民俗的定义和民俗学的研究方向，也许需要向大众文化转型”。③

---

① 迈克·费瑟斯通：《消费文化与后现代主义》，刘精明译，南京：译林出版社，2000 年。

② 河野真：《现代社会与民俗学》，周星译，《民俗研究》2003 年第 2 期。

③ 徐赣丽：《当代民俗传承途径的变迁及相关问题》，《民俗研究》2015 年第 3 期。

（二）民俗学的“时空转向”

综上所述可知，城市化背景下，乡村传统民俗已经衰竭，城市成为人群的主要聚集地。社会文化呈现城市大众文化趋向。民俗的研究曾经是乡村世界，钟敬文先生所提出的“民间文化”包含着中层文化和下层文化，是以“广大农民”为主体的文化，虽然也包括城市市民所有的文化，但主要关注的是广大的乡土社会、农村世界；但他同时也指出民俗学要关注当下的社会生活：“从民俗学的一般性质来讲，它应当是现代学的，它的工作方法是对现存的民俗资料进行调查和搜集，也就是它的资料来源主要是现在的，研究的目的当然也是为了现代。这一点是需要明确的。”①

城市化是当代社会最大的变迁潮流，城市化带来的文化变迁也是最主要的推动力量。如果说当代社会发生了转型，文化也发生了转型，文化的研究自然也需要跟着转向。除了城市化带来乡村民俗或传统民俗传承的问题，乡村还活着的对传统民俗仍有记忆的老人也越来越少，再想像 20 世纪五六十年代那样去乡村采风，已经很难有收获了。因此，从中国社会现实城市化的趋势看来，对都市民俗学研究的呼声越来越强。但不管在中国，还是在日本、德国等，“对都市民俗学的实际研究少之又少”“研究都市民俗学的理论根基还十分薄弱”。② 在这个意义上，岩本提出，都市研究是都市民俗学还是现代民俗学？③ 因此，民俗学的当代转向并不是特指从乡村传统民俗转向都市传统民俗研究。从时空角度说，大众文化不仅依托于都市，而且反映当下社会生活，具有时代特征。这就不同于传统的都市里的民间文化。

---

① 钟敬文：《新的驿程》，北京：中国民间文艺出版社，1987 年，第 385 页。

② 赫尔曼·鲍辛格：《技术世界中的民间文化》，户晓辉译，桂林：广西师范大学出版社，2014 年，第 28 页。

③ 岩本通弥：《“都市民俗学”抑或“现代民俗学”：以日本民俗学的都市研究为例》，西村真志叶译，《文化遗产》2012 年第 2 期。

福柯曾提出，19世纪是一个时间的时代，20世纪也许是一个空间的时代。他说，“我们都处在一个同时性的时代、一个并列的时代、一个远近的时代，一个共存的时代，一个散播的时代”[①]，揭示了当代社会去时间化而空间延展的特性。中国一些学者也提出文化研究的空间转向、社会学研究的学科转向。[②] 民俗学一向是以追求“本真性”[③]为己任，以对民俗事项做追根溯源为主要研究理路，时间维度的传承概念成为民俗学的关键概念，空间维度的传播却很少被重视，空间转向可以突破或摆脱长期以来的对文本的依赖，使民俗学“从古代文化的理论研究转变（为）当代日常生活的实践研究”[④]，并用动态的眼光研究当代社会人们的日常生活。这里的空间意义，也指关注语境下的民俗研究[⑤]和具备学术研究的整体观。人类学向来强调整体观，但是民俗学长期以来似乎更多是对琐碎的民俗事项的研究，空间转向的意思，就是要把民俗视为整体，探寻其内部的逻辑。既然文化就是这样一些由人类自己编织的意义之网[⑥]，那么，网上的每个结节都是有关联的，整体大于部分的意义就在于此。比如，我们对文化遗产的研究，就应把物质与非物质结合起来；对传统聚落的研究，就不仅要关注建筑遗产，也要关注无形的非物质文化遗产，既要关注民俗文化，也要关注文人传统。对文化的研究，还有考虑精英与民间的互动，上层

---

① 福柯：《不同的空间》，周宪主编：《激进的美学锋芒》，北京：中国人民大学出版社，2003年，第19页。

② 如冯雷：《理解空间：现代空间观念的批判与重构》，北京：中央编译出版社，2008年；何雪松：《新城市社会学的空间转向》，《华东理工大学学报》2007第1期；尤小菊：《略论人类学研究的空间转向》，《西南民族大学学报》2010第8期。

③ 本迪克斯・瑞吉娜：《本真性》，李扬译，《民间文化论坛》2006年第4期。

④ 赫尔曼・鲍辛格：《技术世界中的民间文化》，户晓辉译，桂林：广西师范大学出版社，2014年。

⑤ 刘晓春：《从“民俗”到“语境中的民俗”——中国民俗学研究的范式转换》，《民俗研究》2009年第2期。

⑥ 克利福德・格尔兹：《文化的解释》，上海：上海人民出版社，1999年。

与下层的互动，注意到文化的流动性。[①] 正如前人对局限于民俗学个别领域的研究的质疑，认为沉迷于某个无关紧要的个别对象之中的民俗学研究没有任何意义，它们必须互为关联并且关涉全局[②]，对特定空间里的文化进行整体解读，也在文化相互关联和互动的过程中揭示文化的内在逻辑。

新近，赫兹菲尔德教授倡导“有担当的人类学”，强调人类学家有担当地参与当地社区，深入田野，发现真正的学术问题和现实问题，在当地的文化环境、权力结构中去发现有利于当地人的资源，把学术和现实结合起来。[③] 此一主张意味着文化研究不能仅仅作为个人兴趣，而应关注社会现实。中国当代民俗学适逢非物质文化遗产保护和文化大发展、大繁荣的时机，民俗学也应进入国家文化建设轨道，成为有时代担当的学科，这也要求民俗学转向当代社会，为谋求民众情感满足、增加人们的幸福指数做贡献。既然当代民间文化与大众文化的概念并不是那么界限分明的，而文化本来就是流动的，适当地拓展民俗学的研究领域，才能跟上时代，关注现实，做出有益于社会和时代的贡献。

再者，当今学术界越来越强调交叉学科的综合研究。在美国，有弱化学科意识、注重交叉学科的研究和人才培养的做法[④]，这提醒我们不妨采用多学科的研究视角和方法来看待自己的研究对象，从而拓展学科领域，创新研究路径。从目前看来，空间、空间的生产、文化空间、公共空间等概念或理论有望打通民俗学与不同学科的对话与交流，

---

① 徐赣丽、黄洁：《遗产化与资源化：当代民间文化的变迁趋势》，《民俗研究》2013 年第 2 期。

② 赫尔曼·鲍辛格：《技术世界中的民间文化》，户晓辉译，桂林：广西师范大学出版社，2014 年，第 16—17 页。

③ 复旦人类学之友的博客：http://blog.sina.com.cn/s/blog_6593f6530101afxi.html。

④ 《美国促进交叉学科研究与人才培养的借鉴与启示》，中华人民共和国教育部科学技术司编：《中国高校科技进展年度报告（2005—2006）》，北京：高等教育出版社，2007 年，第 152 页。

以民俗学自己的贡献影响人文社会科学领域。而多点民族志的方法提出,也是"空间转向"所涉及的,在当代不断创新的城市性和流动性社会,民俗学的田野研究需要更宽的视野,这样才能对各种文化再生产或再创造的现象进行深入的阐释。

总之,民俗学的时空转向不仅需要"从底层民众研究转向日常生活研究;从农民文化研究转向大众文化研究;从民俗文化的传统载体研究转向当代载体研究"①,其研究对象还应从乡村转向城市,从传统转向现代,从民间文化转向大众文化;增加学科的时代感,并注重现实参与性,告别过去对单个民俗事项追根溯源的研究情结,朝向未来、朝向社会主流大众生活方式,也就是呼吁当代都市日常生活研究,以及都市的公共性研究,突出当代以都市生活为主流的社会文化和时代特色。

当然,这种时空转向既给我们带来新的研究视角,也是一种新的挑战。乡土社会是地域性的、封闭性的,乡村文化具有封闭性、排他性和保守性的特点②,这形成了乡村民俗的地域性、独特性、稳定性或保守性特征。与之对照的城市文化则是变动的、开放的、多元的、包容的。因而,对此需要采取一种不同于以往研究的范式,"流动的民族志"并不是没有可能,但是其困难是可想而知的,因为流动性而难以把握。

需要说明的是,目前作为学术研究的大众文化的理论,是以法兰克福学派为代表,而作为实践的大众文化与作为学术研究的大众文化还有区别,当代民间文化借助大众文化的空间和传播途径仍然存活,因此,我们要关注的主要是这部分内容,如果走向大众文化批评就会脱离民俗学的初衷和本义。大众文化之于民俗学仅仅是研究对象,研究方法也许还是民俗学的。正如西方节日进入中国,需要经过中国本

① 徐赣丽:《当代民俗传承途径的变迁及相关问题》,《民俗研究》2015年第3期。
② 张雪筠:《城市化进程中的文化转型》,《天津社会科学》2004年第5期。

土化，我们研究大众流行文化仍然需要强调传统因素。约翰·多克曾极力反对现代主义将工业、后工业时代兴盛的大众文化与前工业时代的民间文化等斩断联系，他认为发生在中世纪市井街巷的狂欢与当代电视中的肥皂剧、闹剧、卡通世界都是一脉相承的，如巴赫金所展现的民间文化中滑稽、天真、淳朴、反陈规旧习、牢骚满腹、游手好闲而又虚伪捣蛋的愚人形象，如今频繁地出现在各类电视节目中，成为大众文化叙事中的重要角色①。这也说明，当代大众文化与传统的民间文化有许多相似之处，民俗学的研究对此不能忽视。

民俗学的研究对象转向大众文化之后，其学科名称并不见得要马上改为“大众文化学”或诸如此类，虽然在德国早已经改为“经验文化学”“民族学”等名称。中国民俗学具有自己的特殊性，其学科理论方法也需要在实践中不断探索和建构，在此过程中，需要继续向国内外相邻学科学习，并结合现实需要做大胆的创新，使这一从我们自己文化土壤上生长的大树枝繁叶茂。

① 约翰·多克：《后现代主义与大众文化·文化史》，吴松江、张天飞译，沈阳：辽宁教育出版社，2001年。

都市传说分类方法述论

李　扬　张建军*

都市传说(Urban Legend),又称"都市信仰故事""城市传说""现代传说"或"当代传说"等。在学术研究中,这些名称用语通常都是可以互换使用的。一般来说,都市传说的情境经常被设置在当代社会背景之中,被当作真实的某种经历来讲述,包含着不同寻常的情节,真实信念的元素以及或明或暗的寓意。它在本质上是一种民间叙事文类。西方的都市传说研究大致起源于 20 世纪上半叶;至迟在 1968 年,美国学者理查德·多尔森(Richard M. Dorson)和威廉·埃杰顿(William B. Edgerton)就已经开始使用"Urban Legend"这一术语了①。国内引入"都市传说"的相关概念大致出现于 1993 年②。2000 年,李扬和王珏纯选译的《旧篇新章——美国都市传说略谈》③是中国民俗学者介绍都市传说这一民间文学叙事文类的较早译文。除了译

---

* 李扬(1962—),男,四川自贡人,哲学博士,中国海洋大学文学与新闻传播学院教授。张建军(1990—),男,河北保定人,中国海洋大学文学与新闻传播学院硕士研究生。
本文原发表于《文化遗产》2016 年第 3 期。

① Tristram Potter Coffin. 1968. *Our Living Traditions*: *An Introduction to American Folklore*. New York: Basic Books. p.166; William B. Edgerton, The Ghost in Search of Help for a Dying Man, *Journal of the Folklore Institute*, Vol. 5, No. 1 (1968). p.31, 38, 41.

② 布鲁范德:《美国民俗学》,李扬译,汕头:汕头大学出版社,1993 年,第 75—95 页。但是,在译著中并未出现"都市传说"一词,而是与其同义的"都市信仰故事"和"现代传说"等词汇。

③ 布鲁范德:《旧篇新章——美国都市传说略谈》,李扬、王珏纯译,《民俗研究》2000 年第 4 期。

介类文章，王杰文、张敦福、施爱东、黄景春等①民俗学者也对国内的都市传说做出了初步的研究与阐释，并取得了不少可资借鉴的学术成果。

到目前为止，国内公开发表的都市传说研究论文约有30余篇，并且出版了两部美国都市传说的译著（分别是《消失的搭车客》②和《当代都市传奇》③），而在华东师范大学民俗学研究所连续举办的三届"海上风都市民俗学论坛"④中，也都涉及了都市传说研究的相关议题。但是，与国外相比，国内的都市传说理论研究仍然显得比较薄弱。其中一个较为显著的缺陷是，中国都市传说的搜集整理工作相对滞后，许多都市传说的类型并未纳入到学者的研究视野。因此，国内学者对于都市传说整体分类系统的探讨和实践，几乎处于一片空白领域，这也在一定程度上造成了我们对于都市传说文类认知的片面性和局限性。⑤

建立都市传说的分类系统，编制都市传说的类型索引，是进行都市传说研究的基础性工作。布鲁范德提出，搜集到的全部民俗资料都

---

① 如王杰文：《乘车出行的幽灵——关于"现代都市传说"与"反传说"》，《民俗研究》2005年第4期；张敦福：《消失的搭车客：中西都市传说的一个类型》，《民俗研究》2006年第2期；施爱东：《盗肾传说，割肾谣言与守阈叙事》，《华南师范大学学报》2013年第6期；黄景春：《都市传说中的文化记忆及其意义建构——以上海龙柱传说为例》，《民族艺术》2014年第6期；等。

② 布鲁范德：《消失的搭车客：美国都市传说及其意义》，李扬、王珏纯译，桂林：广西师范大学出版社，2006年。

③ 雪莉·布林克奥夫：《当代都市传奇》，蒋呈丽译，北京：外文出版社，2006年。

④ 华东师范大学主办的三届"海上风都市民俗学论坛"，分别举办于2013年8月26日—8月27日；2014年7月18日—20日；2015年7月14日—16日。

⑤ 如陈冠豪在硕士学位论文中提出："都市传说"一词的定义，受到学术界不少的质疑，因此作者欲在此篇论文中，依照中国当代的文化现况，重新给其定名"当代恐怖传说"。（参见陈冠豪：《中国当代恐怖传说之类型分析与研究》，北京大学硕士学位论文，2011年。）但是，这一定义是值得商榷的。笔者通过查阅布鲁范德的《都市传说类型索引》，发现"恐怖传说"（horror legends），仅仅是都市传说十大主题分类中的一种。换句话说，如果我们以均质化的态度来考察都市传说十大主题的话，"恐怖传说"仅占"都市传说"全部类型的十分之一。因此，将"都市传说"重新定名为"当代恐怖传说"大大缩减了都市传说的内容。

应当以某种分类系统进行编排。它的目的是便于对这些相关材料进行分类、归档、不同版本的图档比较，以及文本分析。[①] 而且，就国内的都市传说学术语境而言，这项工作的重要意义也在于我们可以通过探讨都市传说的分类系统，进一步理清国内外都市传说类型的主要内容，进而对都市传说的概念、生成、传播、特点，以及个案和类型研究等诸多方面做出更为深广的开掘。

一

在《企鹅美国民俗辞典》(*The Penguin Dictionary of American Folklore*)中，艾伦·阿克塞尔罗德(Alan Axelrod)和哈里·奥斯特(Harry Oster)认为都市传说是："没有事实根据的当代故事，被当作真事讲述，但是具备'传统民俗'的特征……和吹牛的大话不同……(它)总是含有似是而非的迷惑本质。"[②]布鲁范德也指出："众多的出版物，包括《时代》《读者文摘》和地方报纸(都把都市传说)当作真事登载之，电台的评论员报道之，各行各业的人们津津乐道之，影响甚广。"[③]理查德·罗帕(Richard Roeper)则明确地否认了都市传说的真实性，认为都市传说是百分之百的虚构叙事[④]。基于此，笔者认为，都市传说是一种"真与假"复合在一起的叙事文类，它既有扭曲的生活事实，又有符合世俗理念的杜撰情节。换句话说，都市传说所蕴含的似是而非的"迷惑本质"，总是让讲述者和听众信以为真。然而在事实

---

① Brunvand, Jan Harold. 2012. *Encyclopedia of Urban Legends, Updated and Expanded Edition*. Santa Barbara, California: ABC-CLIO, LLC. p.122.

② 雪莉·布林克奥夫：《当代都市传奇》，蒋呈丽译，第16页。

③ 布鲁范德：《美国民俗学概论》，李扬译，上海：上海文艺出版社，2011年，第123页。

④ Roeper, Richard. 1999. *Urban Legends: The Truth behind All Those Deliciously Entertaining Myths That Are Absolutely, Positively, 100% Not Ture!* Franklin Lakes, NJ: Career Press.

上，绝大多数的都市传说都经不起生活事实的检验，它更偏重于观念上的可信性，而缺乏事实上的真实性。这是大多数都市传说的共同特征。

即便如此，如果我们将都市传说完全认定为虚构的叙事，这并不符合实际情况。大多数的都市传说之所以能够广泛流布，其中一个很重要的原因就是它建立在当下真实的社会语境中。布鲁范德本人也曾在“代沟传说”这一故事类型中指出，“这一系列的故事，很有可能是真实的，描述年轻人混淆或误解了历史事件，包括相当晚近的历史（在成年人看来）”。① 其实，在真实性上，都市传说存在着“量”的差别。虽然一部分学者认为那些“真人真事”并不能算作真正的都市传说，但是这并不妨碍其他学者按照真实性的标准来建构都市传说的分类谱系。张敦福在《都市传说研究初探》一文中提到：“有的文献资料库还按照真实性程度对都市传说进行分类：完全真实（completely true），有一定的真实性（based in truth），可能是虚构的（probably false），完全是虚构的（completely false）。”②由此可见，这四个等级序列构成了都市传说真实性的分类谱系。

魏泉是国内第一位以“真实性”为标准来划分本土都市传说类型的学者。她将自己近十年搜集到的校园传说按照真实性的标准，大致划分为三种类型：确有其人其事的传说，有其事无其人的传说和凭空编造的鬼故事。③ 作者所采用的这一分类方法，主要受到了上文提到的四级序列分类谱系的影响。同时，她又根据校园传说本身的特点，按照“人”“事”的“有”“无”标准将其分为了三个大类。具体说来，在“确有其人其事的传说”类型中，她提到了教授、学生和学校工作人员

---

① Brunvand, Jan Harold. 2012. *Encyclopedia of Urban Legends, Updated and Expanded Edition*. Santa Barbara, California: ABC-CLIO, LLC. pp.255—256.

② 张敦福：《都市传说初探》，《民俗研究》2005 年第 4 期。

③ 魏泉：《若有若无：中国大学校园传说的个案与类型》，《民俗研究》2012 年第 2 期。

三个群体，介绍了如“陈景润撞树”等故事；在“有其事无其人的传说”类型中，她列举了“首长更黑”“考试作弊”“扎针传闻”“盗肾传说”等案例；在“有其事无其人的传说和凭空编造的鬼故事”类型中，她分析了“一条辫子”的女鬼，“风水、尸地、坟地”和“尸体解剖”等传说。虽然作者选取的传说类型相对有限，但是文章所提及的校园传说，却在当时中国大学校园生活中具有相当的普遍性和代表性。这些校园传说揭示了学风和校风，乃至于社会风气的转变历程。

按照“人”“事”的“有”“无”标准来划分校园传说，其显著缺陷是导致许多故事类型无法归类或出现同一故事类型不同归类的情况。例如，“无解的数学难题”①，该传说发生在1940年的斯坦福大学，来源于著名数学家乔治·丹齐格(George B. Dantzig)的真实案例。可是，该校园传说在广播、出版和口头流传的过程中，丹齐格的名字逐渐消失，取而代之的是爱因斯坦等名人。这一传说“确有其人”(乔治·丹齐格、爱因斯坦等人)，同时也“确有其事”(解出数学难题)。然而故事中“人”和“事”的“真实性”却时常处于分离状态。其实，作者所提出的“真实”强调的是一种“事实基础”。不过，这种“事实基础”恰好与都市传说的基本特征——“变异性”——相冲突。一般来说，都市传说几乎都包含有不同的异文，这些异文共同构成了某一共同的故事类型。如果我们将丹齐格的“无解的数学题”归入“确有其人其事的传说”，将爱因斯坦等人的“无解的数学题”归入其他，这样的做法无疑分裂了同一类型传说整体性的特征，是对于民间故事类型的一种“反动”。

中国学者以“真实性”的标准来划分都市传说的做法尚属于初步尝试，在中国都市传说研究尚未全面展开的情况下，这一分类方法还没有形成学术对话。笔者认为，都市传说作为一种“信以为真或半信半疑”的民间叙事文类。多数都市传说都难以在“度”上把握其真实

① Brunvand, Jan Harold. 1989. *Curses! Broiled Again! The Hottest Urban Legends Going*. New York: Norton. pp.278—283.

性。如"店里的蛇"①,该传说讲述的是蛇藏在外套、毛衣中,咬了顾客。这一故事类型的"真实性"包括以下四种"真实"的可能性：完全真实、有一定的真实性、可能是虚构的和完全是虚构的。如果学者没有确凿有力的证据,对其证实或者证伪,那么它本身的真实程度也是无从判定的。都市传说作为一种民间文学叙事文类,其"事实真实"往往是可以悬置的。因此,以真实性作为都市传说的划分标准,虽然在理论上具有可行性,但是实际的可操作性较差。而且,关于"真实性"的认定标准也是"仁者见仁,智者见智"②,这种分类方法本身会造成大量的都市传说无法归类或者出现混乱编排的情形。

以真实性来划分都市传说的方法,根源于民间传说真实性的讨论,以及谣言学研究范式的影响③。已经有学者提出,都市传说是广义谣言范畴内的一大分支。一般认为,都市传说与谣言、流言之间存在着一种相生互动关系。在某些特殊情况下,它们可以相互转化。④ 然而,从文类本身的特点来看,谣言可以是一句话,不需要任何故事情节,但是大多数的都市传说却是包含诸多情节大同小异的异

---

① Brunvand, Jan Harold. 2012. *Encyclopedia of Urban Legends, Updated and Expanded Edition*. Santa Barbara, California: ABC-CLIO, LLC. pp.584—585.

② 如刘文江在探讨都市传说的真实性与相信性的关系时,提出"在实践中存在着两种认知过程：一是判断传说内容为真而相信;另一方面,可以通过对以往所熟悉的、认可为真的话语形式的认知而相信"。也就是说,真实性包括"内容和形式""显现与隐藏"等诸多不同的层面。如何定义"真实性",也会直接影响到都市传说的分类系统。(参见刘文江:《作为实践性载体的传说、都市传说与谣言研究》,《民俗研究》2012 年第 2 期。)

③ 如刘文江认为"长久以来,传说研究一直在探讨真实性的问题"。(参见刘文江:《作为实践性载体的传说、都市传说与谣言研究》,《民俗研究》2012 年第 2 期。)此外,李一峰提出:谣言研究始于二战。美国的一些网站,热衷于讨论传奇故事,详辨其真伪。"总之,都市传奇具有谣言的一般特征,但同时,它有具有民间传说的传播形态特征与传播功能。"(参见李一峰:《都市传奇:媒体时代的城市谣言》,传媒学术网:http://www.chinamediaresearch.cn/article.php? id=1886,2005 年 2 月 5 日。)

④ "有人已经提出,流言有时候是不时地重复出现的都市传说——当其在某个具体地点和时间被讲述时,它们是流言。也有人提出相反的观点:流言在持续存在很长时间之后就会转变成传说"。(参见尼古拉斯·迪方佐与普拉尚·博尔迪亚:《流言,传言和都市传说》,艾彦译,《第欧根尼》2008 年第 2 期。)

文，这是两者之间的不同之处。民俗学者将都市传说视为民间传说的亚类形态。从这一点上来说，以真实性的标准对都市传说进行分类，无疑忽视了它作为民间叙事文类的基本定位。而且，民俗学者之所以建立都市传说的分类系统，其主要目的是为了便于档案馆的存档、检索，以及比较研究，等等。但是，这种以真实性构建的都市传说层级分类系统本身只是指明了都市传说的一个基本特点，在类型检索、情节比较等诸多方面都无法满足学者研究的需要。因此，这种分类方法大大降低了它作为学术研究工具书的意义和价值，并非是一种理想的分类方式。

二

美国民俗学家在20世纪四五十年代便开始了都市传说的搜集和研究①。随着学术研究工作的不断推进，一些学者命名的都市传说已经暗含了某种分类系统的意味。例如“消失的搭车客”“男友之死”等等，这种命名标题，实际上代表了一个明确的故事类型。然而，这种以标题来划分传说类型的做法也存在着某种难以避免的缺陷——有时它并不能够容纳同一故事类型中的全部异文。例如“多毛的搭车客”②，该传说类型在西方社会存在着许多大同小异的故事情节，在标题的限定语中，它意指男扮女装、企图行凶的搭车客最终被他人识破——通过多毛的手臂、手掌或者大腿。但是，在某些搜集到的异文中，他人是通过搭车客穿着的男士鞋子、下巴的胡须或者手提包里的

---

① Brunvand, Jan Harold. 2001. *Encyclopedia of urban legends*. New York: Norton. p.xxix.但是，当时的民俗学者使用名称的是与“都市传说”(urban legend)同义的“都市信仰故事”(urban belief tale)，而不是“都市传说”(urban legend)。

② 故事类型：男扮女装，请求搭车，有多毛的手臂，手提包里的短柄斧，行凶未遂。(参见 Bennett, Gillian, and Paul Smith, eds.2007. *Urban Legends: A Collection of International Tall Tales and Terrors*. Westport, CT: Greenwood Press. pp.18—20、62—65 等。)

短柄小斧而发现其真实性别的。因此，“多毛的搭车客”标题本身无法承载这一类型的全部异文。也有学者将该传说类型称之为“手提包里的短柄小斧”，同理，该命名也只能标明这一故事类型中部分异文的情节特征，即通过短柄小斧识破搭车客，而不能囊括他人通过多毛的手臂等识破搭车客的情节。这种情况与传统民间故事中“灰姑娘”的类型命名有相似之处。在以“灰姑娘”标题命名的故事类型中，同样也包括了部分“男性灰姑娘”作为故事主人公的异文。布鲁范德认为：“对于一项好的学术研究而言，这是一个不完美的分类体系。”①

在20世纪80年代前后，网络上的都市传说分类逐渐引起了民俗学者的注意。这些都市传说的分类网站通常包括一个搜索引擎窗口和一些主题标题。例如在snopes.com的网页上，主页的分类包括了汽车，学院，节假日，医疗，宗教，旅行，等等。② 然而，大多数的网络都市传说主题标题都是模糊的，甚至是怪诞的，某些主题情节和意义指向常常令人难以捉摸。这些网络上的都市传说分类大多是网民的自发性行为，往往带有较大的随意性，而且缺乏系统观照的整体框架。布鲁范德认为，这种分类方式更适合于随意浏览或者是大众娱乐，可是对于严谨的学术工作来说，则是难以令人满意的。网络都市传说分类系统的混乱，造成了研究者通过标题或关键词详尽搜索、定位某一特定传说资料的困难。虽然当时网络虚拟的数字资料分类已经如火如荼，且方案百出，但是西方民俗学者依然尚未进行详细完备的和学术意义上的都市传说分类工作。

在1984年召开的国际民间叙事研究会大会上，一些西方民俗学者讨论了建立都市传说分类系统和类型索引的相关议题。如在德克

① Brunvand, Jan Harold. 2012. *Encyclopedia of Urban Legends, Updated and Expanded Edition*. Santa Barbara, California: ABC-CLIO, LLC. p.123.

② Rumor has it: snopes.com: http: //www.snopes.com/.

萨斯大学泛美分校（Pan American University）任教的马克·格雷泽（Mark Glazer）①向大会提交了一项关于都市传说集中归档和编制索引的提案。他计划与一些大学和学者共同开发一个便于网络在线操作的都市传说分类系统。同时，他还列举了一个词条样例“NO.77：男友之死”，它包含了一个故事梗概和参考列表。“然而，他既没有给出类型索引的具体形态和细节信息，也没有给出编码1—76之前或之后的内容提示。”②在大会上，保罗·史密斯（Paul Smith）也概述了一个发展电脑归档的更为详尽的“策略”，但是他却没有提出一个编制类型索引的方案。这一缺陷导致了他的方案大打折扣，因为对于都市传说的分类工作而言，它最好是同时编制出与之相匹配的类型索引系统。而且，史密斯在提出这一方案之后，也没有后续工作的跟进。因此，他们的大会提议在当时更多是个人观点的表述，并没有取得与会学者的一致认同和广泛支持。

与此同时，一些西方学者出版的都市传说论著也越来越多地涉及了都市传说的分类工作。在早期的都市传说论著中，由于其掌握材料的有限性，其分类往往难以形成一个完整的系统。在这种情况下，都市传说的分类往往是根据材料本身所具备的主题、意义、功能或其他特征来进行分类。如在《婴儿列车》一书中，作者将这些搜集到的都市传说材料分成了八组，分别是“性和丑闻传说”“恐怖”“犯罪和惩罚”“工作中的传说”“趣事和游戏”“外交关系”“动物传说”“学院传说”。③ 另外，还有一些都市传说是按照其流传的国家，流行的时期，

---

① Mark Glazer，德克萨斯大学泛美分校心理学和人类学系教授，以创办主持因特网民俗学讨论组而闻名于世。（参见李扬：《迈向新世纪的民间叙事研究——第13届国际民间叙事研究会大会综述》，《民俗研究》2001年第4期。）

② Brunvand，Jan Harold. 2012. *Encyclopedia of Urban Legends，Updated and Expanded Edition*. Santa Barbara，California：ABC-CLIO，LLC. p.123.

③ Brunvand，Jan Harold. 1993. *The baby train and other lusty urban legends*. New York：Norton.

情节结构、风格等其他方面展开。① 我国的一些民俗学研究者也对都市传说的体系也进行了初步性的划分。如张婷按照文类,将"校园恐怖传说"划分为"传说""故事"和"传闻"。② 陈冠豪依据情节,将"中国当代恐怖传说"划分为"人影传说""闻声传说"和"物品传说"。③ 但是,由于这些分类方法的阐释大多是集中于论文的某一章节或部分,所以论述相对比较简略,仍然留有诸多值得深入探讨的余地。

此外,大卫·梅因(David Main)和桑迪·霍布斯(Sandy Hobbs)还提出了都市传说的分类需要考虑到传说结构本身,他们的观点具有一定的前瞻性。作者认为学者在构建一个系统化的分类模式之前,首先要分析和定义是"什么组成了一个当代传说",他们思考的重点从"传说叙事"(Legend Narratives)转向了"传说母题"(Legend Motifs)。同时,他们还受到了语境、表演、结构等理论的影响,认为许多都市传说在具体讲述的过程中伴随着一种基本模型——听众和传说主人公在接受信息上有着相同的顺序。举例来说,在"消失的搭车客"中,故事主人公得知搭车客是一个鬼魂的结尾与听众在接受这一信息上,具有时间层面上的同步性。都市传说在讲述的过程中,是以一种传说主人公和听众同时接受信息的方式被传播。④ 这种"代替个人经验叙事"(Substitute Personal Experience Narrative)的结构本身很有可能在划分都市传说上大有用处。然而,由于这种结构分类方法

---

① 在民间故事的分类中,往往也会采取相似的分类方法。如祁连休以"时段"为标准,将中国古代民间故事类型划分为"春秋战国""秦汉""魏晋南北朝""隋唐五代""宋元""明代""清代"七种。(参见祁连休:《中国古代民间故事类型研究》,石家庄:河北教育出版社2007年版。)

② 张婷:《当代校园恐怖传说研究——以北京师范大学的个案为中心》,北京师范大学硕士学位论文,2010年。

③ 陈冠豪:《中国当代恐怖传说之类型分析与研究》,北京大学硕士学位论文,2011年。

④ David Main, Sandy Hobbs. The Substitute Personal Experience Narrative in Contemporary Legends, *Contemporary Legend* New Seris10(2007). pp.38—51.

尚未付诸实践,其现实的可操作性,依然有待于在行动中对其进行检验。

值得一提的是,布鲁范德在 1993 年出版的《婴儿列车》一书中附录中有《都市传说类型索引》(下称《索引》),并于 2012 年在《都市传说百科全书》中对于该索引进行了补充和修订。这一索引几乎搜集了美国乃至于大部分西方社会广泛流传的都市传说。“当这个索引首次面世的时候,在民俗学会议上还存在着一些关于它的表单的准确性,完整性和通用性的讨论,但最终,一些欧洲民俗学者开始去采纳这个索引了。”①这一索引对于都市传说的分类和研究产生了深远的影响,例如在荷兰和比利时,两国搜集和出版的都市传说文本都是在“布鲁范德索引”的基础上进行组织和编码的。它已成为都市传说分类和索引工作的重要里程碑式著述。

三

在布鲁范德之前,戴维·巴肯(David Buchan)在《语言、文化和传统:英国社会学学会上提交的语言和民俗年会论文》(*Language, culture and tradition: Papers on language and folklore presented at the annual conference of the British Sociological Association*)中将都市传说的体系划分为六个基本组成部分,包括:

其一,“满足事件”传说是“愿望满足故事呈现了何种命运”(如“花心男人的保时捷”)。

其二,“挖苦事件”传说是带有讽刺性和明确性的,通过笑声,那些没有人情味儿的规定和机构给我们制造了无力和不安的感受(如“百货商店中的蛇”:从第三世界国家进口的衣服或地毯内藏有一条蛇,

① Brunvand, Jan Harold. 2012. *Encyclopedia of Urban Legends, Updated and Expanded Edition*. Santa Barbara, California: ABC-CLIO, LLC. p.741.

咬伤了顾客)。

其三,"恐怖"故事与现代社会中潜在暴力的当代恐惧相连。它们调整了我们的恐惧,并帮助我们清晰地表达它们(如"丢失的奶奶":奶奶在一个家庭假日的途中死去,随后,在不知情的情况下,小偷偷走了尸体)。

其四,"不幸事件"传说强调的是对命运的讽刺(如"爆炸的厕所")。

其五,"不同寻常事件"故事在当下的背景中总是含有超自然的因素,在这些超自然中包含着合法性的信仰(如"消失的搭车客")。

其六,"群体知识"故事是由一些特殊的文化群体讲述:学生、军事人员、隐形眼镜的使用者,等等(如"保姆":两种主要群体讲述者讲述——保姆和父母——展现对他人承担或指定责任时可能存在的危险①)。

贝尔(Bell)在《购物中心的旧式爱情:青年的人性程式》(*Courtly love in the shopping mall: Humanities programming for young adults*)中将都市传说划分为:被污染的食物;可怕的形象,如购物中心的绑匪、情人巷或汽车后座的杀手和下水道里的鳄鱼;犯罪;身体里的异物以及其他的医疗恐怖;不幸的宠物;名人,等。②

与巴肯和贝尔相比,布鲁范德的分类系统则更为详细和具体,层级关系也更为明确。以布鲁范德的1993年版《索引》为例,它主要包括了十个分组,分别是:

其一,关于汽车的传说(包括:鬼故事;旅行不幸事故;意外事故故

---

① 以上六个基本类型的举例,除"爆炸的厕所"以外,另外五个故事类型均可在《消失的搭车客》一书中找到故事类型,读者可参阅此书来理解这些故事类型的基本内容。(参见布鲁范德:《消失的搭车客:美国都市传说及其意义》,李扬、王珏纯译,第24—46、57—61、118—128、167—179页。)"爆炸的厕所":妻子在马桶喷洒了挥发物,丈夫点燃了它,受伤。(参见Brunvand, Jan Harold. 1986. *The Mexican Pet: More "New" Urban Legends and Some Old Favorites*. New York: Norton. pp.13—16。)

② De Vos, Gail. 1996. *Tales, Rumors, and Gossip: Exploring Contemporary Folk Literature in Grades 7—12*. Englewood, CO: Libraries Unlimited. p.10.

事；汽车恐怖故事；廉价汽车的梦幻；技术盲；汽车的破坏或犯罪；等）。

其二，关于动物的传说（包括：动物的灾难；动物的侵扰或污染；可靠的看门狗；等）。

其三，恐怖传说（包括：保姆故事；医疗恐怖；其他恐怖；等）。

其四，意外事故传说（包括：可怕的意外事故；滑稽的意外事故；等）。

其五，性和丑闻传说（包括：春药故事；避孕故事；性教育故事；性丑闻；其他性故事；等）。

其六，犯罪传说（包括：盗窃故事；暴行和绑架；毒品犯罪；等）。

其七，商业和职业传说（包括：公司和商业；电话；其他技术；职业和贸易；等）。

其八，关于政府的传说（包括：低效率；阴谋；科学对抗宗教；军事和战时传说；混乱政府；等）。

其九，名人谣言和传说（包括：名人等）。

其十，学院传说（包括：教员和研究；学生；答题本和其他考试传说；等）。①

而且，布鲁范德还将某些亚类进一步做了划分。如他将“动物的侵扰或污染”再次细分为了“水蛇故事”“食品和餐馆故事”“国外食品中的异物”等。

对于都市传说的整体分类而言，并没有一个独立的分类系统能够被全部的学者接受。即便如此，许多民俗学者依旧热衷于为都市传说构建一个完整的组织框架。因此，被搜集到的都市传说很有可能是根据它们的主题、角色、行动或情感来进行分组，例如划分为汽车、宠物、犯罪、商业、政府和学院生活，等。布鲁范德 1993 年版《索引》，也不是某个单一指标构建的分类系统。它的十个基本组成部分大致建立在内容上（如“汽车”），社会组织上（如“政府”），异常行为上（如“犯罪”），

① Brunvand, Jan Harold. 1993. *The baby train and other lusty urban legends*. New York: Norton. pp.68—71.

精神状态上(如“恐怖”),等。这些分类标准指向了不同的维度,它的最终目的是形成一个完整的系统框架。1993年版索引的面世,无论是在全面性,还是在系统性方面,都大大地推进了都市传说分类工作的进程。

在2012年,布鲁范德对1993年的《索引》进行了扩充和修订。这一索引包括了他先后出版的五部都市传说集子①中全部的故事、传闻、主题和经过加工的作品(包括某些书面的现代传说)。而且,他还参考了近百部数年来的都市传说集子,在索引中增加了一些流传于当世的传说类型。除了故事类型的拓展,与1993年《索引》相比,2012年《索引》的词条去除了参考书目和页码的注释,同时增加了数字编码,附录了以传说字母编排的注释词条。这一《索引》的风格形式主要是受到了《民间故事类型》(*The Types of the Folktale*)的影响和启发。《索引》采用了荷兰档案馆的“BRUN”数字编码,“新编码增加收录了所有的新案例。编码系统中预留的空白考虑到了将来的扩充,而且,一旦有必要的话,进一步的划分可以采用小数点(就像在母题索引中那样)或字母(就像在原版的类型索引中那样)”②。2012年《索引》采用的数字编码系统,进一步增强了都市传说分类的系统性,类型之间的界定更为明确。如在编码“02000-02099”之间包含的全部都是一个主题类型,即“动物的灾难”。

布鲁范德指出分类系统的各组之间也存在着不同程度的重叠。某些故事类型本身可能包含着汽车、犯罪、性等诸多不同的主题,在这

---

① 布鲁范德先后出版过五本都市传说专著,分别是:*The Vanishing Hitchhiker: American Urban Legends and Their Meanings* (1981);*The Choking Doberman and Other "New" Urban Legends*(1984);*The Mexican Pet: More "New" Urban Legends and Some Old Favorites* (1986);*Curses! Broiled Again! The Hottest Urban Legends Going* (1989);*The Baby Train and Other Lusty Urban Legends* (1993)。这五本专著构成了布鲁范德编制《都市传说类型索引》的主要基础性资料。

② Brunvand, Jan Harold. 2012. *Encyclopedia of Urban Legends, Updated and Expanded Edition*. Santa Barbara, California: ABC-CLIO, LLC. p.742.

种情况下，分类具有了一定的随机性。如词条“03254 求救的哭声”[1]，由于传说类型本身包含了“恐怖”和“犯罪”两层含义，因此它既可以归类到第三部分“恐怖传说”中，也可以归类到第六部分“犯罪传说”中。这大概是任何民间叙事分类系统中都难以避免的矛盾。为此，他插入了相互参照项，如在第四部分“可怕的意外事故”的亚类中，他标明了“另请参阅第三部分的‘最后一吻’”等。布鲁范德在整体框架下，设置的相互参照项，在一定程度上弥补了随机分类所造成的某种缺陷。

而且，布鲁范德也提出，某些都市传说类型虽然并不属于某一分组，但是依然将其列入其中。如“关于汽车的传说”下的“超自然故事”，它选取的类型包括了全部的四个超自然都市传说类型，但是其中的两个故事通常并不涉及任何的汽车。他在列举比利时民俗学者斯特凡·托普(Stefaan Top)的例子时，写道：“我将把如何在现代传说中编制超自然传说索引的问题留待他人解决，在这里只是言明正像我的四个超自然案例并不都是汽车传说一样，所有的鬼故事也并不都是恐怖故事。”[2]这种“不当”的归类做法主要是为了照顾都市传说类型的完整性，也可以被视为一种暂时的“权宜之计”。

西方学者对于布鲁范德《索引》的分类系统也提出了许多或褒或贬的意见。但是该《索引》在都市传说分类研究领域确有开创之功。特别是2012年的《索引》，它在分类和索引等诸多方面的讨论和实践也越来越成熟，赢得了许多民俗学者的重视和肯定。基于此，笔者认为，该《索引》对于中国都市传说的分类方法探究和搜集整理实践，具有重要的借鉴意义和参考价值。

---

① 故事情节：以婴儿哭声的录音来引诱受害人。（参见 Brunvand, Jan Harold. 2004. *Be Afraid, Be Very Afraid: The Book of Scary Urban Legends*. New York: Norton. p.256。）

② Brunvand, Jan Harold. 2012. *Encyclopedia of Urban Legends, Updated and Expanded Edition*. Santa Barbara, California: ABC-CLIO, LLC. p.742.

第二部分

实践研究

城市庙会：人性本质的释放与张扬

蔡丰明*

如果要对庙会的初始概念下一个较为明确的定义，那么大致可以将其表述为：庙会是指一种以某个神灵庙宇为活动场所，以某个神灵诞日为活动时日，具有诸多祭祀性仪式与酬神娱神内容的群众性集会活动。从这一定义可以发现，原始意义上的庙会活动，与"神灵"这一关键词有着密切的联系。庙会因神而起，因神而设，同样地，庙会活动中所有的内容与程式也都是按照"神性"的需要而设置。总之，传统庙会所透视出来的，是一种鲜明的人对神的依附关系。在这种关系中，神是掌控与支配庙会的主宰，而人则成为匍匐于神脚下的奴隶。

具有悠久历史的农耕社会，是孕育与培养传统庙会的主要土壤。由于传统的农业生产方式受到自然界的极大制约，而其抵御、战胜自然灾害的能力又极为微薄，致使传统乡村社会民众的神灵崇拜观念十分强烈，因而产生于神灵崇拜基础上的各种庙会活动也层出不穷。正如有关学者所指出的："中国民众的宗教情感宣泄在他们参拜的庙宇和庙宇中无数神灵、偶像上；在他们从诞生、婚配到死亡的人生旅途中每一个驿站上；在一年四季的每一个神的诞日、祭日和无数酬神的日

---

* 蔡丰明（1951— ），男，上海市人，上海社会科学院文学研究所研究员，主要从事民俗学和文化学研究。本文原发表于《学术月刊》2011 年第 6 期。

子里。"①

在经济发达、人口集中、文化多元的城市社会中，同样存在着十分丰富的庙会活动。城市庙会虽然在历史渊源上要晚于乡村庙会，但是在庙会活动的规模、影响以及文化功能的多元性方面，则又要远远超出乡村庙会。唐宋时期，随着城市经济的日益繁荣以及市民阶层的逐渐扩大，城市庙会有了十分可观的发展。唐代的长安在国际上享有盛誉，这里建立了大量的庙宇寺观，各种祭祀神灵的庙会、仪式以及娱神艺术也因此而开始迅速发展起来。至宋代时，城市庙会更是十分兴旺发达。据《东京梦华录》记载，当时的开封作为全国的政治文化中心，庙会活动颇为繁密。位于开封城内的大相国寺中，每月都要举行庙会，届时"大殿前设乐棚，诸军作乐……直至达旦。其余宫观寺院，兼放百姓烧香，如开宝、景德大佛寺等处，兼有乐棚，作乐燃灯"②。明清时期，随着手工业生产的快速发展以及工商阶层的日益壮大，中国城市庙会出现了一个大繁荣的局面，尤其在北京、天津等一些大城市中，庙会活动极为频繁。例如，北京的隆福寺庙会、白云观庙会、护国寺庙会、厂甸庙会、妙峰山庙会，天津的妈祖庙会（皇会）等等，其规模都十分盛大。近代时期，上海的龙华庙会成为江南地区庙会群体中的一个重要典型，显现了浓重的都市色彩与市民风貌。

值得注意的是，在城市庙会发展与演进的过程中，其功能特性有了很大的拓展与转变，其中最为突出的就是：随着时间的发展，城市庙会中的神性色彩逐渐淡化，而"人陛"色彩则不断加强，这一事实可以在以下三个方面得到具体印证。

其一，由宗教集会拓展为贸易集市。

庙会本是一种为了庆祝神灵节日而举行的宗教性集会活动，届时

① 侯杰、范丽珠：《中国民众宗教意识》，天津：天津人民出版社，1994年，第5页。

② 孟元老：《东京梦华录》，卷六。

大量民众集结于此，庆典祝贺、酬祭供奉，显示了十分紧密的人神依附关系。但是在不断发展的城市庙会中，宗教集会的特性却逐渐产生了向经济商贸活动演变的趋向，人们在庙场上逐渐开辟了贸易市场，后来甚至出现了完全脱离庙会、具有鲜明的商品交换功能的“庙市”，从而取代了传统庙会那种主要以宗教祭祀为宗旨的庙会价值取向。例如，明清时期北京的隆福寺每月逢九、十两日举行庙会，开庙之时，“百货云集，凡珠玉、绫罗、衣服、饮食、古玩、字画、花鸟、虫鱼以及寻常日用之物，星卜、杂技之流，无所不有”。[①] 北京城市中的其他庙会也是如此，据《东京岁时纪胜》记载：“至于都门庙市，朔望则东岳庙，北药王庙，逢三则宣武门外之都土地庙，逢四则崇文门外之花市，七八则西城之大隆善护国寺，九、十则东城之大隆福寺，俱陈设甚多。人生日用所需，以及金珠宝石、布匹绸缎、皮张冠带、估衣古董，精粗毕备。”有些城市庙会还在原来庙场的基础上辟出大量新的场地，专门经营一些大宗的商品贸易。例如，北京的花儿市庙会以经营各种假花为主，上海的静安寺庙会则以经营各种竹木器具为主等等，致使庙会完全成为满足人们物质生活需求的消费市场。

虽然乡村庙会中也有一些商贸活动，但是从其规模、影响，以及对于当地经济的推动作用等方面来看，却与城市庙会不可同日而语。城市庙会中有极为活跃的商贸经济因素，在相当长的一段历史时期中，城市庙会成为当地民众日常生活与经济贸易的主要依托，对于推动当地经济发展，激发民众消费欲望起到了重要作用。

其二，由神圣仪式拓展为文艺表演。

传统庙会作为一种渊源于神灵崇拜的宗教集会活动，其核心内容本是一套具有神灵奉献意义的仪式活动，包括焚香点烛、摆设供品、磕头祈祷、迎神赛会、驱除邪祟、超度众生、许愿还愿、池塘放生等等。中

① 富察敦崇：《燕京岁时记·东西庙》。

国宗教学家指出:“献祭与祈祷体现了人对神的敬畏之感和虔诚信仰之情。它强化了人对神的依赖和驯服,固定了人—神关系,从而也固定了人—神关系所表现的人—人关系。”①庙会举行时,虔诚的民众们要香汤沐浴,吃斋茹素,然后毕恭毕敬地到庙中去请神接神。

然而这些祭献仪式在日渐繁盛的城市庙会中已经不再具有重要地位,取而代之的是各种具有艺术审美特点的文艺表演,如音乐舞蹈、社火社戏、曲艺杂技、魔术幻术等等。例如,古籍记载清代北京城中举行庙会时:“过会者乃京师游手,扮作开路、中幡、杠箱、官儿、五虎棍、跨鼓、花钹、高跷、秧歌、什不闲、耍坛子、耍狮子之类……随地演唱,观者如堵。”②

在颇有影响的上海龙华庙会中,也融有大量的文艺表演活动。明代以来,在历时半月之久的龙华庙会期间,民间文艺活动始终非常盛行。其中较为出名的一是皮影戏——民国时期,当地的桂林皮影戏班曾经在龙华庙会中十分活跃,其道具多用牛皮、羊皮制成,表演时由一两人手拿小棍在幕后操作,剧目有《武松打虎》《花木兰从军》等;二是花鼓戏——此戏多由男女两人表演,男人持鼓敲击,女人边打两头鼓边唱小曲,演唱内容多为男女私情故事,表演时还伴有一些简单的舞蹈动作。民国时期,龙华庙会的民间演艺内容中又加入了许多新的形式,例如:髦儿戏、猢狲出把戏、武术、魔术、西洋镜等等,其中魔术与西洋镜等都是出自西方的文艺样式。西洋镜的道具为一个大木箱,箱前开几个小圆孔,孔上装有凸镜,箱面上装有磨砂玻璃。表演时把一串画片缓缓从箱子中抽过,让人从箱子的小孔中看到一幅幅画片形象,内容多为西洋风景画和人物画。形形色色的民间演艺,为龙华庙会增添了许多乐趣,也使前来参加庙会的民众在审美心理上得到一种满足。龙华庙会形成之初是一种祭祀神灵的活动,但是经过商品经济

① 吕大吉主编:《宗教学通论》,北京:中国社会科学出版社,1989年,第297页。

② 富察敦崇:《燕京岁时记·过会》。

的渗透与都市文明的洗礼，它逐渐脱去了宗教的外衣，演变成为一种融信仰、消费、娱乐等多重内涵的综合性民俗节庆活动。它顺应了当地民众多元化的生活需求和内心对于文化艺术的鉴赏欲望。

其三，由清静圣地拓展为世俗空间。

原始意义上的庙会大多具有庄严肃穆、清静圣洁的宗教氛围，在雄伟的庙宇殿堂中，人们匍匐在威严的佛祖神灵面前，焚香点烛，叩首祈祷，接受心灵上的洗涤与净化；在庙堂周边的场地上，则是香烟袅袅，钟鼓声声，呈现了一种庄严而神秘的“胜境效果”。但是在城市庙会中，这种庄严肃穆的宗教氛围以及清静圣洁的胜境效果却渐渐消弭，在城市庙会中所大量呈现的，是诸如饮食小吃、冶游玩乐、寻亲访友、谈情说爱等充满世俗情调的活动，它们大大地冲淡了传统庙会所具有的那种纯净而神秘的气氛，把原来意义上的宗教圣地变为具有很强世俗性色彩的公共文化娱乐空间。

渊源于上海龙华地区的龙华庙会，正是这种城市庙会走向世俗化的一个典型。庙会期间，龙华寺周围的茶楼饭馆成了亲友相聚的场所，一些文人仕宦尤其喜欢到此聚会，饮酒唱和。此时龙华港两旁遍布各种茶馆酒肆，人们在这里喝酒、听曲，享受着一种特有的人间情趣。青年男女则利用烧香的机会相互接触，表达爱心。民国时期，上海龙华庙会中最为亮丽的一道风景，是规模宏大的踏青游春与观赏桃花活动。仲春三月，地处上海市郊的龙华地区已是春色绚烂，生机盎然。于是，利用赶庙会的机会踏青游春，赏桃看花，便成为人们对龙华庙会情有独钟的一种重要动机。在烧香游春赏花的人群中，有很大一部分是年轻女性。她们大多打扮得花枝招展，三五成群，欢快嬉闹。由于路程较长，也有不少女性喜欢坐着独轮车让人推着赶会。庙会最盛时，一辆独轮车上常常载着好几个妇女，大家挤坐在一起，别有一番乐趣。一些富家子弟与夫人小姐，则会雇用几辆马车赴会，每逢此时，附近马车行的生意就会特别红火。高大气派的马车，娇美的女子，加上沿途争奇斗艳的桃花，使龙华庙会尽情展示了一种城市庙会所特有的魅力与风采，充满了世俗化的情趣。①

当代城市庙会的发展，更是把城市庙会中的世俗化特点推向了极致。在当代许多城市举办的庙会活动中，不但神灵祭祀方面的内容已经荡然无存，而且神圣庄严的氛围也不复存在，其中还有一部分城市庙会甚至连举办的地点也不在原来的庙址了。从这种意义上说，当代城市庙会所具有的身份，已经不再是一个演绎各种神灵崇拜、神灵祭祀故事的宗教圣地，而是成了一种集商贸、消费、文艺、旅游等各种人性需求为一体的文化活动空间，它所服务的对象是人而不是神。而之所以仍然冠以"庙会"之名，只不过是贴上一个传统文化的标签而已。

由此可见，城市庙会虽然是中国传统庙会传承、发展的产物，与传统庙会有着一脉相承的联系，然而从其特性上来看，却已与传统庙会有了根本性的区别。这种根本性的区别归结为一句话，那就是表现了一种与传统庙会极为不同的人神关系。在传统庙会中，神是人的主宰，人是神的奴仆，因此，所有的活动与程序都是按照神的旨意来安排与设计的。然而在唐宋以后发展起来的大量城市庙会中，人对神的这种依附关系却被逐渐消解了。人开始有了更多的主动性与支配权，可以按照自身的意志、愿望与需求来安排庙会的内容与程式。这种新型人神关系的确立，正代表了人类世界对于神灵世界的重大胜利。

城市庙会中这种新型人神关系的形成与出现，体现了人性本质的一种释放与张扬，具有着鲜明的人文主义色彩。早在文艺复兴时期，西方一些人文主义者就提出了"以人为中心"的人文观念。例如，以普罗泰戈拉为代表的一些学者主张建立以人为本的价值理念，强调人的独立性，提倡把人从神的统治下解放出来，肯定个人的价值、尊严与自由，反对禁欲主义。这些主张成为以后张扬人性本质，颠覆神性权威

① 参见上海市徐汇区文化局编：《薪尽火传——上海徐汇非物质文化遗产》，上海：上海文化出版社，2010 年，第 53—56 页。

的重要基础。在中国的许多城市庙会中，这种以“人本”替代“神本”，以“人性的本质需求”替代“神性的本质需求”的特点有着充分的体现。何谓“人性的本质需求”？简单地说，也就是指人出于维持其自然生命，以及满足自身物质生活与精神生活需要而产生的基本心理诉求，它们主要通过欲望、情感、创造等心理机制得以实现。从客观条件上来分析，它们又可以分为四个层面：一是有关自然方面的需求，即指人在生存、发展、繁殖过程中所希望获得的资料、环境与条件；二是有关经济方面的需求，即指人在经济活动中所希望获得的价值与利益；三是有关社会方面的需求，即指人在各种社会关系中所希望获得的情感与认同；四是有关文化方面的需求，即指人在精神生活上所希望获得的认知、审美与创造。上述四方面的需求，在城市庙会中都得到了不同程度的满足与实现。繁荣的集市、丰盛的食品、狂野的表演、世俗的故事、沸腾的人声、杂处的男女……把人性本质中对于欲望、利益、情感等方面的诉求表现得淋漓尽致，一览无余。它们是对传统庙会习俗中神本主义的一种颠覆与反拨，同时也是对传统庙会习俗中人性本质的一种张扬与释放。

值得指出的是，城市庙会中这种人性本质充分张扬的特点，与其城市社会的生态环境及人文特点有着十分密切的关系。城市是人类社会发展过程中一种较为先进的形态，经济发达、科技先进，具有较高的科学、民主、自由、平等意识。这样一种社会环境，致使城市文化具有了较为浓厚的人文主义色彩与现代文明因素，并与较为传统保守的乡村文化形成了一定的区别。正如中国学者所指出：“科学、自由、平等、民主、人权、法治，解放了被禁锢已久的人类，使城市焕发出蓬勃生机，这是落后保守的乡村亟待补充的新鲜血液，从而以竞争、公平、科学、文明的现代民俗来带动乡村的进步。”①尤其是像北京、上海等这

① 陶思炎等：《中国都市民俗学》，南京：东南大学出版社，2004年，第159页。

样一些具有较高现代化程度的大都市，现已成为科学技术与知识文明的传播中心，表现了极为活跃的现代人文因素，因此这些城市中的许多庙会活动，其人性主义的光芒也显得特别地突出与强烈。

现代城市不仅是张扬人性主义的中心场所，也是人类思想日益走向“祛魅化”进程的前沿阵地。“祛魅化”（disenchantment）是著名德国社会学家马克斯·韦伯提出的一个学术概念，其核心内容就是指在人类社会发展与日益走向理性化的过程中，人们会不断地把宗教世界观以及宗教伦理生活中一切带有“巫术”（magic）性质的知识或宗教伦理实践要素视为迷信与罪恶而加以祛除，人日益从巫魅中解放出来，获得自己理解世界、控制世界的主体性地位。马克斯·韦伯认为：“祛魅”真正拉开了现代社会的序幕，它意味着神圣的超越世界的崩溃，世界从此进入了一个没有神秘和神圣之魅力的时代。人替代超越之物成为自己精神的主宰，人们的终极关怀、价值源头和生活的意义不待外求，而是从世俗生活本身自我产生，精神生活开始走向世俗化。因此，“世界的祛魅”意味着世界“由圣入凡的俗世化”或者“由灵返肉、由天国回向人间”。① 马克斯·韦伯虽然没有明确指明这种“神圣的超越世界的崩溃”与“人替代超越之物成为自己精神的主宰”的祛魅化现象最早是从城市产生的，但是实际上无数事实都充分表明，城市本是孕育与促成“祛魅化”现象产生的最为重要的土壤。由于科学技术的发展，人性意识的增强，以及理性化程度的提高，致使城市与乡村相比，“祛魅化”的程度更为深广与彻底，其人性本质的独立性意义也体现得更为充分与强烈，而正是这些因素，使得城市庙会具有了更多的人性主义色彩，并且彻底颠覆了神在庙会行为中的主导地位。

然而另一方面我们也必须看到，现代城市庙会虽然在本质内涵上

---

① 王泽应：《祛魅的意义与危机——马克斯·韦伯祛魅观及其影响探论》，《湖南社会科学》2009 年第 4 期。

已经与传统庙会渐行渐远，但是却依然以一种“庙会”的身份保留在城市人的生活之中，并没有因为其神性色彩的日益淡化而完全失去其存在的价值。在现代城市庙会中，一方面仍然高举着“庙会”这面大旗，开展了诸如击鼓撞钟、社火社戏、行街表演等等传统民俗文化活动，甚至还有一部分庙会依然保留着焚香点烛、叩头许愿之类的宗教信仰形式，与古老的神灵崇拜观念保持着较为密切的联系。另一方面，又在庙会活动中加入了许多具有现代人文气息的内容，如购物、赏花、旅游等等。造成这一事实的原因有二：其一是象征性因素。现代城市人虽然日益注重理性，但是其心灵中对于超自然力量的崇信意识却依然存在。当他们在日常生活中遇到某些欲望、利益或者情感方面的诉求难以实现时，便会像传统社会中的人们一样去向神灵表示祈求，而庙会则成为他们实现这一目的的一种象征性载体。其二是传承性因素。人类文化是代代传承延续的结果，很难实现突进式的变革与超越。庙会作为一种宗教习俗文化形式同样也是如此。虽然现代城市中神性色彩已经日益淡化，但是在相当一部分人们的心目中，却依然有着对于庙会习俗的深厚情感与依恋情结，对于他们来说，庙会已经成为一种文化传统，代表了具有族群共性特点的文化取向与审美情趣。因此，在相当长的一个历史阶段中，庙会依然会保留在现代城市民众的生活之中，并且成为人们文化认同与审美需求的一种表现形式。

城市化过程中的民间信仰遗产保护研究

田兆元[*]

研究民间信仰有诸多的视角，或着眼于社会管理，或着眼于结构功能分析。但在民俗学看来，民间信仰是一种文化遗产，在乡村城市化的过程中，由于城市扩张，乡村离散，文化遗产与非物质文化遗产遭到巨大的挑战，面临失传消逝的危机。因此，我们对城市化进程中的民间信仰，应以传承保护的视角来讨论和分析。

一、作为城市文化遗产的民间信仰

近年来，管理层与学术界对于民间信仰的态度渐趋统一。从国家管理制度的层面，开始肯定民间信仰作为文化遗产的地位。2007 年 12 月 14 日《国务院关于修改〈全国年节及纪念日放假办法〉的决定》，把一些民间信仰特色很鲜明的传统节日增列为国家法定节假日，具有明显的肯定传统信仰的正面功能的意义。如清明节，是一个祭奠亡者、具有鲜明祖先崇拜意义的节日，清明节作为国家法定节假日，在一定程度上承认了祖先信仰的合法性。同样，端午节内容虽然丰富，但

* 田兆元，华东师范大学民俗学研究所教授。本文原发表于《华东师范大学学报（哲学社会科学版）》2012 年第 4 期。

是作为一个对于诗人屈原的祭奠纪念的日子,信仰则是该节日的最基本的内涵,屈原祭奠是最典型的民间信仰行为。国家法定节假日的制定具有广泛的社会功能,促进社会和谐,满足民众信仰需求是其重要目的之一。

2004 年 8 月 28 日,10 届全国人大常委会第 11 次会议,表决通过了关于批准中国政府加入联合国教科文组织《保护非物质文化遗产公约》的决定,在中国掀起了非物质文化遗产保护的热潮。2006 年 5 月,国务院批准文化部确定的第一批国家级非物质文化遗产名录 518 项。[①] 在这 518 项中,从不同的角度列入民间信仰的内容,便是对于民间信仰的正面肯定。其中最突出的是非物质文化遗产名录第十项"民俗"中的内容,一方面是大量的各民族充满民间信仰色彩的传统节日列入,更具突破性的是列入了黄帝陵祭典、炎帝陵祭典、成吉思汗祭典、祭孔大典等十项传统祭祀以及厂甸庙会内容,这是新世纪以来中国文化观念的一大突破,也是国家管理民间信仰的制度上一大突破。因此,有人认为,国家级非物质文化遗产保护名录的"民俗"板块,实际上是保护民间信仰的一个曲折的表达,这不是没有道理的。同时,在这个十大类的名录中,其他大类也有民间信仰的内容掺杂其间。如第一大类的"民间文学",神话、史诗和传说与信仰相关是客观的事实,而宝卷则是地地道道的宗教俗讲,这种文学形式本身就是跟信仰密切结合在一起的。"民间音乐"中,列入的寺庙音乐、宫观音乐这些内容,都是部分代整体,把民间信仰加入国家文化遗产名录的行列。"民间舞蹈"的土家撒叶儿嗬,就是地地道道的土家丧葬仪式上的祭祀送亡的舞蹈。这样将民间信仰的部分内容拆开来申报文化遗产,一方面是地方保护民间信仰的策略,一方面也是体现了国家以不同的形式肯定民间信仰的作用,将民间信仰文化遗产化。

---

① 文化部主管中国非物质文化遗产网:《国务院关于公布第一批国家级非物质文化遗产名录的通知》,参见:http: //www.ihchina.cn/Article/Index/detail? id=11546。

现在，我们大谈保护城市里作为文化遗产的民间信仰已经不再有法理上的障碍了。但是，现在大陆的城市管理者要把民间信仰当作城市遗产来看待，观念上还没有跟上去。而在一些国际化的大都市，情况却不同。如香港的黄大仙祠，即啬色园，绝对是香港的城市文化传统的代表建筑，同时也是重要的城市精神资源。澳门的妈阁庙，则是城市开放的象征，是著名的世界文化遗产地的文化空间，当然是澳门之宝。在香港和澳门，黄大仙和妈祖信仰是具有标杆意义的城市文化资源。在港澳，不仅这样知名的信仰得到重视，就是一般民间信仰，如土地神信仰，也得到极大的尊重。在澳门，几乎每一家商铺门边，都有一座小小的“门前土地财神”塑像和画像，每天都有香火供奉。而在居民区，多数人户门前有两尊神灵，上为天官赐福，下为门前土地财神。土地财神在香港同样得到重视，可以在城市中看到很多的“社公”坛，香火缭绕。香港澳门的民间信仰，在形成其特有的东方大都市文化中，具有重要的意义。

中国的非遗保护在过去整体上偏重乡村，偏重偏远少数民族地区，这当然很重要，但是，城市的非遗保护，尤其是城市民间信仰遗产的保护更加紧迫。早在非遗保护的初期，我们就提出过，对于城市的非遗保护要比对于乡村的非遗保护更加重要。

大都市不仅是现代化的中心，更是文化传统的核心阵营，有着丰厚的物质文化遗产与非物质文化遗产的堆积，一些重要的风俗往往是由城市发动而推向乡村的。所以，城乡文化的互动早早发生，延续到现在，大都市的文化传统亟须保护。[①] 但是，人们至今还是没有认识到该问题的重要性及其严峻现实。

现代城市的发展，一方面是自身的文化遗产日渐消失，另一方面，它还连带着消灭乡村文化遗产，尤其是民间信仰遗产。把民间信仰当

---

① 田兆元：《关于大都市的文化遗产保护问题》，《民间文化论坛》2006 年第 4 期。

作一项文化遗产加以传承保护，已经是迫在眉睫的事了。

二、乡村城市化过程中的民间信仰遗产的生存危机

现有的城市的信仰生活往往被说成是一个杂烩，五方杂处，各种信仰交汇其间。但是我们仔细寻绎，还是会发现，城市所在地的本土信仰，即城市化之前的城镇和乡村的信仰依然是该城市的底色。以上海为例，我们可以见出，传统的民间信仰，即乡村与城镇时代的民间信仰依然在今天的大上海保留着，成为上海城市传统的基础。上海有六千年的考古学意义上的历史，也有两千多年的文献与口承的历史，即春秋时代楚春申君封地申，成为上海第一个文化地标。上海置县则是在700多年前的元代至正二十九年（1292年），上海经济虽然发展很快，但也只是传统的城镇文化形态，领属乡村社会主体。元代以来的上海以棉花与稻子的生产为主，是农业社会兼有商业社会的形态，不是现代意义上的城市。一直到1842年上海开埠，上海才逐渐成为远东重要的经济金融中心。据历史学家的文献资料分析研究，在传统的上海民间信仰中，文昌帝君、施相公、东岳大帝、城隍土地、刘猛将、黄道婆、天后和五通五路神是主要的信仰对象。① 而民俗学家的调查，说明这些信仰还存活在城市生活中，②我们在上海城市和郊区的庙宇里的调查过程中，都能够看到这些神灵的影子，以及信徒的信仰活动。这说明，在过去的城市化过程中，城市文化传统有一个重要的来源，即乡村的文化传统。乡村文化积淀到城市里，城乡间构成一种和谐的联系性主体。

过去的城市化是一种渐进的形式，城市缓缓向边缘延伸，一部分人慢慢变成城市户口，他们生活在大致上与过去接近的社区，有熟人

---

① 范荧著：《上海民间信仰研究》，上海：上海人民出版社，2006年。

② 郑土有主编《中国民俗大系——上海民俗》，兰州：甘肃人民出版社，2003年。

关系，原有的乡村结构没有遭到很大的破坏。因此，乡村传统、城镇传统可以保留到城市生活中去。

但是，现在的城市化发展却完全不同了。城市的动迁会突然把一个巨大的城市社区迁到郊区农村，而郊区农民因为动迁，寻找居所四散而去，原有的村落结构破坏了。他们再也难以聚集起来完成相同的信仰仪式，因此，原有的乡村的信仰很可能在新的形势下难以在城市留下痕迹了。

我们在上海的宝山区的一个村子调查，发现这个村子有较为完整的宅神祭祀仪式。宅神，既是家宅之神，又是村宅之神。是一个对象比较含混的神灵，有人将其理解为"老祖宗"，有人认为是独立的宅神，是管理家宅和村宅的神。2000 年前后，该村来了一批外来的人员借住村民的房屋，而村民因为土地被征用失去收入来源，住宅出租成为一个主要的收入来源。由于借住者往往有夫妻同住，或者其他形式的男女同居的情况发生，引起了当地人的不安。因为当地有一个禁忌：家中不容许外来的男女同居。假如外来的男女同居，就会给家里带来祸殃。这个民俗禁忌，在江南地区很多的省份都存在，长江以北的部分地区也有此禁忌。于是，借房获取经济收入与乡村的传统禁忌发生矛盾，村民陷入焦虑之中。他们既想获得经济收入，也不想触犯传统禁忌。就在焦虑持续的时候，村里又连续死掉两位老人。本来老人都算正常死亡，但是在这个非常的情况下，人们将这种死亡看作了非正常事件，认为这是因为村里借房，外人男女同居得罪了宅神的缘故。一时间，该村人心惶惶，觉得要大祸临头。那些没有借房的人埋怨借房的人家，借了房的人则心理压力倍增，不知如何是好。对面一所大学的师生在该村调查，给他们讲再多的破除迷信的话都没有用，他们的焦虑依然。这时，村里几位老人说起了 50 多年前的宅神祭祀的事情。他们认为，既然是得罪了宅神，那请道士或者是和尚来做一场法事，事情不就结了吗？这事迅速得到了村委会的同意，村委会从村企业里面拿出3 000元钱来，每家再凑出几十元的份子钱，请来一班道士，做了一天安宅神的法事，村里人遂心安理得了。对于该事件，我们理解为这是民间信仰在解决现代性与传统禁忌之间的张力的特别的功能。房屋出租是一项商业行为，是具有现代性的行为，因为在传统的农村中，很少有出租自己的住宅获取经济收入的行为。住宅的商品化经营，是现代社会的产物。面对传统的禁忌，简单用科学知识来教育是难以奏效的，因为一项禁忌往往有数百年，或者上千年的积淀，人们的心理障碍一时是难以解决的，有时，人们会在理性上认为没有问题，但在情感上，心理上存在焦虑却是事实，这对于人们的心理会是一种压力，带着这样的压力生活是不幸福的。当这样一项仪式活动举办以后，能够带来村寨民众的心理平和，这就是民间信仰的一种社会功能。

这种宅神祭祀要连续举行三年，当然此后的两次祭祀不需要那样再请道士或者是和尚来操办，大家简单地自己在村口道路上供奉叩拜一下就行。三年结束，可以等十二年后再行祭祀。这样一种祭祀制度，成本不是很高，也不是很频繁。十二年的期限，只是为了不忘记这种礼仪而已。祭祀制度的理性安排充分照顾了村落民众的负担能力。显然，宅神祭祀是一项与村落集团相协调的信仰制度。在当下，它有效地在传统与现代性之间充当了调停者，以其特有的方式促进了现代性的发展，又不至于与传统刚性冲突。该村子很方便地组织起来一场宅神祭祀，也充分说明长期共同生活积累的社会结构对于公共事件的处理是十分有效的。

但是很快，这个村子动迁了。这个村子的57户人家无序地迁到了多个城市居民小区，其社会关系网络彻底离散了，因此，宅神祭祀这样一种民间信仰的仪式可能就在未来的城市里失去了生存的空间基础。那些乡村生活其间朝夕相处的生活改变了，邻里关系改变了，管理者改变了，谁还会来组织这样的祭祀活动呢？不同的群体居住在同一空间，即使是一部分人有着举办民间信仰活动的需求，也有能力举办相关活动,但如果妨碍了其他人的生活,也是现代城市生活不容许的。

这就是一个摆在我们面前的问题:农村城市化,农民不仅失去自己的物质遗产,如土地房屋,非物质文化遗产也可能将在这一过程中失去。中国农业社会几千年的文化遗产能否带入城市,这是一个严峻的问题。中国的农业文明发育成熟,农业文化遗产资源丰富。据2010年底文化部公布的统计数据,现列为县级以上名录的非物质文化遗产有7万项,而整个非物质文化遗产资源数目达到惊人的87万项之多。① 这其中,农业文化遗产占据了主导地位。假如城市化快速实现,几十万项非物质文化遗产资源将陷入濒危甚至消失的境地。城市的发展,连带着把乡村的信仰遗产破坏了。

这是城市化造成民间信仰遗产危机的一个案例,具有普遍性的意义。因为农民失去了自己原来的生活空间,其生活环境与邻里关系离散,他们不具备传承原有的民间信仰遗产的条件了。

而城市本身的文化遗产也在城市的旧城改造和居民动迁过程中遭到破坏。我们试以上海的传统妈祖信仰分析之。2006年妈祖祭典列名中国首批国家级非物质文化遗产名录中,2009年妈祖信俗还列入世界文化遗产名录。在过去,中国沿海地区都有很好的妈祖信仰传统,在台湾,妈祖信众达到百分之七十,世界很多地区都有关于妈祖的信仰。在上海地区,据文献记载,从宋代起就有了供奉妈祖的庙宇和祭祀活动。解放前,上海有官建妈祖庙23座,会馆妈祖庙13座。② 上海是一个重要的妈祖信仰的文化区。但是,随着城市的发展,妈祖信仰却日渐衰弱。民国期间毁庙兴学打击了妈祖信仰,使得妈祖信仰的

① 《文化部副部长:中国有非遗资源87万项 保护应强调国际合作》,参见新华网:http://news.xinhuanet.com/society/2010-10/25/c_12699259.htm。

② 吴丽丽《上海地区传统妈祖信仰研究》,载《民族民间文化论坛》(第四辑),上海:上海社会科学院出版社,2012年,第108页。

空间大大压缩，20世纪后期，妈祖信仰的空间压缩愈演愈烈，一座最大的天后宫也在前年彻底拆除了，除一所妈祖庙移到松江重建以外，其余在城市中的妈祖庙宇全部被拆除。这都是城市改建的结果，传统民间信仰在城市中可以说遭到毁灭性的打击。

近年妈祖信仰开始恢复，上海若干庙宇供奉了妈祖神像。但是，这些神像由于置于偏殿，无人知晓，无声无息，没有什么信众，几乎没有香火。如，位于虹口区北外滩一带的下海庙，曾经是出海者上下岸的地方，过去的下海庙，会有很多人来祭拜妈祖，妈祖信仰十分兴盛。如今的下海庙是一座佛教的庵堂，虽然还有一座妈祖像供奉着，却是信众寥寥。上海妈祖信仰的这种情形，代表了经历城市化以后民间信仰的真实状态。信众人口迁移离散，信众职业变化不再信奉妈祖，信仰空间缺失造成信仰遗忘，合力造成了妈祖信仰的衰弱。原先上海的渔民、船民等，他们是信奉的主体，但是现在职业改变，便不再信奉妈祖了。现在上海民众中纯正的渔民、船民已经极少。所以这个信众集体整体消逝了。如今的上海妈祖信仰仅流为一种形式。

改革开放以后，大量的台湾商人和民众来到上海，有说五十万台湾人在上海，有说三十万台湾人在上海，这具体的数据没有办法统计，但是，按照百分之七十的台湾人是妈祖信众的概率，说上海有十万以上的台湾同胞妈祖信众是没有问题的。这十万妈祖信众，上海没有足够的空间提供给他们举行祭拜活动。他们会偶然到松江去祭拜，但是路途很远，十分不便，而城市中竟然没有一处专门的妈祖信仰场所。这对于台商和台湾民众来说是一大遗憾。我们在田野调查中发现，有的台湾民众在上海只好把妈祖请到家里供奉着，而这样需要扩大租房空间，增加了在上海生活的成本。对于一个开放的上海来说，传统的民间信仰空间不足，实在是一大缺憾。

城市化的不当行为破坏了乡村的民间信仰遗产的传承，同时不当的发展形式也破坏了自身的文化遗产，在一定程度上削弱了城市的文化竞争力,这不仅是道义上违背了保护文化遗产的基本原则,在利益上也损害了城市形象本身。

三、保护民间信仰的空间与社区结构

找到民间信仰招致破坏的具体原因,我们就能够有针对性地找到解决的方案。城市民间信仰难以传承,不外两个原因:一是文化遗产的空间被压缩和挤占,二是信仰者的社区环境改变,文化遗产传承的生态遭到破坏。

城市注重经济发展,以经济建设为中心,但是在实施过程中不为文化遗产传承留下后路,这往往就断了民间信仰的生路了。据张化先生的文献调查,解放前,上海地区与民间信仰相关的庙堂有近千座之多,而这些空间,保留下来的不足十分之一,而同期人口却是成倍增长。那样一点空间怎么能够撑起民间信仰遗产的天地呢?

商务活动与地产开发占据了民间信仰的空间,如,有的乡村里的传统庙宇被征用为房地产项目用地。如上海某区的华村庙,原是有三进建筑、数亩土地的一座大庙,供奉着当地的城隍及一干地方神灵,是周围多个乡镇的信仰中心。但是前些年因为华村庙所在地整体被列入房产开发项目之中,华村庙被拆除。起初依然有数千名信众在原来的残庙遗址上烧香,这干扰了房地产的开发和售卖,于是商人和政府联合起来,将信徒烧香的地点用铁栅栏圈起来搞了绿化,留下窄窄的人行道,外面就是流量很大的机动车道。这样,烧香者无奈,人数逐年减少,成为民间信仰活动因为空间消失而逐渐萎缩的一个缩影。

另外一种民间信仰空间消失的情况是:不是商业发展侵占了民间信仰的空间,而是强势宗教占有了民间信仰的地盘。民间信仰是一种地方性知识,是地方的文化记忆,它是多元文化的载体。但作为一种信仰,它却是一个弱势群体。过去它曾被称为封建迷信,现在具体的管理一时还没有找到很好的门径，因此处于尴尬局面。管理层曾有让佛、道这样的体系化宗教来托管这些小型的地方信仰的想法，但在实际的操作中，结局都是这些小型的民间信仰的空间被彻底占有。一座座原有的民间信仰的神庙，结果被改了名称，变成了一座座佛寺或者道观，原先的民间神被置于一个小小的空间里，毫不起眼，实际上是被吞噬了。由于宗教发展中实际上存在着竞争，让一种宗教去管理另外一种实力单薄的信仰，其结局可想而知。在我们熟知的一座著名的寺庙里，它的志书明确记载，该寺庙历史上是占有一座龙王庙的空间而建立起来的。长期以来，寺庙还是承认这一历史事实，在寺庙的鼓楼下，为龙王辟出一个小小的空间供奉着，让其承受一些无意间供奉的香火。龙王是中国重要的民间信仰，招致这样的结局已是令人惊讶了。但是，该寺庙的住持今年更是釜底抽薪，把龙王的小小雕像搬到库房去了，让龙王信仰的文化消失在大众的眼中。宗教的排他性是其本质属性，不是其他宗教打压民间信仰有什么问题，而是我们选择了一种不当的管理模式，这就把民间信仰置于严重的不利的境地，让文化遗产招致了前所未有的危机。

因此，如何在城市生活中给那些民间信仰以真正的空间，是一个没有被正视的问题。很少有城市会把民间信仰列为自己的城市遗产。很少有城市对自己的民间信仰资源心中有数，大多城市甚至没有把民间信仰当一回事。这是民间信仰面临的最大困境。应该将他们原有的空间有选择地归还给民间信仰本身，民间信仰空间的管理，可以选择熟悉并传承信仰的文化遗产传承人来管理，而不是神职人员来托管。这样就可以将民间信仰和体系宗教的信仰区别开来。把民间信仰划归非物质文化遗产管理部门来管理，将是一条解决城市民间信仰遗产保护问题的重要途径。

文化遗产的空间已经得到法律的保护。新近出台的《非物质文化遗产保护法》总则第二条规定“本法所称非物质文化遗产，是指各族人民世代相传并视为其文化遗产组成部分的各种传统文化表现形式，以及与传统文化表现形式相关的实物和场所”①。保护非遗场所已经有法可依，但是，谁是民间信仰的责任主体呢？这就是我们前面提到的民间信仰类的非物质文化遗产的传承人，必须遴选一批这样的人来承担文化责任。

乡村与城镇拆迁过程中，对于其原有的传统社区结构应该予以有效保护，不宜听之任之，任其离散。对于拆迁中的社区结构保护，应该进行制度化的规定，这样，他们可以带入原有的传统，在城市中继续存活，民间信仰可以在其土壤中获得传承。社区重建过程中，保护原有的居住格局和基本的社会关系，在汶川的灾后重建中有很好的实践。民众在选择住宅的时候，入住一栋楼必须有五户熟人构成一组，这样他们还能够维持基本的交际圈网，延续传统，实行互助和交流。实践证明，这是一个很好的办法。

如果是拥有民间信仰遗产的社区，无论是乡村农民还是城市居民，都应该在拆迁中考虑文化传统的要素，必须让一个核心传承责任人与一批信众共同居住在特定的社区，以形成特定的文化生态，从而实现对民间信仰的保护。在城市化过程中，给民间信仰以生存的物理空间至关重要；同时，给乡村和城市里的拆迁民众的社区结构予以制度性保护，也是非常必要的，因为只有文化遗产的持有者的合力才是城市民间信仰传承的保障。

① 参见《中华人民共和国非物质文化遗产保护法》，非物质文化遗产网：http://www.ihchina.cn/inc/detail.jsp?info_id=3268。

中国都市民俗学的学科传统与日常转向

——以北京生育礼俗变迁为例

岳永逸*

一、学科转型

改革开放后，经济的快速发展，使得乡土中国的面貌日新月异，人们的日常生活也或快或慢地发生着形变，甚或革命。面对这一社会事实，中国民俗学者也与时俱进地发出了自己的声音。有“中国民俗学之父”之称的钟敬文在其中扮演了关键的角色。1978年夏天，因应宽松的政治语境，他与顾颉刚、杨堃、杨成志等6位教授一道，倡议恢复民俗学及相关研究机构。在他的主导下，中国民俗学会于1983年5月成立。① 在1980年代的又一次“文化启蒙”运动中，他积极参与了文化热的讨论，提出了“民俗文化学”的概念②，以此倡导社会各界关注并重视民俗学这门学科和存在于民众日常生活中的文化。③

---

* 岳永逸，中国人民大学社会与人口学院教授。本文原发表于《云南师范大学学报(哲学社会科学版)》2018年第1期。

① 钟敬文：《钟敬文文集·民俗学卷》，合肥：安徽教育出版社，2002年，第613—616、679—683页。

② 钟敬文：《民俗文化学：梗概与兴起》，北京：中华书局，1996年。

③ 刘铁梁：《钟敬文“民俗文化学”的学科性质及方法论意义》，《北京师范大学学报(社会科学版)》2002年第2期。

随着社会学、人类学等学科的恢复和学科之间交流的增多，也随着大量国外理论的译介，20 世纪 90 年代后，中国民俗学发生了从重民间文学到重宗教信仰、岁时节庆、人生仪礼等行为层面的民俗的整体转型。即使是口耳相传的民间文学，人们也不仅仅局限在母题、情节、类型、功能等文本研究，而是将其放置在了具体的情境中进行细读，关注谁在讲、谁在听、在哪儿讲、何时讲、为何讲、怎样讲等共同构成一次讲述的“在现场”的诸多因素及其相互影响。① 不仅如此，调查所得的口头文学也成为民俗学者研究其他生活习惯佐证的材料，成为关注行为、过程的民俗研究的一个部分。换言之，中国民俗学发生了从文本分析到基于田野调查的语境研究的整体转型。②

除社会转型引发的民俗学者的积极应对与思考之外，众多国外的民俗学、人类学、社会学等研究的引入也在其中扮演了举足轻重的角色，如：美国的伪民俗、公共民俗学、表演理论；日本民俗学者倡导的村落民俗研究，尤其是福田亚细男主导的延续近 20 年的中日村落民俗联合考察；德国民俗学主义；克利福德·格尔茨（Clifford Geertz）以“深描”“地方性知识”为核心的阐释人类学，詹姆斯·斯科特（James Scott）关于弱者日常抵抗的政治社会学，以及现象学；等等。在此过程中，商丙中关于“民俗”语义流变的辨析承前启后，影响深远。③ 刘铁梁之于民俗学研究的认知论、方法论和身体力行的实践始终具有示范性意义。1996 年，刘铁梁就明确号召中国民俗学者将村落作为观察民俗传承的时空单元，④强调民俗志不仅仅是记录民俗，其原本就是一

① 如，西村真志叶：《日常叙事的体裁研究：以京西燕家台村的“拉家”为个案》，北京：中国社会科学出版社，2011 年；祝秀丽：《村落故事讲述活动研究：以辽宁省辽中县徐家屯村为个案》，北京：中国社会科学出版社，2013 年。

② 刘晓春：《从“民俗”到“语境中的民俗”：中国民俗学研究的范式转换》，《民俗研究》2009 年第 2 期。

③ 高丙中：《民俗文化与民俗生活》，北京：中国社会科学出版社，1994 年。

④ 刘铁梁：《村落：民俗传承的生活空间》，《北京师范大学学报（社会科学版）》1996 年第 6 期。

种带有“问题意识”的研究方式。① 在村落调查研究多年后，他提出了“标志性文化统领式”的民俗志，并将调查的时空单元从村落扩展至区县这样中观层面的时空单元。②

在这一学科转型的总体背景中，也因应改革开放以来城乡建设一体化步伐的加快，记录与研究并重的都市民俗学也登场了。1992年，上海民间文艺家协会编辑出版的《中国民间文化》第八辑就是“都市民俗学发凡”专辑。多少受方兴未艾的日本都市民俗学的影响，正如“发凡”一词所示，这本专辑大致是延续了《东京梦华录》《梦粱录》等古书的传统，侧重于消失的都市民俗的记述。10多年后，中国民俗学者有了建立关于都市的民俗学分支学科的尝试，并涉及体系、都市民俗资源保护、民俗中心转移论、主体与空间流动论、传统与现代磨合论等多方面的议题。③

与同期中国民俗学界关于乡村的研究全面开花不同，这些以都市为研究对象的民俗学研究仍然相对范围狭窄、位居末流，并主要集中在都市传说和特定群体两个方面。对都市特定群体的研究，学者也主要集中在北京等大都市中有着一定历史传承的群体，诸如：老北京“杂吧地儿”天桥的街头艺人，④以苦力维持生计的旧北京人力车夫，⑤当代在北京什刹海周围具有景观展示意义和作为老北京文化名

① 刘铁梁：《民俗志研究方式与问题意识》，《北京师范大学学报（社会科学版）》1998年第6期。

② 刘铁梁：《“标志性文化统领式”民俗志的理论与实践》，《北京师范大学学报（社会科学版）》2005年第6期。

③ 陶思炎：《中国都市民俗学》，南京：东南大学出版社，2004年。

④ 岳永逸：《空间、自我与社会：天桥街头艺人的生成与系谱》，北京：中央编译出版社，2007年；岳永逸：《老北京杂吧地：天桥的记忆与诠释》，北京：生活·读书·新知三联书店，2011年。

⑤ 岳永逸：《都市中国的乡土音声：民俗、曲艺与心性》，北京：中国人民大学出版社，2015年，第93—109页。

片的新人力车夫，[①]前往京西妙峰山“金顶”朝山进香的“并”字里外的香会，[②]以及新生的素食群体，[③]等等。在民间文学领域，除对一座城市民间文学传承现状的总体性反思之外，[④]关于当代都市传说的研究则明显受到美国学者布鲁范德《消失的搭车客》[⑤]的影响。近10年来，对发生在北京、上海等大都市旧有的、新生的传说，如鬼故事-消失的搭车客、大学校园新生的传说的调研成果频出，散见于《民俗研究》《民族艺术》等重要学术刊物。[⑥] 由此出发，人们将研究扩展到了相关流言、谣言的整体性研究，[⑦]及至对布鲁范德研究范式的反思。[⑧]

客观而言，对于都市生活方式已经弥漫乡野这一整体性社会事实而言，这些将研究空间和对象都仅仅限定在都市的民俗学研究依旧薄弱，也忽视了当下中国都市作为“移民城市”的整体性特征。不可否认的是，大量从农村进入城市讨生活的“农民工”群体，在将他们自己的认知、习俗带进城市而使得繁华的都市掺杂乡土性的同时，他们自身也是这些新生都市传说生发和传播的土壤与载体。换言之，当下地理意义上的中国乡村有着都市性，反之，地理意义上的中国都市则有着

---

① Zhang Lijun. Performing Locality and Identity: Rickshaw Driver, Narratives, and Tourism. *Cambridge Journal of China Studies*, 2016,(1).

② 张青仁：《行香走会：北京香会的谱系与生态》，北京：中央民族大学出版社，2016年。

③ Wang Yahong. Diet, Lifestyle, Ideology: Vegetarians in Modern Beijing. *Cambridge Journal of China Studies*, Vol.11, No.1(2016.3).

④ 岳永逸：《都市中国的乡土音声：民俗、曲艺与心性》，北京：中国人民大学出版社，2015年，第110—122页。

⑤ 布鲁范德：《消失的搭车客：美国都市传说及其意义》，李扬、王珏纯译，桂林：广西师范大学出版社，2006年。

⑥ 如：张敦富：《消失的搭车客：中西都市传说的一个类型》，《民俗研究》2006年第2期。黄景春：《都市传说中的文化记忆及其意义建构：以上海龙柱传说为例》，《民族艺术》2014年第6期。

⑦ 周裕琼：《伤城记：深圳学童绑架案引发的流言、谣言与都市传说》，《开放时代》2010年第2期；施爱东：《盗肾传说、割肾谣言与守阈叙事》，《华南师范大学学报(社会科学版)》2012年第6期。

⑧ 陈冠豪：《中国当代恐怖传说之“解释”结构探讨》，《民族艺术》2011年第5期。

不容忽视的乡土性。正是有鉴于此，虽然也用了“都市民俗学”来指称其近些年来的研究，但笔者并不是要建构一门中国民俗学的分支学科，而是倡导一种认知论的转型：

> 民俗学也好，都市民俗学也好，它们绝对不仅仅是关于民俗资料的搜集、记录、整理的学问，也同样是一种有着参照意义并可资借鉴的认知范式，是从民众当下的日常生活来认知这个世界及其走势……如果说乡土民俗学是近现代化历程中以农耕文明及其生活方式为中心，以乡土中国为本位、原点，那么都市民俗学则是以工业文明、科技文明支配的当下都市生活方式为中心、重心，以现实中国为本位，波及开去。①

与此同时，笔者也指出了应该抛弃的乡土民俗学基于单线进化论的“向下看”和“向后看”的基本姿态与体位，并力图打通在空间意义上对都市和乡村的机械割裂，强调当下都市民俗的乡土性和乡土民俗的都市性，即不同空间民俗相互影响交织、涵盖的互融性。进而，笔者提出，在有着悠久礼俗互动历史的中国，在风险与机遇并存、多元而又一统的当下，每个个体，即人的价值、生命的意义，才是其定义的都市民俗学永久的核心，要达到这一基本的人文关怀，就必须从无论在哪儿过日子的当代民众的日常生活开始。② 为此，笔者“逆流而动”，倡导“城镇的村落化”，倡导要研究显现民族心性的共享的民俗，③反对高高在上、唯我独尊的“反哺”心态、教化心态。④

---

① 岳永逸：《都市中国的乡土音声：民俗、曲艺与心性》，北京：中国人民大学出版社，2015年，第315、317页。

② 柏琳、岳永逸：《人的价值始终是都市民俗学的核心》，《新京报》2015年4月25日B12版。

③ 岳永逸：《共享·心性·交际花：民俗的变脸》，《民族艺术》2014年第6期。

④ 岳永逸：《都市中国的乡土音声：民俗、曲艺与心性》，北京：中国人民大学出版社，2015年，第243—255、320—339页。

因此，笔者的都市民俗学实际是指向当下日常生活和现代性的“现代民俗学”，而非仅仅关于都市的民俗学。在民间文艺学领域，刘宗迪也旗帜鲜明地反对借个体主义而进行工具理性式的研究、运用，对民间文学研究中的实证主义的片面性和不足提出了尖锐的批判，呼召“超越语境，回归文学”，希望研究能直击民族的心性、共性，而非仅仅沉醉于碎屑的事象。[①] 在对近30年来中国民俗学研究的反思中，周星对中国社会、经济和文化发生的巨变所引发的民众日常生活的急剧变革称之为“生活革命”。[②] 由此出发，他对中国知识界过度礼赞传统、沉醉乡愁并将乡愁审美化，即将民俗工具化的机会主义倾向提出严厉批评，希望民俗学者直面现代中国社会的日常生活及其变革的历程，记录和研究百姓是如何建构各自日常生活从而获得“人生的意义”。看似大相径庭，实则异曲同工。同样是出于对中国民俗学既有历史的反思，吕微则倡议中国民俗学者应该抛弃既有的“熟人原则”，而迈向“陌生人原则”。[③] 2016年，高丙中也发出了“日常生活的未来民俗学”的呐喊。[④]

以此观之，作为一种认知范式的都市民俗学，也即现代的或者说新的中国民俗学既是对此前中国民俗学抱残守缺的守旧心态的批判，也是对当下民俗学对政治、时尚的亦步亦趋的“工具”心态的批判。它要呼唤的是关注人、传承与日常生活的民俗学的学科本位与情怀。在此理念下，本文尝试从在北京城生活的人——新北京人——的生育这一人生仪礼来透视当代中国。

---

① 刘宗迪：《超越语境，回归文学：对民间文学研究中实证主义倾向的反思》，《民族艺术》2016年第2期。

② 周星：《生活革命，乡愁与中国民俗学》，《民间文化论坛》2017年第2期。

③ 吕微：《与陌生人打交道的心意与学问：在乡愁与大都市梦想之“前”的实践民俗学》，《民俗研究》2016年第4期。

④ 高丙中：《日常生活的未来民俗学论纲》，《民俗研究》2017年第1期。

二、被忽视的学科传统

虽然长期作为国都，但犹如流体的老旧北京——旧京，事实上是一座乡土性的城市，或者说是一个人口密集的大农村。在这座有着层层叠叠城墙、城门相区隔的都城，不同行当、阶层的“城里人”与“乡下人”实则有着共享的敬拜天地万物的宇宙观和崇德报功、敬天法祖的价值观，紫禁城、庙观、胡同、四合院有着同构的空间美学。这种乡土性、同构性同样体现在北京城大多数人的红白喜事、生老病死等人生仪礼中，只是繁简程度不同而已。因此，清末民初，在普通人家那里，夏仁虎《旧京琐记》“俗尚”中记载的富贵人家的“替身”就成了“烧替身”，即“还童儿”。①

在旧京仿效西方的现代化历程中，随着教会医院助产士制度的引进、警察制度的设立，对常人生死的控制也逐渐脱离旧俗，制度性地西化，并最终导致接生婆和阴阳生这两种传承久远的社会角色在北京城的消失。② 虽然有官方对助产制度和警察制度（尤其生命统计调查员制度）的强力推行，但是在日常生活层面，尤其是生死习俗这些仪式化行为的变化则是缓慢的。这种官民“共谋”的缓进，抑或说妥协、折中，充分体现在 1940 年前后的北京城居民人生仪礼的日常实践中。对于这些渐变过程中的日常实践，中国民俗学实则有着科学调研和记述的传统。

太平洋战争爆发之前，在杨望等教授的指导下，燕京大学社会学系的师生对当时北京，尤其是燕京大学实验区的日常生活进行了全面的观察、记述与研究，包括：北京城郊村落的住宅设备与家庭生活，“四大门”信仰和庙宇宗教等精神层面的生活，妇女的生活禁忌与社会

① 常人春：《老北京的风俗》，北京：北京燕山出版社，1990 年，第 248 页。

② 杨念群：《再造“病人”：中西医冲突下的空间政治：1832—1985》，北京：中国人民大学出版社，2006 年，第 127—173 页。

地位、性生活状况，红白喜事、闹新房和儿童生活礼俗等人生仪礼、年节风俗，等等。

杨望早年留学法国，师从古恒（Maurice Courant）、葛兰言（Marcel Granet）和莫斯（Marcel Mauss），专攻社会学和民族学。1930年5月，他在法国里昂获得博士学位，旋即回国。他既熟知涂尔干（Emile Durkheim）一脉的社会学、民族学研究，也对阿诺德·范·根纳普（Arnold van Gennep）的民俗学研究了然于胸。回国后，他在不同高校开设相关的课程，并发表了多篇文章介绍根纳普的民俗学与通过仪礼。[①] 1936年，杨望就撰文提倡基于实地观察——局内观察法（Methodeintensive）——的社会学的民俗学，号召民俗学者的研究视野不能仅以乡村社会为限，还应包括都市社会的下层社会。[②] 作为具有现代学科意识的中国都市民俗学的真正滥觞，杨望的社会学的民俗学倡导与践行无疑对北大歌谣周刊时期的重歌谣—文学取向，和中山大学《民俗周刊》时期试图从民间文化发现历史—史学取向的中国民俗学是一种反叛和推进。

燕京大学的实验区在当时属于北京郊区，在清河乡一带，包括南七家、北七家等村落，均在现今的海淀区。太平洋战争爆发前特定的政治格局，反而在一定意义上使得调研这些郊区村落成为燕京大学师生研究的常态。同样在海淀阮村进行研究的教育学家廖泰初指出，这些在城市和乡村之间的城郊村落，实乃“城乡连续体”，并将之命名为“边际”社区，与都市、农村、边疆三种类型的中国社区并列。这些边际社区一方面保持着固有的家庭组织、农业生产，同时又受到都市经济以及西洋文化的影响，过着两种生活。[③]

杨望指导的上述以1930年代晚期的“平郊村”这些边际社区和城区为

---

① 杨堃：《介绍汪继乃波的民俗学》，《鞭策周刊》1932年第13期。

② 杨望：《民俗学与通俗读物》，《大众知识》1936年第1期。

③ 廖泰初：《一个城郊的村落社区》，铅印本，1941年。

基本观察对象的系列学位论文,正是他主张的有别于文学的民俗学和史学的民俗学,即社会学的民俗学的成功尝试。对此,杨望自己在中国民俗学史的发展脉络中给予了"大致全可满意,并有几本特别精彩""后来居上"的公允评价。[①] 遗憾的是,除李慰祖的"四大门"曾经公开发表和出版之外,[②]这批可圈可点的学位论文至今都未能公开出版。

如果考虑到这些平郊村作为城乡连续体的城、乡同在的边际属性,那么这些 70 多年前的调研实则就是都市民俗学抑或现代民俗学,即关注处于动态过程之中的传统与现代此起彼伏、混融兼具的民俗,都市性和乡土性同在的民俗。而且,这些具有鲜明现代意识、关注个体价值、讲究传承的中国都市民俗学研究在起步之初,就达到了值得称许的高度。然而,除个别研究之外,[③]这些在那个战乱年代的中国,民俗学发展进程中的标志性成果却被整体性遗忘,少有梳理、反思与继承。中国本土学者的研究尚且如此,更不用提人们会去注意马仪思对北京街门春联的研究和叶德礼对北京城区房屋门前装饰的研究了。[④]

事实上,当年的这些调研,始终有比较的眼光、传承的意识和当代的关怀,既关注到了传统礼俗的互动,也关注到了都市生活的冲击波和这些冲击波在边际社区形成的余韵,还有了比较各地闹新房礼俗的专文。[⑤] 当然,关于北京市井风情的文类很多,诸如《旧京琐记》《燕京乡土记》《老北平的故古典儿》等文人的"追梦忆旧"之作,主要描摹市

---

① 杨望:《我国民俗学运动史略》,《民族学研究集刊》1948 年第 6 期。

② 李慰祖(Li Weirtsu). On the Cult of the Four Sacred Animals (Szu Ta Men) in the Neighborhood of Peking. *Folklore Studies*, 1948,(7);李慰祖:《四大门》,北京:北京大学出版社,2011 年。

③ 如岳永逸:《忧郁的民俗学》,杭州;浙江大学出版社,2014 年,第 24—29 页。

④ Martin, llse. Fruhlingsdoppelspruche von 1942 an Pekinger Hausturen (Spring Couplests at Peking Street-Doors 1942), *Folklore Studies*, 1943, (2); Eder, Matthias. Hausfrontdekorationen in Peking. Mit Parallen aus Shantung und Nord Honan (House-Front Deorations in Peking). *Folklore Studies*, 1943, (2).

⑤ 孙咸芳:《中国各地闹新房礼俗》,燕京大学学士学位论文,1940 年。

井风情的竹枝词、陈师曾的风俗画，《北平风俗类征》等类书，金受申、常人春关于旧京风俗的专书和当下不少人炒作的关于旧京的老照片，等等。与这些文类相较，当年燕大青年学生的学术写作生动鲜活，亦不乏资料性和可读性，严谨而深刻。因为后文将浅描当下“新北京人”的生养，对于前述成果的学术价值，本文仅以有关妇女生育部分来加以说明。

在北平城内及四郊进行儿童生活礼俗研究的王纯厚无视少数“明达开通”类家庭，侧重于占多数的注重礼教、尊崇仪节的满、汉旧式家庭，并“特别着重于现代人之活的材料”。① 文中，她详细描述了当时相对守旧家庭从求子到生产，降生到周岁，命名和保育等诸多仍在践行的礼仪，包括望子、求子、怀孕、分娩、洗三、十二朝、满月、挪骚窝、百日、周岁、认干父母、过继、许与神佛（当“跳墙和尚”、烧替身与收魂、佩戴避邪饰物）等等。这些显然与传统的信仰、禁忌、习俗，尤其是人们对生命的认知、家庭伦理和儒家教化紧密相连。在中国人的神话世界中，生命并非仅是人的生理行为，而是源自于神灵与大地，并与特定的植物、动物有着交互感应，是一种超理性的精神性存在。② 因此，神圣与神秘的生命有着很多不可知性和不确定性，需要借助诸多仪式与神灵沟通交流，生命才能最终得以完成。

五四新文化运动倡导的科学等理念并未改变在京城的汉族旧式家庭重男轻女、无后为大的儒家伦理，尽管儿子同样只是“传宗接代的工具”、家庭的“附属物”。同期的满族家庭，虽然也受了儒家教化的影响，但还是男女并重，“养儿也得济，养女也得济”。③ 婚礼最根本的目的不是五四新文化运动以来启蒙者们所鼓吹的爱情，还是以延续香火

① 王纯厚：《北平儿童生活礼俗》，燕京大学学士学位论文，1940年。

② 岳永逸：《人生仪礼：中国人的一生》，北京：光明日报出版社，2015年，第20—30页。

③ 王纯厚：《北平儿童生活礼俗》，燕京大学学士学位论文，1940年。

为第一要义。无论家庭贫富、地位高低、教育多少,“父母之命,媒妁之言”仍是多数男女婚姻缔结的常态。婚仪中的大枣、栗子、柿子、莲子、筷子、饺子(俗称子孙饽饽)等物都象征着阖家上下对子嗣的渴望。① 要是婚后久未得子,人们虽然也有医治服药等“尽人事”的办法,但更多的是将希望寄托于神灵的“听天命”,前往邻近的娘娘庙烧香,甚或专程前往朝阳门外的东岳庙、西郊的妙峰山求祈。②

尽管源自西方的助产士制度已经推行了不少时日,但其实施、影响范围明显有限。多数产妇仍然是在家由接生婆等人陪着,蹲着分娩。这无疑是那个时代北平的一个厚重的侧影和典型的身姿:

接生婆的头一步工作是先与孕妇诊脉,看中指的脉搏跳到何处,如距离指尖近,表明快生了。其次就是预备接生用品,在炕上和地下铺好草纸,亦有铺蒲草的,富贵人家多铺细纸、漆布及油布等物。窗门紧闭,严密遮盖,不使透一点风,不许空气流通。日光不避,仅将下部窗户遮挡,防他人向屋内看视。产妇蹲着,后面一人或二人抱腰。抱腰的人多为婆母,娘家母亲,实无人时或仓促时乃由丈夫抱,亦有求别个身强力壮的妇人抱的。屋中人不要多,丈夫也要走开,恐孕妇心中忙乱。这时不得大声谈笑,必得肃静,等到听得婴儿呱呱哭声了,才算放心。生后,把产妇扶到炕上坐着,穷家或是乡下人多坐在一个满装细炉灰上面铺着草纸的蒲包上,要坐上四五个钟头方许躺下。③

对于同期处于社会顶端的少数明达之家而言,这些守旧家庭坚持的礼仪早已被视之为“顽固迂腐,无稽之谈”。然而,对似乎有意要辨析的这些旧习,王纯厚也同样注意到了新旧民俗的交替更迭。比如,在叙写婴儿开口之后枕上外祖母或祖母做的枕头之前,作者提及旧俗:男婴要用历书一本垫在砖上,先枕一会儿,女婴则是先枕一会儿

① 周恩慈:《北平婚姻礼俗》,燕京大学学士学位论文,1940 年。

② 王纯厚:《北平儿童生活礼俗》,燕京大学学士学位论文,1940 年。

③ 王纯厚:《北平儿童生活礼俗》,燕京大学学士学位论文,1940 年。

草纸裹的土砖，以示男尊女卑。接着，作者写道："不过此种动作今已不行，仅在乡中或过于迂腐之家仍保存之。"①反之，在认干亲这一节，他提及了衍生的新习俗。在详述了人们通常拜认姓名吉祥、子女众多、命相相生和"全人"（公婆父母丈夫子女俱全的女性）为干父母，以及有人家拜小妾、妓女、尼姑、乞丐以及淫妇等为干妈的情形后，作者提到随着异邦人士来京的增多，"曾受欧风熏染及文化水准高度的家庭中，每与异国人士为干亲"。②

或者是因为旧京的乡土性特征太过浓厚，也或者是北京的历史太过悠久，或者是书写者骨子里为单线进化论所桎梏，如今将民俗等同于过去的、静止的甚或落后的，仍然根深蒂固，陌生人原则、日常生活的未来民俗学等思考不但超前，更是另类。无论是国内还是国外，不仅仅是当下关于北京生死的通俗读物瞩目于过去，就连严肃的学术研究也大体是指向过去的。③ 出殡时规模盛大的抬杠，生育礼俗中的望子、求子、添盆、洗三、满月、抓周都是浓墨重彩渲染的对象，仿佛北京和以北京为代表的中国一直停滞在七八十年前。事实上，改革开放后，北京城乡的孕妇产前定期体检，临盆时在产科医院或者妇幼保健医院分娩生产已是普遍的社会事实。生育习俗已经发生了从神圣、神秘到世俗、理性的整体性位移。

三、当代北京生育礼俗的浅描

（一）新北京人

千百年来，北京集聚着他地常常不可能有的资源。俗语"皇城根

---

① 王纯厚：《北平儿童生活礼俗》，燕京大学学士学位论文，1940年。

② 王纯厚：《北平儿童生活礼俗》，燕京大学学士学位论文，1940年。

③ 如，罗梅君：《北京的生育、婚姻和丧葬——19世纪到当代的民间文化和上层文化》，王燕生、杨立等译，北京：中华书局，2001年。

儿”“天子脚下”都言传着在北京生活的子民自观与他观互构的优越感。因此，至今挤进北京城、成为“北京人”依旧是一部分中国人的梦想。这种城乡差异所营造的优越感和朝代更替等大的社会变动，使得处于时间流中的北京实际上是人口更迭较快的城市。同样，当下北京人口结构是复杂的，如拥有北京户口的居民、没有户口也长期在此讨生活的寄居者、高校学生、打工仔，以及越来越多的洋人，等等。

因为廉思的“蚁族”命名与书写，大学毕业后留在北京或从外地来北京谋生而聚居的高学历群体引起了社会各界的广泛关注。① 但是，这些具有不低学历的年轻人很快就分流了，只有少数在北京有了固定工作，居家、结婚生子，过起了日子。因为相对有限的经济条件，他们多数都在北京周边购房，如燕郊、香河，甚至天津。通过努力，其中少部分人也获得了北京户口。关注他们的日常生活，也就能了解当代北京甚至当代中国的一个侧面。本文浅描的就是这批在京打拼并定居的“新北京人”的生养故事。

一般而言，在生活节奏上，这些在北京打拼、定居的“新北京人”（外来户）与安居的“老北京人”（坐地户）有着忙与闲的鲜明对照。受访者 SZ 来自山西，2007 年大学毕业后选择了留京。考虑到工作地点以及生活成本的问题，她在北京昌平区东小口村赁屋居住。东小口村处于昌平、海淀、朝阳三区的交叉地带，临近中关村、上地等高新技术园区，交通方便。因此，像 SZ 这样的外地人源源不断地涌入。随着时间推移，东小口村民也逐渐被外地人包围。为了生计，大多数村民都将自己的平房改建为楼房，或将楼房加高几层用来出租，并耐心地等待着政府因城市扩建而早晚会实行的拆迁。仅靠租金，村民就过上了闲散富足的生活。与此不同，新北京人则不得不在居住地和工作地之间起早贪黑，往返奔波。结婚后，SZ 夫妻在通州购房。至今，孩子已

① 廉思：《蚁族：大学毕业生聚居村实录》，桂林：广西师范大学出版社，2009 年。

经 5 岁的夫妻二人都没有坐地户生来就有的北京户口。

2015 年 12 月到 2016 年 4 月,我们随机选取了诸如 SZ 这样的 10 个案例,对其生育情况进行了访谈,试图以此呈现这些定居下来的新北京人的生育概况,包括孕前、孕期、分娩、产后(坐月子、满月、百天、周岁)4 个阶段。[①] 除 BL 是作为对比参照的坐地户之外,其他 9 位分别来自黑龙江、内蒙古、山西、河北、河南、湖南、江苏、广东。其中,来自河北的有 2 人。目前,在这 9 位受访者中,仅有 3 人通过学校分配、单位落户等方式拥有了北京户口,其他 6 人虽然有稳定的工作,持续缴纳社保,购买了房产,但仍为外地户口。

(二) 医学的与制度的

如今在北京,无论有无户口,从备孕、确定怀孕、定期产检、分娩、产后 42 天复查到婴幼儿疫苗接种等,医院这一社会空间与医生这一社会角色都贯穿生育过程始终。反之,接生婆这一传统社会角色彻底消失。同时,作为个体主动抉择的生育行为又是制度性的,这鲜明地体现在生育服务证(俗称“准生证”)的办理,母子健康手册的办理,还有医院的建档时间、手续的要求上,等等。新近二胎政策的全面放开使这些制度层面的行为有了变化。2016 年 3 月 30 日,《北京青年报》报道了“本市取消准生证,执行生育登记制”的消息。该报道称,市民从生育登记到领取服务单只需要 3 个工作日。

事实上,在生育过程中,有无北京户口至关重要。在二胎政策放开以前,没有户口的新北京人需回老家,即在其户口所在地办理相关手续。以河北省的规定为例,首先要带着结婚证和户口本去女方户口所在地开具婚育证明、生育服务证,其次带着这些证明在北京住房所在居委会开具居住证明,再去社区医院保健科建立母子健康档案并领

① 在资料的收集过程中,我的硕士研究生赵雪萍为此付出巨大的努力。

取母子健康手册,最后带着母子健康手册与怀孕B超单去选定的医院建档。有时,由于户口的变动,还会遇到职能部门相互推诿的情况,不得不按照熟人社会的规则,动用"关系"来办理。受访者HY的户口原本在石家庄人才市场。怀孕后,为了方便办准生证,就把户口迁往婆家。结果,婆家、娘家两边单位都以种种理由推诿。最后,只能托人情"走后门",才办到准生证。

此外,在医院的建档程序上,也存在着诸多困难。早在2016年2月,由于二胎政策的全面放开,以及民众对于"猴宝宝"的偏爱,公立的朝阳医院、北京妇产医院、海淀妇幼保健院的建档名额均已满,许多私立医院也同样如此。在僧多粥少的情况下,外地户口的北京人只能让位于有北京户口的北京人。在托关系也难办的情况下,这些已经有着高学历和固定工作的新北京人要么"低就"条件不是太好的社区医院,要么选择回老家或他地分娩。10个样本中,9例都是在北京的医院建档、产检、分娩,例外的是HY夫妇。2013年,HY夫妇先是考虑在丰台妇幼保健院建档,因为名额已满,只好在离居住地和工作单位都相对近的北京铁营医院建档产检,分娩则选择了条件好些的石家庄的医院。

随着生殖医学知识的普及,当然也受长期强力执行的计划生育政策的影响,优生优育理念的盛行和生育成本的增高,新北京人遵从生理、医学知识的备孕已成常态。传统观念中,与神灵关联紧密的望子、求子基本消失。10个案例中,仅有HY孕前默许了母亲前往山西五台山求子。备孕包括夫妻健康合理的膳食,尤其是男性戒烟戒酒,合理作息与运动,与夫妻双方在孕前3—6个月做的医学检查。孕前检查主要是针对生殖系统和遗传因素的检查,从而确保未来胎儿、婴儿的健康。其实,备孕环节在婚检就已开始。虽然《婚姻法》并未规定必须婚检,但是高学历的准新郎和准新娘多数会主动前往医院进行婚检,其内容包括询问病史和体格检查两部分。询问病史主要指询问双方个人和家族的病史、生活习惯等。体格检查则又分内科检查、生殖器检查以及实验室检查等。

(三) 现代的与传统的

如果说获准生育的终决权、合法权在政府那里，是制度性的，那么新北京人怀孕后这一生理行为本身则依然有着传统的余韵。尽管其主色是现代的、科学的、医学的或者说新潮的，却是传统与现代并存，形成了相互交错的态势，同时也衍生出新的生育习俗，包括已经开始被学界阐释的商业化坐月子。①

在怀孕期间，新北京人除前往医院听关于孕产的免费公开课、听取家中长辈的一些建议之外，也会主动上柚宝宝孕育、宝宝树等育儿网站，或购买孕产育儿方面的书籍学习相关知识。对饮食方面的传统禁忌，新北京人大多怀着宁可信其有不可信其无的态度，甚或是因为解释合理而自觉遵循。王纯厚曾经记述的可能导致孩子得兔唇的兔肉、可能导致孩子晚半个月出生的驴肉、性凉且容易导致流产的螃蟹等食物，以及言行视听等方面的禁忌依旧对孕妇有着柔性的控制力。来自河北的 HY 就相信自己的孩子比预产期晚半月出生是因为自己怀孕期间吃了驴油火烧。受等营养学知识的影响，偏爱能使孩子皮肤好的苹果等水果，能使孩子聪明的鱼类、核桃等都在优先选择之列。然而，这些新北京人在吃叶酸的同时，也大多遵循着怀孕后前三个月不对外人说的传统禁忌，从而实现保胎的目的。怀孕期间，来自湖南的 HL 和来自河南的 HM 还在屋内墙上贴上漂亮娃娃的画报，认为这样会让腹中胎儿帅气、靓丽。因为自己是瑜伽教练，JL 在怀孕期间则专门练习孕妇瑜伽，并感觉良好。此外，因为电脑已经是这些高学历新北京人的常用工具，受访者都强调，自己怀孕期间只要坐在电脑前

① 赵芮：《新老博弈：商业化坐月子与家长权威的式微》，《思想战线》2016 年第4 期。

就穿上防辐射服，哪怕心里怀疑其真正的效果。随着医疗条件和物质生活条件的改善，优生优育理念的深入人心，除规律作息、尽可能早睡之外，听音乐是新北京人胎教最盛行的方式。BL 和 HY 百分之七十的胎教时间都用来听音乐。在孕期每天睡前，来自广东的 AMY 用手机给胎儿听两次钢琴曲《我的玩具》，因为这是她信赖的 APP“柚宝宝孕育”推荐的。

正常情况下，产妇在医院分娩早已不是王纯厚浓描的“蹲式”，而是在专业医护人员的陪护下产床上的躺卧。不仅仅是胎位不正的产妇会选择剖腹产，一些不愿忍受产痛之苦的产妇也会选择剖腹产。对于医院产房内的男医生或男麻醉师，产妇们没有昔日“男女授受不亲”的难为情，而是觉得正常。相反，丈夫们则较难获准进产房。现代医学技术的发展，使母子因难产而死亡的概率大大降低。通常，最多产后一周，产妇和婴儿必须出院回家。因为医院床位紧张，绝大多数产妇在分娩后三四天就得回家。在相当意义上，正是这一时间的分割和医院作为公共空间的宰治，在北京长期践行的以亲人祝福婴幼儿健康成长为主旨、由接生婆操持的洗三习俗①基本无存。有的产科医院会用充气游泳池让新生儿在第二天或第三天游泳，但这与称之为“汤饼会”的洗三习俗无关，而是基于促进大脑发育、练肺活量的生理医学的解释、让新生儿不输在起跑线的望子成龙的父母心态以及医院为求经济效益的经营技艺。虽如此，坐地户 BL 的孩子从医院接回家后，家人就瞒着她到坟上给祖先烧香报喜。

婴儿出生后，家长会在满月、百日、周岁，第一次喊爸妈，第一次走路，第一次进辅食这些传统的也是关键性的日子，用照相机、摄像机等工具随时记录婴儿成长的关键性节点。这使得在北京，尽管照相机、摄像机已经是家常之物，但专门针对婴幼儿的照相馆比比皆是，和

① 王纯厚：《北平儿童生活礼俗》，燕京大学学士学位论文，1940 年。

同样成为婚礼不可缺少的婚纱摄影“分庭抗礼”。不仅如此,这些高学历的母亲还尽可能坚持写养育日记,或者写微博,用文字记录孩子的成长和自己的养育心得。

虽然出生在北京,受访者 BL 对旧的生养习俗并不知晓多少,甚至不知晓“洗三”,只知晓一些常识,诸如通过孕妇肚子形状、行动是否便利,身材是否走样、皮肤是否有变化等来推测胎儿的性别,以及给婴儿绑腿睡头型等老传统。事实上,推测胎儿性别常识的传承,与在强力执行计划生育政策期间,禁止医生告诉家长胎儿的性别的制度性规定紧密相关。对于孩子或者因惊吓而夜哭不止的“收惊”,BL 只听说过是将米放到玻璃杯中,盖上红布进行,但知之不详。与此不同,抱着宁可信其有不可信其无的心态,来自河北的 HY 既给孩子“洗三”,也如同 HW 一样,让老辈给孩子“收惊”。

10 个受访者都知道月子里产妇不能洗澡、洗头的旧俗。这已经不再是绝对的禁忌。来自内蒙古的 NH 相信,虽然限制自由,但老法子坐月子不会对产妇有坏处,还对身体的恢复有益。然而,在第一胎坐月子时,当时更相信科学育儿的她完全遵从月嫂而非公婆与母亲的意见。到第二胎坐月子时,她才转向了听取家中老人的意见,并有了“老大照书养,老二当猪养”的戏语。在坐月子期间,HY 由母亲照顾,因此她遵从母亲“不可以吹风,不能着凉”的教导,坚持了 28 天才洗热水澡。在产后 17 天,HY 想洗头,但公婆不同意。在打电话咨询了医生之后,公婆才让她洗头。个性鲜明、独立意识强的 AMY,产后从医院回到家就洗头了——虽然用的是专门熬煮的草药水。在出院回家后,来自江苏的 JL 则是在自己母亲的要求下洗澡的,当然也遵从老家的习惯,是用生姜、花椒等烧的药水洗的,头发则直接用电吹风吹干。同样,HL 在月子期间也是用姜、艾叶熬水洗澡。

在月子期间的食物方面,HL 和 AMY 都信奉“台湾月子餐”的配方,并尽可能按此进食。与家中长辈相较,在如何育儿的问题上,HL

更相信月嫂知识的权威性，因此她请了两个月的月嫂。

至今，对于新北京人而言，“捏骨缝”的十二朝习俗已基本消失。仅有来自河北的 HY 和 HW 分别听说过“十二天”与“合骨缝”。与此不同，满月对绝大多数母子依旧是一个节点。在 AMY 出月子时，除一家人在一起吃饭外，姥姥给孩子买了新衣服，手工做了内衣，带来了一条银链子，封了红包，奶奶给孩子买了银手镯，封红包。怕划伤孩子，AMY 并未让孩子戴这些银饰。在孩子满月时，HM 的母亲把钱用红线拴成一串，给外孙象征性地在脖子上戴了一下，同时也张罗着给孩子剃了满月头，留了些胎毛。不少月子公司会通过不同的手段与渠道获得产妇及其家人的联系方式。利用家人宠爱孩子、随时想记住婴儿成长足迹的心理，公司的营销人员经常电话联系预约，在满月当日给婴儿剃胎毛，做手印脚印，也顺势将胎毛做成“胎毛笔”，让家人永久收藏。换言之，新北京人在孩子满月这天操办的诸多事宜已经少了昔日“过关煞”的宗教意味，主要是纪念和庆贺了。

在旧京，婴儿首次外出，因为移动了尿窝，俗称“挪骚窝”，即到外婆家住 5 到 10 天。BL 是在孩子 2 个月左右时，带上孩子回了趟姥姥家，并相信这样可以让小孩子不认生，睡觉不认床。来自河北 HY 对此知道得很清楚，也遵循老家习俗，给孩子“挪骚窝”。来自内蒙古的 NH 则受北京亲戚的影响，在孩子满月后去了趟亲戚家，从而象征性地“挪骚窝”。其余受访者则并不知道此习俗。显然，这些高学历的新北京人只是有意识拒斥了他们认为不合时宜的不当的仪式。

过去，在孩子百日时，外祖母会给婴儿做 100 个算盘珠子大小的馒头，用红线穿着，如同一串念珠一样挂在婴儿脖子上，由外祖母或专请的全人抱着婴儿在十字路口，让过往行人随意掰掉一个馒头，以此象征掰掉婴儿的“灾祟”，从而健康成长。在一些将婴儿看得金贵的家庭，长辈还会准备百家衣、百家锁和百家饭让婴儿穿、戴、吃，从而保佑孩子命大福大，健康成长。① 这些宗教色彩浓厚的仪礼，对于新北京人而言基本演进为“照百天照”。父母们不但自己给孩子在家中照，还专门到照相馆照，条件允许的则将专业照相师请到家里来照，并做成形制多样的精美相册或视频。

在生养孩子的整个过程中，AMY 基本都是自己操持所有的事情。对于生养孩子，她更多地是从手机 APP“柚宝宝孕育”里学习知识，以及从网上的妈妈交流群中学习相关知识。换言之，她更相信基于医学的专门知识，长辈的经验不再重要。在百日给孩子穿新旧衣服的问题上，她就与公婆起了冲突。她认为可以象征性地做个“百家衣”外套给孩子穿一下，却无法接受所有的衣服都要穿旧的。她说：“我有能力买为什么要穿旧的，特别是贴身的衣物？”

为了孩子有好的体形，帅气或者漂亮，新北京人在给婴儿绑腿与睡头型方面则表现各异。显然，审美观念的不同，就会导致不同的实践。BL 的母亲虽然瞒着 BL 给祖先烧香报喜，但却没有给外孙绑腿、睡头型。SZ 基本听从照顾自己坐月子的母亲的意见，沿用山西的旧俗，将一本书放在孩子的枕头下面，让孩子枕一枕，从而希望孩子将来爱看书，爱学习。虽然默许母亲求子许愿还愿，也“收惊”“挪骚窝”等等，但在绑腿和睡头型方面，HY 并不认同母亲，认为并不科学，未遵从旧俗。NH 则因此事与婆婆、母亲都发生了冲突。

总之，新北京人的生育习俗主要受制于医学的专业知识和他们自己认为正确的生育观。在产妇和婴儿离开医院之前，医生起着决定性作用。因为受访者常年在外读书，对于家乡的生育习俗知晓得并不多，通常是在有了孩子后，部分受访者才在长辈的具体实践中心领神会，选择性地为己所用。这样，作为生育的传统型权威，长辈的有效参与度反而并不高。这也与常年生活在祖居地的长辈自认为不懂年轻

① 王纯厚：《北平儿童生活礼俗》，燕京大学学士学位论文，1940 年。

人、城里人，尤其是北京的生活，因而主动退让密切相关。[①] 在生养孩子这个层面上，父权让位子权、母权让位女权的整体语境下，受女权主义的影响，即使不能说夫权让位于妻权，妻权与夫权已经真正地分庭抗礼，高学历且自主的产妇扮演了尤为重要的关键性角色，有着话语权和决断权。

当下，在鄂西清江中游土家族的诞生仪礼——"打喜"虽然有着时代的色彩，但以神圣和神秘为核心的传统色彩依旧厚重。[②] 与此不同，新北京人生育习俗的地域差异、乡土性并不明显，反而呈现出生育信息的档案化、科学生育、孕产妇主导、立体化庆祝和纪念婴幼儿健康成长，从而神圣与神秘性递减等共性。当然，虽然生养习俗的外在表现形式有很多不同，但趋利避害求吉，希望胎儿、婴儿健康成长的护犊心理则与长辈并无本质的不同。

四、"生不生?"与"生？不生!"

如果说民国时期大多数产妇蹲着分娩是那个年代北京的另一种身姿、体态，那么同期婚仪中一定指向"生(子)"的"生不生"高声问询则从音声的角度表征着那个年代的北京。

根据佟文俊先生的口述，1917 年 10 月 23 日是满族人傅为基和蔡淑琴的婚礼。新郎傅为基曾官费留学日本，而新娘蔡淑琴并未曾上过学。婚庆当天，在合襟礼之后：

二人皆向喜神坐定。厨房将新娘家中所带来的子孙饽饽煮好端来。此后，送亲太太即说"请姑爷先用"，然后又对新娘说"你也用些"。新夫妇二人遵嘱后，各人只咬一点，并不真吃。窗外新郎之侄大声问：

---

① 岳永逸：《忧郁的民俗学》，杭州：浙江大学出版社，2014 年，第 112 页。

② 张远满：《土家族诞生仪式的研究：基于清江中游土家族地区的"打喜"分析》，中央民族大学硕士学位论文，2011 年。

“生不生?”一连问三次,娶亲太太在房内答曰:“生!”即表明生子之意。其实,那子孙饽饽也真是煮得半生不熟,叫人没法吃。[①]

在传统的婚礼中,饺子称为子孙饽饽,喻指生子。到1938年,北平城汉人旧式家庭的婚仪中吃子孙饽饽的场景与上述场景并无差别。[②] 在京西门头沟斋堂川一带,婚仪中直接问新娘“生不生”,并且答案一定指向“生”的习俗一直延续到20世纪80年代。只不过因应特定的历史人文,新娘要象征性吃的是盐分很大的“缘分饼”。[③]

从上述引文可知,传统的生子虽然是经由夫妻双方的生理行为实现的,但实则是纲常伦理簇拥着的群体精神性行为。因此,以新郎新娘为核心,婆家、夫家、送亲太太、娶亲太太、厨师、小孩等各色人等纷纷参与其中。反之,对于新北京人而言,虽然夫妻双方家庭对子嗣渴望、呵护照顾的柔性控制依旧存在,然而肃穆的且一定指向肯定性回答的“生不生”象征性的仪式化音声已经消失。而且,在服从制度性生育的前提下,“生不生”这一设问在个体的生育实践层面已演变为整体上由新婚妻子主导的自问自答,而且还可能是否定性的回答,即:“生?不生!”

换言之,对于新北京人而言,生不生、何时生,怎么生,妻子都有着充分的选择自由与自主权。清末以来传扬的女性独立、自主、自由,毛泽东时代的“妇女能顶半边天”的宣扬和“铁姑娘”的打造,[④]改革开放后因配合计划生育国策而宣传多年的“生男生女都一样”,尤其是女权主义、女性主义的传播等,都深深地影响到新北京人的女性观,和女性自己“我的身体我做主”观念的形成。与本文描述的这些已婚并生育

---

① 周恩慈:《北平婚姻礼俗》,燕京大学学士学位论文,1940年。

② 周恩慈:《北平婚姻礼俗》,燕京大学学士学位论文,1940年。

③ 刘铁梁:《中国民俗文化志·北京·门头沟区卷》,北京:中央编译出版社,2006年,第290—291页。

④ 金一虹:《“铁姑娘”再思考——中国文化大革命期间的社会性别与劳动》,《社会学研究》2006年第1期。

的女性一样，日渐增多的独身主义者、婚后不愿生育的丁克一族都强有力地冲击着中国传衍千年的香火观念和重男轻女的宗法伦理。在一定程度上，从新北京人生育观念与行为而言，原本乡土性浓厚的北京已经实现了所谓的现代性。

当然，在这个科技和传媒主导的社会，还有更多因素影响新北京人的生育观以及生育行为，诸如堕胎技术的发展，随处可见且营养配方多样的奶粉，经验丰富也高价的月嫂，以及月子会所，等等。随着医学科技与摄影术的高速发展，要借助于群体化仪式性呐喊而实现的生命的神秘与神圣性，也被冰冷的医疗仪器和高清的镜头消解，成为可观看的受精卵细胞按部就班的裂变过程。奶粉的出现与随处可得，强有力地挑战着千百年来祖辈视为天经地义的母乳喂养。顺应当代都市生活节奏、消费心理并裹挟媒介霸权而出现的专职月嫂、月子会所，在调节着代际冲突的同时，也强有力地挑战着长辈等伺候月子的传统型权威。当然，精心打造的职业化月嫂，如有儿科护士背景的月嫂，在传递现代育儿理念的同时，也在一定意义激活些许传统，诸如结合中国传统的养生观、按摩法等来照顾产妇与婴儿，等等。事实上，在并未改变的中国父母望子成龙、望女成凤的群体心性下，因为对科学的迷信，权威的产科医生、高价的职业化月嫂和孕育孩子而功成名就的母亲都正健步走上神坛，大有成为新的神异型权威的势头。

五、回归日常

文化的传承有前喻、并喻与后喻三种形态。① 就本文浅描的新北京人的生育而言，这三种形态显然是共存的，并可能在同一个案例中叠合出现：既有母女链条的纵向传承，也有依赖现代信息传媒的同代

① 玛格丽特·米德：《文化与承诺——一项有关代沟问题的研究》，周晓虹、周怡译，石家庄：河北人民出版社，1987年。

人之间的相互学习，还有子女将自己从医生、同辈以及书本上学来的“科学”的生育理念、知识反哺给长辈。不仅生育习俗如此，成人礼、红白喜事这些人生仪礼在当代中国都是这样一种动态的赛局。无论称之为都市民俗学抑或现代民俗学，关注当下、日常生活的民俗学正是要再现这种处于过程中的动态的赛局。从前文的梳理可知，这实则是中国民俗学的优良传统。本文正是继承了七八十年前前辈开创的这一优良传统。

在一定意义上，从“庙会”和“庙市”两个语词之间的更迭，可以看出在科学、进步、发展、革命名义下对“乡土宗教”[①]整体性背离、遗弃后，北京城从一个神圣的大农村向物化的国际性大都市的演进历程。[②] 这实则是近两百年来，在救亡图存的革命语境和现代民族国家建设的创新语境中，整个中国世俗化、现代化的一个缩影。千百年来，绝大多数中国人践行的人生仪礼是缘自对生命的敬畏。以“敬老护幼”为目的，与神灵紧密相关的群体性的趋吉避邪祝福等就是其表现形式。

虽然还是按照基督教等制度性宗教为参照物来定义他所谓的“民俗宗教”，但宫家准将人生仪礼与年中行事（即岁时节庆）一样，纳入其民俗宗教的研究范畴显然是深刻而富有洞见的。[③] 如果说王纯厚基于局内观察法所浓描的70多年前的北京生育礼俗是宗教性的，神圣而神秘，是乡土宗教的一个部分与侧面，那么当下新北京人的生育习俗则基本是在“科学”名义下的理性抉择。新北京人群体性主动抛离的正好是旧有生育礼俗中因不确定性而不得不面临生死的神圣的一

---

① 岳永逸：《行好：乡土的逻辑与庙会》，杭州：浙江大学出版社，2014年，第49—53、83—106、166—171、307—316页。

② Yue Yongyi. The Alienation of Spiritual Existence: Temple Festivals and Temple Fairs in Old Bejing. *Cam-bridge Journal of China Studies*, 2016, (1).

③ 宫家准：《日本的民俗宗教》，赵仲明译，南京：南京大学出版社，2008年，第1—16页。

面。因此，从新北京人生育习俗的动态赛局，我们同样能一窥北京城以及近现代中国整体上去神化——渐渐远离乡土宗教与文化——而世俗化、理性化的历程。

洋务运动、戊戌变法、辛亥革命、土地革命、“文化大革命”以及改革开放线性地标示着精英阶层操控和引导的宏大历史，其实有着内在的连续性、稳定性和一致性。① 在不同时代精英的启蒙、呼召、感染、教化甚或强制下，民众自觉的日常生活的革命，即周星所言的“生活革命”，事实上是改革开放后近 40 年才真真切切地在民众主动追寻下，自觉不自觉地完成的，虽然其中有着阵痛、起伏，有着巨大的时间差、地域差和群体差。新北京人生育习俗的动态赛局正好从最细微之处揭示了“日常生活革命”的主动性、自觉性与群体性。

悖谬的是，背离乡土与传统礼俗的日常生活革命的大致完成，却是主流意识形态要弘扬国学与传统文化的起点。当民众已经在百余年的鼓吹和教化诱导中实现自我更新而以巨大的热情和能量拥抱以“西方”为标杆的都市及其生活方式时，要以敬拜天地且混沌一体的农耕文明为核心的传统文化再次卷土重来似乎多少有了“不可为而为之”的莽撞，对“乡愁”的审美化招魂、鼓吹、经营与消费，也就有了痴人说梦的悲喜剧色彩和荒诞感。

作为一种认知范式的都市民俗学，即关注现代性的新的中国民俗学，也非仅仅以都市为研究对象的民俗学，正是要从人们的日常生活中来观察、描述、探析这些动态历程的复杂性、多样性，不确定性或可能性。

---

① 金观涛，刘青峰：《开放中的变迁——再论中国社会超稳定结构》，香港：中文大学出版社，1993 年。

城市日常生活实践的自愈与回归

——民俗传承变迁路径的第四种解释

鞠　熙*

一、问题的提出："新民俗"真的全新吗？

传承与变迁，是居于中国现代民俗学学术话语体系中心位置的一对概念，民俗学者一方面强调"传承"或"传承性"是民俗研究的核心问题，同时也相信，民俗始终处于不断的变动之中，因此不能对变迁问题视而不见。在当代中国民俗学者所亲身经验的时间框架中，尤其是近40年间，中国社会所发生的巨大变化使得学者们必须要对当代民俗的传承变迁路径作出解释：近40年来中国民俗文化究竟发生了怎样的变化？与过去相比，民俗事象与民间社会是延续性更强，还是变化更多？仅就本文作者所了解的情况而言，民俗学者们大致提出了三种解释：其一，民俗形式大体保留，但内在机制已发生巨大变化；其二，民俗外在形式的改变只是次要的，内在精神与动机始终传承不绝；其三，日常生活方式在整体上发生革命性变化，"新民俗"大量涌现。这三种解释看似观点相左，但实际处于同一分析框架内：都将民俗分为内在精神与外在形式两个层面，在同类民俗事象的历时过程中讨论其变与

---

* 鞠熙，女，北京师范大学社会学院副教授。本文原发表于《北京师范大学学报（社会科学版）》2018年第4期。

不变，过去从未出现过的民俗事象被视为“新民俗”，它们是社会变革的表象与标志。但问题在于：这些“新民俗”真的是基因突变一样的全新产物吗？如果某一民俗事象在过去从未出现过，它的实践者也视其为全新创造，但在结构分析的并置框架中，却发现其内在机制是历史中的常态，我们应该将它理解为民俗的变迁、复活还是革命？本文认为，对这类现象，已有的三种解释均不够有说服力，有必要提出民俗传承变迁路径的第四种解释。即：两种看似风马牛不相及的民俗，内在却有结构上的一致性，这是日常生活实践的自愈与回归。这一新解释的提出，首先是从对现代城市商业行为的调查与研究开始的。

（一）DT 时代的“优质资产孵化器”

2016 年 8 月，我与北师大民俗学专业研究生在北京东郊高碑店村调查时，了解到这样一件事：几年前，高碑店村的 H 公司（餐饮娱乐业）经营不善，房产被转给某家资产管理公司（以下简称 Z 集团）。Z 集团保留了 H 公司的招牌，但完全改变了其经营路线。用 Z 集团董事长的话来说，他们把 H 公司改造成了“优质资产孵化器”——H 园区，其盈利模式大致是这样的：

在资产方面，Z 集团本身并不投入大量资金资本，而始终强调自己是“轻资产公司”。它真正的资本是社会关系网络，通过经营写字楼租赁业务打下的基础，Z 集团与政府、银行、电信等都有“交道”和“人脉”，这种关系是该公司的核心竞争力。

在客户目标方面，Z 集团瞄准的是小型优质资产公司，尤其是优质创业公司。它依靠自己的社会关系网，帮助创业公司吸引投资贷款、办理各类政府手续或申请优惠政策，帮助创业公司吸纳人才、组建创业团队、寻找合作伙伴，乃至以 H 园区的身份购买廉价服务（物业、电信、网络、交通）等，以吸引具有良好发展前景的创业公司入驻。如果对方的确有较大的发展潜力，在入驻初期，Z 集团甚至不收取房租、水电等费用。

在盈利模式方面，Z 集团放弃房租，而主要靠股权收入。对于入驻与加盟公司，Z 集团在提供服务的同时，也要求获得它们的原始股权。在其帮助下，创业公司解决了资金、政策、后勤等方面的问题，能获得比较充分的发展，它们盈利的同时，Z 集团自然也从中受益。而反过来，由于 Z 集团掌握了一大批这类优质公司的资源，它也就能提供更好的社会关系网服务，政府和银行对它所引荐的公司自然也更为放心，其核心竞争力——“社会关系网络”能同时得到巩固和发展。在 Z 集团赚得盆满钵满的同时，以它为中心组织起来的社会网络上的各个节点公司也能获益。

对于这种经营方式，Z 集团的董事长把它解释为互联网时代出现的新模式，即马云所提出的“DT”模式。2015 年中国 IT 领袖峰会上，马云提出了互联网正在从 IT 走向 DT 时代，其区别是：I 我为中心，DT 以别人为中心。DT 时代的基本特征是“大平台 + 小前端”的企业组织协作方式，提倡以个性化、多样化需求为前提的商业模式，并以利他主义和开放、分享等价值观为准则。Z 集团董事长认为，DT 模式的优势主要在于用户的粘合度。产业园区到处都是，如何能让一家优质创业公司留下？除了提供通勤班车、优质物业等基本设施之外，设置公共空间是最重要的措施。高碑店村餐馆不多，Z 集团专门开辟了千人食堂，这里也可以作为会堂，供园区内的大型节日集会用。园区内有开放的会议室、会所、娱乐设施，定期举行各种活动，包括但不限于相亲、讲座、联谊等。也正是这一点，使得 Z 集团的经营模式与 IT 模式有了本质不同，H 园区也更像一个“社区”而不仅是“产业园区”。

（二）DT 模式与旧日会馆

从经典民俗学的事象眼光来看，这样的新兴产业与传统民俗并没有什么关系，依托于互联网时代而产生发展的经济方式，怎能是传统民俗的延伸发展？但如果对城市民俗有一定了解的话，很快就能发现，这一被誉为互联网时代的“革命”性模式，其实在北京历史上早就存在过。曾在北京南城范围内林立的会馆，就是这样的“优质资产孵化器”。

以往民俗学界对会馆的研究集中于行会经济制度等问题，也关注因会馆而兴盛的戏剧表演、节日活动，但实际上，这些民俗活动或民俗事象之所以能在会馆发展和兴旺，其根本原因在于会馆的“生存之道”，即其日常经营方式。会馆的基本功能是为同乡或同业者提供便利，许多清代文人笔下都记录了他们在会馆中的活动。结合清代文人日记记载及其他一些文献来看，北京会馆的日常经营方式与Z集团这类“资产管理公司”极为相似，表现在以下三个方面：

首先，会馆提供住宿，但本质上不是旅馆。它的核心竞争力不是资产，而是社会关系网络。会馆之所以能够存在，根本原因在于为初来北京的地方人士提供必要的社会支持，包括住处、资金、医疗、仕途人脉、居家服务等，以便于同乡能在北京落脚生存。而一旦这些举子通过了科举考试，成功在北京获得一官半职后长期居住，因为曾经得益于会馆的支持，他们有责任也有义务继续服务于这一社会关系网络的发展壮大。例如，清末举子恽毓鼎来京之初住在会馆，在北京定居后又长期负责湖广会馆、武阳会馆的事务，也因此与粤东馆、江苏会馆等其他会馆多有交道。光绪二十二年(1896)年底湖广会馆团拜，恽毓鼎负责提调戏局，亲自参与并维持这一公共空间的发展，至深夜两点钟方才戏散，虽“归寓鸡鸣，疲乏已极”，但他却视为理所应该①。此后年年湖广会馆团拜，恽毓鼎都于中出力甚多，并四处联络同乡、邀请名流共襄酬事。光绪二十三年(1897)武阳馆新修，从购房、改建到监督，

① 恽毓鼎：《恽毓鼎澄斋日记》，史晓风整理，杭州：浙江古籍出版社，2004年，第81—82页。

恽毓鼎都是主要参与者[①]。

其次，会馆与其服务对象之间是共赢的关系，而不是收益转移的关系。房租在会馆收入中并不是主流，它的主要收入来自于各类捐赠，包括集资捐赠、股权捐赠、定额捐赠、定期捐赠等各种不同形式。集资捐赠一般用于会馆营建和重大活动。例如赵吉士将自己的寄园捐作全浙会馆[②]。李鸿章首倡，集同乡捐资二万八千余两建成安徽会馆[③]。而股权捐赠则是将捐赠的财物以会馆的名义投资产业，并由此产生固定收入，以用于会馆日常运营。定额捐赠带有“尽义务”的性质，表现出会馆成员之间的高度组织化。例如，乾隆初年，歙县会馆规定，凡中甲科与顺天乡试者，均要为会馆输资，捐资数额视官职大小而定[④]。总的来说，会馆的经营状况极大地依赖于服务对象的收入水平，只有住会馆的人仕途顺利、生意兴隆，会馆才能得到长期和足够的资金来源。因此，作为经营主体的会馆，与客户（同乡或同行）之间是利益共同体，一荣俱荣、一损俱损。这与单纯的通过房租将资金从顾客钱包里转移到自己手中，有着重大区别。

再次，会馆要维持自己的核心竞争力——社会关系网络，除了提供必需服务之外，最重要的手段就是组织进行各类民俗活动。从《恽毓鼎澄斋日记》看，这类在会馆公共空间举行的民俗活动非常多，而其核心目的都是为了增强用户的粘合度。例如，每到年节，常州会馆、江苏会馆、湖广会馆等都会举行团拜会，设宴演戏，共庆佳期；每到会试下场之期，各会馆会组织“接场”、拜魁星等活动，为同乡学子祈福送考。其中一些也成为北京城市民俗的代表性项目。《北平风俗类征》

---

① 恽毓鼎：《恽毓鼎澄斋日记》，史晓风整理，第114—115页。

② 戴璐：《藤阴杂记》，北京：北京古籍出版社，1982年，第66—67页。

③ 清同治十一年（1872）《新建安徽会馆记》，收入北京市档案馆编：《北京会馆档案史料》，北京：北京出版社，1997年，第1332页。

④ 乾隆六年《会馆公议条规》，参见寺田隆信：《关于北京歙县会馆》，《中国社会经济史研究》1991年第1期，第28—38页。

引《京尘杂录》中记载："宣武门外大街南行近菜市口有财神会馆，少东铁门有文昌会馆，皆为宴集之所，西城命酒征歌者，多在此，皆戏园也。"①《话梦集》中也提到："榕荫堂者，吾闽之福州新馆也。后经重修，同乡觞咏之集益盛。"作者何刚德在北京住了 19 年，"历时既久，晋接尤繁"②。正是通过这些活动，会馆才在真正意义上成为在京同乡共同认同的对象，社会关系网络才具有持久的凝聚力和有效性。会馆大量举办节庆仪式，饮宴、戏台、茶叙等活动也逐渐有了很大名气，关注民俗表象的学者因而非常重视这类活动本身。但实际上，无论是宴会还是戏剧表演，一个重要目的都是为了维系会馆的核心经营资产——社会关系网，而不仅仅是表演、娱乐或社会戏剧本身。这与 Z 集团专门开辟公共活动场所，定期举行各类联谊或集体活动，在本质上是一样的。

从以上三点来看，现代化的"资产管理公司"Z 集团在经营理念上与会馆并没有本质差别，它们都以社会关系网络为核心资源，都以促进客户成长为自己的盈利模式，也都通过构建集体活动的公共空间、组织开展民俗活动来培育和维系自己的核心竞争力。可以说，DT 模式并不是互联网时代才产生的新生事物，而是早就在中国古代城市社会中出现并兴盛的"传统"模式。那么，这种路径到底是一种新时代的"生活革命"，还是"传统复兴"或"民俗适应"？在对这类现象作出解释之前，我们有必要回顾民俗学界已有的三种解释民俗传承变迁的理论。

二、解释民俗传承变迁的三种理论及其逻辑框架

如前所说，在本文作者了解的范围内，学者们解释民俗传承变

① 李家瑞：《北平风俗类征》，北京：北京出版社，2010 年，第 481 页。
② 何刚德：《话梦集》，北京：北京古籍出版社，1995 年，第 39 页。

迁的路径主要有适应论、复兴/延续论，以及革命论三种理论。其大致内容如下：

(一) 适应论：旧瓶装新酒

这种解释框架的核心观点是：民俗作为主要诞生于过去时代的文化事象，它的形式可以成为一种资源，在现代社会中加以利用和改造，虽然其文化表象大体维持原貌，但旧有的民俗理念、内在精神与思维基础已经改变了。例如，在节日民俗研究方面，黄涛认为，清明节中传统的扫墓习俗还在延续，但人们不再整修坟墓，灵魂崇拜的精神内核已经消失①。康丽发现，现代京郊村落的高跷表演被直接赋予商业色彩，“节日庆典的盛装表演则变成宴请四方来客时的文化大餐——不再执着于对传统技艺的追求”。高跷走会“耗财买脸”的神圣意味淡漠，取而代之的是表演所发挥的品牌效用②。宗教仪式中也有同样的现象，耿羽研究了福建侯村的祭祖活动后指出，虽然祭祖活动的形式还在，但祭祖变得越来越个人化，“人们对于整体家族的崇拜和认同感减少，祭祖逐步成为了个人对于两三代近祖的情感性表达”，“当家族绵延这个传统的本体性价值瓦解时，人们的行为逻辑必定以个人为指向”③。民间艺术方面，以山西丁家村家戏为例，学者指出，丁家村家戏的复兴只是偶然现象，且只是形式上的复兴，民俗文化原有的空间已经被抽离，成为只换了生存场域的商品符号，“作为当下消费时代的文化符号，承载了过多的权力政治与资本的利益追求，已经失去了民

① 黄涛：《清明节的源流、内涵及其在现代社会的变迁与功能》，《民间文化论坛》2004年第5期。

② 康丽：《从传统到传统化实践——对北京现代化村落中民俗文化存续现状的思考》，《民俗研究》2009年第2期。

③ 耿羽：《祭祖习俗的变迁：从“崇拜”到“纪念”——基于福建侯村的考察》，《民间文化论坛》2011年第5期。

俗文化的生活真实"[①]。这类研究者相信，在当下，"传统"的文化形式被作为一种资源，用于进行"传统化"实践。这是为了适应现代社会的需要，根据当下时代特征所作出的能动性调整，其精神内核与过去相比已经大相径庭。总之，民俗的形式——"瓶"虽然大体相似，但里面装的"酒"却已经是全新的了。

（二）复兴/延续论：不变应万变

近些年来，中国民俗的复兴成为热门话题，许多研究者注意到，中华人民共和国成立以后，包括民间信仰、宗教实践、私有经济在内的很多社会与文化现象在很长一段时间内被迫消失，但"忽如一夜春风来"，政策一旦出现松动它们立刻重新回到民俗生活之中。例如，在组织民俗领域，钱杭研究了当代汉人宗族的修复过程，认为宗族的自我创新机制使其具有强大的生命力，并可以与现代化要求相适应。宗族的根扎在汉人心中，是汉人为满足对自身历史感、归属感需求的体现，因此必然会复兴与持续[②]。郭于华也相信，虽然传统的亲缘关系在近代以来的社会变革中经历了来自外部的冲击力量和自身变异，但改革开放以后，对先赋关系的依赖再度增强，作为文化传统的亲缘关系网络因此经历了持续、消歇和复归的历史过程[③]。传统节日也在近年来经历了复兴的过程，高丙中指出：当代中国民俗在特殊的历史政治背景下遭受一次次的洗礼，但它对于构建文化自觉与社会再生产有重要价值，因此不仅自身在悄然复兴，国家权力也应该主动支持其复兴[④]。萧放更具体地表述了传统节日复兴重建的三种方式，包括："一度在现

---

① 王志清：《从传统到当下：民俗学视角下的丁村家戏的传承与变迁》，《民间文化论坛》2006 年第 6 期。

② 钱杭：《现代化与汉人宗族问题》，《上海社会科学院学术季刊》1993 年第 3 期。

③ 郭于华：《农村现代化过程中的传统亲缘关系》，《民俗研究》1994 年第 6 期。

④ 高丙中：《对节日民俗复兴的文化自觉与社会再生产》，《江西社会科学》2006 年第 2 期。

实中消失只存留于文本记载或人们记忆中的某些传统节日得到重生的机缘”；“有些在传统社会已经趋于衰变的节日也因为新的时代的激发，再次获得服务社会的现实功能”；“有些传统节日还回到日常生活的中心”①。乡土宗教的复兴也是民俗学者们聚焦的话题之一，正是在这一领域的讨论中，学者们开始质疑“复兴”这一概念是否恰当，并倾向于认为，与其说乡土宗教是“死灰复燃”，不如说它是“浮出水面”。高丙中在思考当代财神信仰的复兴时提出：“这场文化复兴是起自财神信仰的文化断裂，还是起自财神信仰的文化低潮？也就是说，财神信仰在意识形态挂帅的革命年代是（基本）被消灭了，还是仍然保持住（基本的）生命力，只是文化表现形式的能见度很低？”②作者更倾向于相信，即使在政治高压时代，财神信仰本身还顽强存在，只是公开性与正当性空前低落。长期致力于乡土宗教研究的岳永逸也同意这一观念，他指出，中国宗教的“复兴”或“短缺”实际上是假命题：既未离开，何来复归？庙宇一直在拆毁中重修，人们一直都在或大或小、或公开或隐蔽地过会。民俗形式的“复兴”只是次要问题，民俗内在精神一直绵延不绝③。更突出的表现是庙会活动。在庙会中，民俗承担者的文化逻辑没有变、烧香行好的内在动机没有变，这使得民俗与国家权力或时代洪流之间的或龃龉或调适，都不过是历史的一再上演，这种表面的“适应”或“革命”，本身就是民俗机制的一部分，就是民俗的延续。对这些学者而言，民俗在特殊政治环境下转入地下暗河，环境改变后重新得见天日，这不是简单的“复兴”，而是民俗内在精神或机制的自身延续。

---

① 萧放、张勃：《中国民俗学会与国家文化建设——以传统节日的复兴重建为例》，《民间文化论坛》2015 年第 1 期。

② 高丙中：《当代财神信仰复兴的文化理解》，《思想战线》2016 年第 6 期。

③ 岳永逸：《教育、文化与福利：从庙产兴学到兴老》，《民俗研究》2015 年第 4 期。

（三）革命论：日月换新天

与适应论或延续论都不同，一些研究当下日常生活的学者认为，即使某些民俗似乎是传统的延续，但社会环境的变化，导致日常生活方式在整体上产生了巨大变化，这种变化是革命性的，周星将其称为"生活革命"，亦即"现代都市型生活方式"在中国大面积的确立与普及①。例如，当下中国的成人礼不具备传承文化的功能，明显具有意识形态教育的属性，并主要由学校教育体系来承担，这已与乡土成人礼俗或冠笄之礼截然不同，不能认为它是这两种传统成人礼的延续、变异或复兴，而应该被视为第三种独立类型②。总的来说，随着经济高速增长、都市化进程与社会结构的巨变，普通国民以衣、食、住、用、行等为核心的日常生活方式持续地处于变迁和重构状态，新的现代社会的"日常"也在不断地得以形塑和刷新③。许多学者支持这一观点，例如邓苗发现，随着社会发展程度的变化，当代北京饮食文化已经发生巨大变革，尤其是人口流动方式的改变，使得日常饮食民俗已发生翻天覆地的变化④。徐赣丽相信，在当代中国，传统文化的生态环境已经不存，民俗文化的传承母体遭受严重损坏，民俗内容产生了巨大变化。所谓的民俗复兴，不是民俗自然延续的过程，而是民俗主义的加工⑤。例如，在旅游场域和公共政治场域交叉作用下，民间文化被资源化和遗产化，在这一过程中民俗被重新编制，但它已经不再是当地人的日常生活，民俗已经不再是原来的那个民俗⑥。

① 周星：《生活革命、乡愁与中国民俗学》，《民间文化论坛》2017 年第 2 期。

② 周星：《"现代成人礼"在中国》，《民间文化论坛》2016 年第 1 期。

③ 周星：《"生活革命"与中国民俗学的方向》，《民俗研究》2017 年第 1 期。

④ 邓苗：《当代北京饮食文化的传承与发展》，《民间文化论坛》2016 年第 2 期。

⑤ 徐赣丽：《当代民俗传承途径的变迁及相关问题》，《民俗研究》2015 年第 3 期。

⑥ 徐赣丽、黄洁：《资源化与遗产化：当代民间文化的变迁趋势》，《民俗研究》2013 年第 5 期。

(四) 三种理论的逻辑框架与方法论

用上述三种理论来解释从会馆民俗到DT模式的路径,都有不适应之处。将这一路径解释为“传统复兴”是不恰当的,因为对于今天的当事人而言,DT模式是互联网时代的产物,他们自己并不知道这种“传统”的存在,何谈民俗延续或有意“复兴”?但是将其理解为“生活革命”似乎也不妥当。的确,在新中国成立以后我们没有看到这种经济模式,但当把眼光投向更早的历史中时,又会发现这种“革命”只不过是过去城市生活方式的回归。DT模式与会馆模式,看似两种风马牛不相及的民俗,但其内在却有极为相似的一致性。至于“适应论”则更不能说明问题,因为DT模式与会馆相一致的恰恰是内在机理,至于外在形式则几乎泾渭分明。事实上,这三种理论都无法解释“新民俗”与“传统”之间的内在一致,根本原因在于,它们虽然在具体提法上看似互相冲突,但其内在逻辑框架却是相同的,而正是这一框架本身存在视野盲区。

总的来说,上述三种理论都以同一民俗事象为基准,讨论它在时代演进过程中的传承变化。并且都将民俗事象分为内在精神与外在形式两个层面,分别放置在变与不变的坐标轴上进行分析。所谓内在精神,一般是指民俗的传承机制、心理动机与精神内涵。而所谓外在形式,一般是指仪式过程、物质产品或表演方式等。民俗事象始终是同一个,只是它的外在、内在随时间推进呈现不同状态。革命论相信,近40年来,某种民俗事象从内在到外在都在发生变异。适应论认为,某种民俗事象的外在形式虽然还在持续,还大体保持传统的形态,但实际上内在精神已经发生了很大变化,是现代社会的产物而非传统社会的旧有品格。但复兴论或延续论则提出,某种民俗事象的复兴主要来自于民俗精神的延续,虽然其外在形式有或多或少的变化,但这本来就是民俗传承机制的题中应有之义。总之,民俗学者在解释民俗变迁时,都从内在—外在、持续—变异这两个维度上,构建自己的理论框架。这三种解释因此可以用下图来表示：

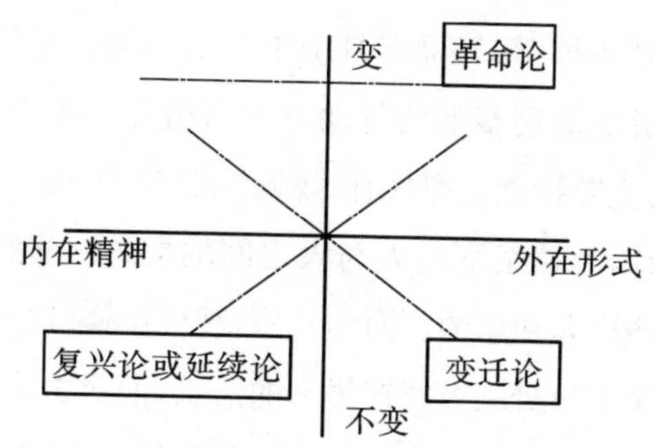

图 1　现有三种关于民俗变迁的解释理论示意图

另外，本文还想特别指出，上述三种理论在逻辑框架上一致，但彼此观点不同，这主要有两方面的原因。一方面，是研究对象的多样性所造成的。针对不同民俗事象，会得出不同结论，没有某一种解释完全适用于所有情况。但另一方面，也可能是由于某些学者研究方法上的不严谨。例如，在研究祭祖习俗的变迁时，一些学者从日常生活的角度，经验性地观察并记录了当代祭祖实践，同时为了说明祭祖仪式的变迁路径，又将现代观察事实与古代文献记载情况相比较。但问题是，作为参照物用于比较的古代祭祖民俗，主要来自于《论语》《礼记》或《朱子家礼》这一类儒家经典对祭祀仪式的记载，而正如我们所知道的，与其说这些经典文献所记录的是当时民俗实践的真实情况，毋宁说是作者本人的礼制理想，其内容是否真的曾在民众生活中作为日常民俗实践而存在过，是相当存疑的。将理想的描述与对实际生活的观察放在一起比较，极有可能会将“理想”与“现实”的差距误认为是民俗变迁带来的差异。这是在讨论民俗内在精神是否发生变迁时，学者们常犯的一个错误。为了避免同样的错误，本文在将 H 园区与旧日会馆做比较时，特别注意使用记录日常生活经验的资料，包括文人笔记、日记以及碑文和档案这几类。例如，本文重点使用的《恽毓鼎澄斋日记》，作者几乎完全以流水账的方式记载了自己从清光绪八年(1882)到民国六年(1917)之间的日常活动。而且与其他一些日记中常见的美化、剖白、辩解不同，恽毓鼎在日记中大量记录的是行为本身，这使得我们可以更清楚地观察他的行动方式与语境。碑文与档案是更社会化的资料，其主要特点是都具有"规则"或"契约"性：碑文类似于人与神之间的契约，而档案则是人与人之间的契约。显然，这类资料也是明显指向实践而非理念的。两相对照，现代民俗(H 园区)主要来自于社会科学范畴下田野调查所搜集到的信息，而对古代民俗(会馆)的把握则来自于个体或群体对自己生活经验与行为方式的书写，两种内容都属于日常生活实践的范畴，与《论语》《礼记》这种意识形态化的文献有很大不同。因此，这两种资料可以互相比较，并且通过比较，我们能发现日常生活实践范畴内的变迁，而不再是理想与现实的差距。

三、第四种解释：自愈论——万紫千红总是春

正如图 1 所反映出来的，以往关于民俗传承变迁路径的理论都依照两条坐标轴前进——属性轴(民俗的内在和外在)与历时轴(变与不变)。它们都选择描述同一属性的民俗事象，而其变迁也倾向于被描述为连续性的过程：就同一种民俗而言，变与不变可以交错，但总是前后相连。因此总体上都是历史研究式的解释。但除此之外，要理解"变与不变"，离开具体时间的结构分析也同样可行。正如法国人类学家菲利普·德斯克拉(Philippe Descolat)在述及列维·斯特劳斯(Claude Lévi-Strauss)结构主义时所指出的，结构主义最常让人误解的地方是人们认为它在寻找文化的相似性，但实际上它是将差异性放在共时的层面上，以理解差异的内在秩序①。对民俗变迁的解释也可

① Philippe Descolat, La com position des mondes: Entretiens avec Pierre Charbonnier, *F lammarion*, 2014, p69.

以遵循这一思路：在古今不同时空的日常生活实践中，将似乎并无直接联系的两种民俗放在同一平面，透过差异发现秩序。由于“秩序”或“一致性”的存在，属性与时间两方面的差异仍然可以理解为民俗传承与变迁的形式，而最终通过对一致性的解读，能发现这种传承变迁的内在机制。与前三种理论相比，本文提出来的第四种解释打破了“事象—时间”的坐标轴，既不在乎比较双方是否是同一种文化事象，也忽略二者之间是否有前后连续的时间顺序。它完全以“文化秩序”或“内在机制”的一致性作为核心原点，因而跳出历史研究的范式，进入结构分析的领域。这两种不同的逻辑框架可以示意如下：

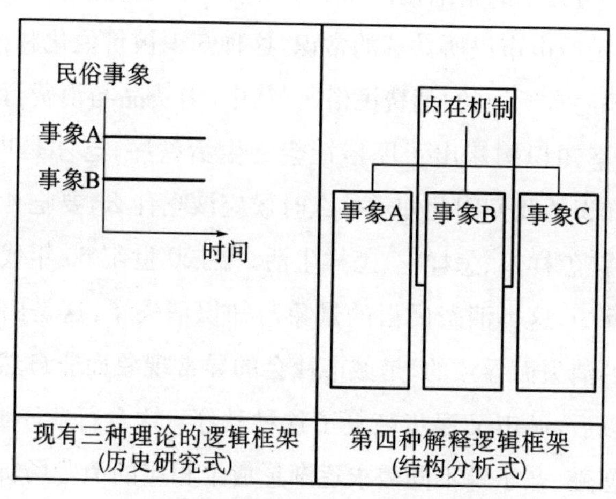

图 2　第四种解释框架与其他三种的比较

本文认为，基于单一民俗事象的属性与其历时性所描绘的民俗变迁路径，不能完全说明几十年来中国民俗变迁的全貌。互联网时代新兴的经济方式，在明清城市民俗中亦有对应物，它们两者之间并无直接继承关系，但结构模式却非常相似，这应该被理解为城市日常生活实践的自愈——中国传统文化的内在逻辑在压力解除后重新开始组织社会。这样的例子并不仅存在于互联网 DT 模式中，在城市生活的衣食住行等各方面都能找到类似现象。

例如，民国以前的北京民俗记录，和中国历史上很多其他时代的城市民俗记录一样，经常会提及“城内名店”。这些名店往往不是大而全的“百货公司”，而是以一种或一类名品而闻名。《帝京岁时纪胜》中记：仙禄居的京城风味北方小炒，玉山馆的苏浙菜品南方羹汤，清平居的冷淘面，太和楼的一窝丝，聚兰斋的松江糖点、桂蕊蒸糕，土地庙里的香酥鹅油饼，中山居的各色外地酒，正源号的极品雨前茶，前门大栅栏同仁堂的朱砂安神丸，新街口公用库胡同口外天德堂的乾元丹①，每家名店都有特定的经营特色，特点非常鲜明，其背后的逻辑是市场的细分与分工的精细化。而从消费者一方来说，到哪里去买什么或吃什么，是城市市民所共享的常识，这种知识被价值化和审美化后，形成了我们通常所说的“消费民俗”。其中，消费品与消费行为只是表象，这类共享知识构建出了民俗社会的生活秩序，这才是内在核心：拥有这种知识的我们因此知道什么时候应该吃什么，要吃什么应该去哪里买，应该怎样买、怎样吃、怎样生活。在20世纪60年代以后的很长一段时间中，这类消费民俗的景象与知识消失了，这是由于“市场”与“消费”的消失而导致的，是城市社会的异常现象而非自然发展。但改革开放以后，城市又逐步恢复了这种秩序：饮食行业不断细分，待客、交往、恋爱、亲子等不同需求逐渐形成了相应的消费场所，新的“城市名牌”开始形成，“大众点评网”等消费工具的出现帮助城市居民建立起了新的关于“吃喝玩乐”的共享知识，新时代的北京居民也开始逐渐形成民俗共识。这并不是“生活革命”，而是城市恢复为消费社会后，民俗自愈机制所作出的自然选择。

正如张举文教授所指出的，自愈机制与传承机制不同，后者是在相对稳定的社会环境中文化传统的自我延续，而文化自愈则是侧重文

① 潘荣陛：《帝京岁时纪胜》，北京：北京古籍出版社，1981年版，第41—42页。

化通过内在生命力度过危机后继续传承发展①。无论是“利他”与“共赢”的经济合作方式在互联网时代的回归，还是消费文化与民俗共识的重新秩序化，这类现象在今天的城市生活中反复出现，并不是某一民俗事象的复兴或延续，而是城市社会运行重新回到历史既有轨道的结果，换句话说，不是“文化自我复兴”，而是“社会转型回归”。同时可以说，DT 模式与大众点评网这类“新民俗”既不是民俗主义式的发明或“传统化”的实践，也不完全是全新的产物，相反，它们的出现是市民社会发展的必然趋势，是城市生活方式的内在规定，是消费社会从政治控制下（部分）解放的民俗标志，是中国城市的传统日常生活方式在改革开放之后的自我回归。将古代城市民俗与互联网时代的生活方式放在一起，表面看来似乎万紫千红、姿态各异。但花开总因春来——“春”，就是中国文化自身的自愈机制，每当春回大地，去年的花又会重开。我们不认得这些花，以为它们与“传统”毫无关系，甚至以为已经换了人间，其实不过是因为乱花迷人眼，民俗学者的眼睛看不过来——是民俗研究本身的不足所造成的。以往我们对城市历史民俗的研究，过于重视对民俗事象之表象的描写，忽略了对生活方式和生活逻辑的理解。而生活在现代社会中的我们，从日常生活中所感受到的恰恰是生活方式与生活逻辑，文化表象对我们而言反而是第二位的。正是这种错位，造成我们在一看之下，认为“传统”与“现代”之间存在巨大差异，而把现代社会所出现的种种现象或问题都归之于“现代性”或“全球化”，这即使不能说是误解，也至少是不全面的。

总之，本文研究的起点是互联网时代北京新出现的“优质资产孵化器”，这类以 DT 模式为原则的“平台提供商”，与明清北京会馆有非常相似的盈利模式、组织结构和核心理念。以往民俗学界解释民俗传

① 参考张举文教授 2017 年 6 月在北京师范大学社会学院系列讲座中的观点。另参见 Zhang, Juwen 2017. Intangible Cultural Heritage and Self-Healing Mechanism in Chinese Culture. *Western Folklore*, 76(2)：197—226。

承变迁的三种理论,都倾向于以历史研究的方法,研究和解释某一种民俗事象随着时间推移而产生的连续性变化,因此无法说明这类“新民俗”符合“旧传统”的现象。本文认为,在历史研究之外选择结构分析的方法,暂时离开具体的历史时间,将看似并无联系的民俗事象并置,恰恰能透过差异发现“秩序”或“一致性”,而这正是民众日常生活实践的固有逻辑所在。用这样的方法解释互联网时代的“新民俗”,本文提出了关于民俗传承变迁路径的第四种解释:即日常生活实践的自愈与回归。民众的日常生活实践自有其内在逻辑,就以北京为代表的城市社会而言,基于高度分工与消费社会的民俗文化,倾向于产生共享、利他的“大平台+小前端”的组织协作方式,也倾向于形成关于“吃喝玩乐”的品牌效应和共享知识,无论是H园区或旧日会馆,抑或文人笔记中的“皇都品汇”或“大众点评网”,都是这一内在机制的外在体现。这不是某种民俗事象的适应、复兴或突然出现,而是民俗自愈机制在压力解除后的自然选择。

现代日本社会的“祭礼”

——以都市民俗学为视角

王晓葵*

导　言

在日语中，祭(maturi)、祭礼，属于相关但是意义不同的概念。祭本来是祭祀神灵和祖先的信仰仪式，人们通过在神社等举行的祭拜和艺能表演等活动，祈求神灵或祖灵保佑全家平安、作物丰收、买卖兴旺。也借此表达对神灵的敬畏和对祖先的敬仰与情感。祭的组织和举行，也常常成为地域共同体或信仰共同体通过现实可感的空间，确认和强化认同的过程。而祭礼的产生是源于祭的仪式化和娱乐化。对此，柳田国男在《日本の祭》(1962)中，有一个简要的说明，他认为，祭主要是人与神灵、祖灵沟通的形式，以信仰和宗教的意义为中心。

而祭礼是祭的一种变化形式，含有艺术表演的成分，以及有观赏者观看。这是祭礼不同于祭的最大之处。从祭到祭礼的变化，是日本祭的文化的一个重要转折。柳田国男从发生的角度探讨了祭到祭礼的发展脉络，他说，日本的祭最重要的一个变化，简而言之就是观赏人群的出现，也就是说参加祭的人中，有些人并无共同的信仰，他们从审

* 王晓葵(1964—)，男，河北省文安县人，学术博士，南方科技大学社会科学高等研究院教授。本文原发表于《文化遗产》2018 年第 6 期。

美的立场出发，来观赏祭的过程。这样一来，都市生活变得丰富多彩，也让孩童的童年记忆变得快乐。但是，这也慢慢侵蚀了以神社为中心的信仰体系，最终导致人们居住在村里，但是只是以观赏的心态去看待祭。这样的观念当然不是近世以来才有的。在明治以前，就已经渗透在村落之中了。村里年景好的时候，农民们总是要把"可看的祭"搞得华美热闹。而这个和他们原来固有的代代传承的感觉，对神灵和祖先的祭祀的义务责任并不矛盾。古老的习俗和新式的做法结合起来，就形成了前所未有的大规模的祭礼。①

柳田国男的说明，简单归纳起来，即：从祭到祭礼的变化，是从信仰世界扩展到类生活中审美以及更广泛领域的一个过程，从人神沟通到和人人沟通的并存，这个变化虽然对原有的信仰形态有所影响，但是，让不具备共同信仰的人，在祭礼中通过娱乐和观赏产生共同性，是时代变化的一种重要现象。

从20世纪中叶开始，日本基本完成了都市化的转变，在都市举行的祭和祭礼也不断增加，而且在乡村地带举行的传统的祭和祭礼，也受到都市的影响，逐渐改变其方式和形态，因此，日本民俗学关于祭和祭礼的研究，也逐渐转向都市祭礼。民俗学家茂木荣对此做了如下总结，他认为日本民俗学通常把三类祭礼作为研究对象，第一类是在都市的神社寺庙举行的传统祭礼，特点是有各种祭神的活动以及牵引山车、轿台游行的活动，其组织者主要是神职人员或者当地街区的居民组织。第二类是在都市举行的非传统型的以祭冠名的节庆活动。这一类活动包含各种博览会、节日庆典等，通常在都市广场、城市干道、露天剧场等举行。其中有诸如游行、街市贸易、比舞赛歌等竞技以及各种表演。其主办者主要为当地政府、观光协会、青年组织、商工会议所、居民团体等。第三类是都市之外举行的非传统的新式祭礼，这

① 柳田国男：《日本の祭》《柳田国男全集》13、东京：ちくま文庫，1990年，第249页（作者译）。

一类是第二类祭礼在城市之外地区的翻版，在接受了城市文化洗礼的农林渔村地带举行①。

茂木荣的总结基本概括了日本都市化完成后祭礼的现状。他认为，第一类的祭礼原本是民俗学一直关注的对象，也有很多研究的积累，而第二类和第三类则是今后都市民俗学的目标。

但是，都市民俗学在其诞生之初，就面临一个学术难点，就是如何把握城市中的传承性行为。众所周知，日本民俗学的核心概念之一就是“传承”，虽然这个概念从诞生至今几经修改，但是，其核心并未发生根本变化，柳田国男把自己的民俗学定义为“民间传承”的研究。所谓传承，是指文化的时间性移动的概念，它是一个和传播（文化的空间性移动）对应的词语。它有两个含义，广义上指上一代通过语言或动作以及动作的结果传授、下一代通过听或看来继承这样的一种相互作用的行为。前者（通过语言传授）是口头传承，后者（通过动作和动作的结果传授）是行为传承。关于口头传承，不仅传授行为，传授内容如神话、民间故事、民谣等都称为传承，甚至传授手段即语言也被传承下来。狭义的传承通常伴随着某种模式（或形式，惯例），亦即经过超越世代的反复延续而形成的一种模式（或形式、惯例），被延续下来就成为传承。传承当然是基层文化，但是属于上层文化的传统戏剧、武术、工艺等领域，也有传承的因素②。

从这个定义出发，传承的特征通常被认为有如下几个特征，其一，是类型的而非个性的；其二，是反复的而非一次性的；其三，是集团的而非个人的；其四，是基层文化而非上层文化。传统的祭的形式和组织形态，都带有上述传承的特征。如茂木荣归纳的第一类，祭礼通常由神社的神职人员，或者当地住民组织主办并共同参与，其规范和形式

① 茂木荣：《都市とイベントー新しいマツリの抬頭》，《都市民俗へのいざないⅡ情念と宇宙》，东京：雄山阁 1989 年，第 138—139 页。

② 福田アジオ等編：《日本民俗大辞典下》，东京：吉川弘文馆，2000 年，第 168 页。

在世代传承过程之中虽有损益,但主要部分则保持不变。而且过去这类祭礼都具有很强的排他性,参加者基本是地域共同体成员,并不接受外人参与。在这个过程中,作为传承母体的,或者是神社寺庙,或者是地域组织,他们是祭礼的施行者,也是信仰的主体。在以往的研究中,透过对祭礼从准备到实行的全过程的分析,便可以揭示这个传承母体的社会关系的基本原理和形态特征。

但是,第二类和第三类的都市祭礼的产生,以及第一类祭礼发生的变化,使得民俗学原来以分析传承母体和传承性事项的解释框架失效。因为第二类和第三类的祭礼,往往以开放的形式,允许外部人员参加,原有的传承母体的概念无法概括这些人群的特征,而且传承的内容和以前相比,保持与传达逐渐转换为创造与生成,因此,分析新时代的祭礼,不但是了解城市化社会日常与非日常生活之间关系的需要,也是对民俗学向现代转型的挑战。

本文通过爱知县的花祭和起源自高知县的YOSAKOI祭,并联系几个相关的事例,讨论现代日本祭礼的基本特征,同时结合传承和传承母体这两个基本概念,探讨都市民俗学的可能性。

一、从地域传承到社会传承——花祭

“花祭”是日本中部爱知县北设乐郡等地传承了将近700年的祭祀活动的总称。其中北设乐郡的花祭被指定为日本重要无形民俗文化财。花祭据说源自镰仓室町时代的修验道的信徒们的仪式活动,主要是在一年中最寒冷的12月到1月之间,人们围着沸腾的水盆彻夜狂舞,这些舞分少年舞、青年舞以及鬼舞等。人们将烧开的水喷洒到身上,来去除身上的污秽。

举行“花祭”的时间各村不同,主场地由村内各家轮流承担,也有相对固定某个地点的,或者在神社举行。“花祭”举行场所称为“花宿”,人们认为,“花祭”期间神灵将会降临至此,“花宿”便成为一个神圣空间,神灵降临的时候会附在剪好悬挂起来的纸片上,“花祭”参加者分为“舞子”和“宫人”,都是由当地的祭祀组织构成,过去“花祭”是禁止女性参加的,近年由于人口减少,为了维持这项活动的进行,以及适应时代的变化,女性也逐渐被允许参加。

长期以来,“花祭”一直是当地民众祈愿丰收、家族平安以及增强自身生命力,从而获得重生的祭祀活动。但是,这个延续了将近 700 年的民间传承,随着农村的凋敝,能够参与和承担祭礼各项活动的人越来越少,这项活动本身面临中断的危机。根据樱井龙彦的调查,截至昭和 25 年(1950)奥三河地区还有 21 处“花祭”传承地,然而在历经 60 年的变化中,2010 年度(2010 年 11 月至 2011 年 3 月)的统计显示,现仅存 15 处,由于人口稀疏化、老龄化问题,现今这 15 处传承地的“花祭”已面临濒死的危机,每年仅是勉强维持。例如,丰根村山内地区的“花祭”在 2007 年终止,当时该地区居住 21 户村民,人口计 40 人,平均年龄超过 67 岁。另外,东荣町布川地区现有 23 户居民,其中 12 户为独居老人①。

由于过去日本的祭礼的传承母体是村落共同体,承担各项任务的相对固定的住户较多,比如主持花祭的“花太夫”(祭神仪式、奏乐[鼓、笛子]的核心人物)及其辅佐“宫人”,以及扮演“山见鬼”“榊鬼”的人都是世袭制,为了能够让这个古老的祭礼传承下去,当地采取了诸如解除女性禁制、缩短时间、允许外部人员参加等措施。

樱井龙彦的调查提供了三个事例②:一个是东荣町布川地区的例子,该地区由于人口稀疏化、老龄化问题,无法确保足够的舞者。如

① 樱井龙彦:《人口稀疏化乡村的民俗文化传承危机及其对策——以爱知县“花祭”为例》,《民俗研究》2012 年第 5 期。

② 樱井龙彦:《人口稀疏化乡村的民俗文化传承危机及其对策——以爱知县“花祭”为例》,《民俗研究》2012 年第 5 期。

今,部分舞者的角色已由名古屋市的中学生担任。2006年开始,名古屋的学生开始以参加“日式大鼓·舞蹈部”活动的方式加入其中。而每年,布川“花祭保存会”都会派人去名古屋进行指导。

第二个事例是东荣町御园地区与东京都东久留米市等地居民开展的“花祭”交流活动,1993年起,接受过御园保存会指导的东京儿童,开始参加“东京花祭”。御园地区的居民每年冬天前往东京,对孩子们进行音乐(鼓、笛)和舞蹈方面的指导,东京的孩子们则利用暑假等机会来御园参加集训。1994年起,东京的孩子们直接参加御园的“花祭”,并和当地人一起表演舞蹈。但是,正如“东京花祭”其名,孩子们的主要活动是在远离布川的东久留米市进行表演,尝试在东京市民中传播“花祭”文化。

第三个是在东荣町东薗目,一个外地的名为“志多罗”的专业鼓乐团因为别的原因迁至此地,开始协助“花祭”的鼓、笛演奏。1994年他们创作的“志多罗舞”成为了祭神舞蹈,此后便一直为传统“花祭”注入新的剧目。虽然当地有意见认为,“花祭”是一种祭神仪式,不该引入专业的音乐演奏家。但是“志多罗”的加入得到了“花祭”保存会长等人的支持,如今他们已经不再被视为“外人”,而是作为当地居民的一分子积极参与进来了。

樱井龙彦的调查为我们提供的上述个案,揭示了一个重要的现象,就是传承母体和传承行为的脱地域化,或者说是跨地域化。东京和名古屋的教师和学生们,每年参加“花祭”,并且将爱知的地方文化传播到东京和名古屋。原来在御园地方的祭礼,在异地东京和名古屋得到传承,和“花祭”的原生地毫无关联的东京和名古屋的孩子们和年轻人,在完全不同的空间传承这个祭礼,以及非本地出身的艺术家,被允许参加“花祭”的重要仪式的部分,可以理解为这个传承已经不再是当地人的专有物,而成为日本社会的共同财产。这个现象如果用从地域走向大众来描述的话,这个大众可以理解为新的传承母体。

从这个实例思考传承的时候，我们可以看到一种传承主体选择性，我们通常很容易把乡土社会的传承行为理解为习焉不察的、不知不觉的和带有某种强制性的规范。但是，随着都市化的推进，当地居民通过和外界的交往，开始有将自我的文化事项客体化的倾向，所谓文化的客体化，是指文化传承者自主将自身的文化作为可操作对象加以客体化，有可能生成新的文化，而且在客体化过程中文化传承人也有可能形成自我身份认同①。

当地住民通过将“花祭”仪式开放给外部，进而使之得以传承，这既是传承主体的主体性选择的结果，也是一个传承主体扩大的过程，在这个过程中形成的新的“花祭”，既属于本地住民，也通过名古屋、东京等地的参与者的共同创造，成为日本社会共享的文化财产，而外部的参与者通过进入“花祭”的传承过程，将这个原本不属于自己的生活世界的事项，变成自身享受和消费的文化要素纳入到自己的生活世界，这个现象毋宁说是现代社会的普遍现象。

岛村恭则在分析大阪地区韩国侨民的生活文化时候，指出，传承行为是主体选择性行为，传达什么，继承什么，是由当事人根据自己所处的生存状况选择的结果。他说，“在我的田野中，相等于传承的行为或者可以称为传承的事象不是不存在。我通过当地人生活中的各种事象，或者在他们与前辈之间，确实看到了某种传达、继承的关系。（中略）尽管存在这种情况，这些事象并不是‘自然地’‘无条件地’传承下来的，而是只因为人们实践‘生活方法’时选择，所以才得以存在的”②。

通过上述花祭传承现状的讨论，我们对现代社会的传承和传承母体

---

① 太田好信：《文化の客体化：観光をとおした文化とアイデンティティの創造》，《民族学研究》57(4)，1993 年，第 391 页。

② 岛村恭则：《“生きる方法”の民俗誌—朝鮮系住民集住地域の民俗学的研究》，大阪：关西学院大学出版会，2010 年，第 301 页。

可以有更开放性的认识和理解,从本质性的地缘和血缘等纽带建立起来的传承母体的概念,扩展到自由选择性的“选择缘”的现代传承母体。伴随非物质文化遗产认定和保护的世界性潮流,从地域传承转变为社会传承,可以说是当代社会的一大特征。这一点从祭礼的传承现状中尤为明显。

二、传承母体的开放性与“共同想象”的地域——YOSAKOI 祭

关于现代都市祭礼的诸特征中,脱地域性最为显著,所谓脱地域性,是指参加祭礼的人们,已经不再限于原有的以地域的信仰集团或者生产生活关联为核心的群体,而开放给任何愿意参加的人。但是,这样的脱地域性是否会导致传承母体的无条件的扩大,而导致传承的认同性被消解,本节就这个问题,以当代日本分布地域最为广泛的都市祭礼之一的 YOSAKOI 祭为例,讨论都市民俗学视角下的祭礼传承的问题。

YOSAKOI 祭,是一个战后诞生的都市节庆活动。它起源于日本四国地区的高知县,YOSAKOI 是“今夜请来”的当地方言的发音。每年 8 月 9 日到 12 日的 4 天,在高知市举行舞蹈表演。表演者在遵守一定的规则(如乐曲、舞蹈形式等)的前提下,可以自由创造表演形式。目前大约有 150 个团队、16 000 多人出场表演,观众达到 100 万多人。这个节庆活动后来逐渐在全国各地流行起来。成为当代日本一个重要的都市节庆活动。

YOSAKOI 祭始于 1953 年。为了摆脱战后的萧条,高知市工商会议所策划了这个活动。当时,相邻的德岛县有著名的阿波舞。高知希望创造一个能和阿波舞不相上下的节庆活动。组织者首先请日本舞蹈(花柳、若柳、藤间、坂东、山村等五个流派)的老师设计并传授舞

蹈动作。同时,请专人谱曲作词编舞。创作了 YOSAKOI 舞曲。由于阿波舞是徒手表演的,为了凸显自身的特点,根据作曲者武政的提议,YOSAKOI 祭跳舞时使用一种叫“鸣子”的木制道具。这个后来成为 YOSAKOI 祭的基本要件之一。第一次 YOSAKOI 祭于 1954 年 8 月举行。此后每年举行一次。早期的 YOSAKOI 祭节的舞蹈接近传统盂兰盆会舞蹈风格。1972 年开始发生了一些变化。开始有采用桑巴舞和摇滚风格的曲子团队出现。新形式的 YOSAKOI 祭很快流行开来,形式也逐步多样化。

进入 20 世纪 80 年代,YOSAKOI 祭的音乐可以自由设定,对舞蹈的形式也解除了限制,和当地的团队不同,日常没有任何关联的人们组成的队伍激增,特别是年轻人,YOSAKOI 祭成为他们相识并共同度过激情时光的缘起①。

1999 年开始,高知县开始举办 YOSAKOI 全国大会,当年有 14 个县外团队,约 1 000 人参加,此后,外地参加团队逐年增加,到 2005 年已经增加到 35 个。参加的团队在 2016 年第 63 届时已经达到 100 个。其中大半来自高知县。1992 年,北海道开始举行“YOSAKOI SORAN 祭”标志着这个祭礼开始向外地扩散,此后,各地开始同样名称的活动。1996 年开始,高知县开始派遣当地的舞者去参加表演和进行指导,并提供经费上的支持。高知县之外的 YOSAKOI 祭中,以北海道札幌的 YOSAKOI SORAN 祭、东北仙台的 Michinoku YOSAKOI 祭、中部名古屋的日本最中央祭规模和影响最大。每个地域在遵守一般性规则的同时,也加入了各个地方性的要素,比如神奈川县的小田原市 ODAWAERA ESAHHOI 祭就加入了当地的小田原提灯,兵库县的 KINOSAKI 温泉 YOSAKOI 祭,则突出当地的温泉特色、螃蟹造型等。

---

① 平辰彦:《都市民俗学から見たヤートセ秋田祭の〈祝祭性〉—融合文化の事例研究—》,《融合文化研究》第 14 号 2010 年 1 月。

目前，YOSAKOI 祭的基本规则就是原则上要拿着叫“鸣子”的乐器，使用当地民谣或民谣改变创作的曲目伴奏跳舞。舞者不仅参加本地的 YOSAKOI 祭，很多也参加其他地域举行的此类祭礼。为了强化和其他地域的差异，各地团队大多采取了强化本土特色的编排方针。关于这个祭礼的特色，长期研究 YOSAKOI 祭的矢岛妙子有如下总结：

其一，维持祭礼的传承母体的全国性网络的存在。比如 YOSAKOI SORAN 祭，虽然在札幌举行，但是，参与者有东北地区的仙台、中部的名古屋、西部的高知、关东的东京，还有海外的团队。包括了来自不同地域的甚至不同种族的人。

其二，具体的单位体现为地域、企业、学校等单位母体，而且这些单位母体也是开放的，在祭礼举行的过程中，各地任何人都可以参与进来。由此，上述的传承母体具有松散的、结合原理的多样性，动态的、母体单位存在的重要性，以及参与者的全国性、竞争性导致传承力的强化①。

矢岛等人的研究还表明，对 YOSAKOI 祭的全国性扩散，大学生发挥了非常大的作用。札幌、名古屋、仙台三地的 YOSAKOI 祭，就是分别位于札幌市的北海道大学、名古屋市的中京大学以及东北出身的高知大学的学生，在参加了别的地区的 YOSAKOI 祭之后，萌发了在自己的所在地举办同类活动、将狂欢的激情和参与的感动和自己所在的城市的人们分享的想法，进而付诸行动，先从同学中找到支持者，然后逐渐获得当地住民组织和行政部门的支持，逐渐扩展到现在的规模。

大学生群体的参加，对此类祭礼的维持和发展也有重要作用，在很多地方，由于少子化和人口流动等原因，由当地住民组成的团队的

---

① 矢岛妙子：《よさこい系祭りの都市民俗学》，东京：岩田书院，2015 年，第 305 页。

舞者的人数越来越难以保障，特别是要组成一个有感染力的舞队，需要将近一百人，从一般市民中要招到这个数量的舞者，难度越来越大。虽然舞队对任何地域都是开放的，但是，对外地人来说，经常来参加训练并非易事。此外，还有一个原因，就是各地的市町村合并[①]之后，各地的地域认同也相对下降。而上述问题对大学生来说完全不存在。他们不但可以随时补充20岁左右的年轻舞者，练习的时间和空间都容易确保，很多大学还承认他们作为校外活动俱乐部成员的地位，他们不但有以大学为单位的舞队，还有跨学校组成的诸如北海道学生联合舞队、关东大学学生舞队、东京大学生舞队等。大学生的存在，是此类祭礼存在发展的重要力量。

以民俗学的视角分析YOSAKOI祭礼，不可避免地要讨论传承和传承母体的问题。从上述的介绍中，我们不难看到，这类新式的城市祭礼，其传承母体，已经不再局限在特定的地域，而民俗学的地域共同体论，通常以实体性的地缘为核心，福田亚细男的传承母体论，其中传承母体的条件之一是“占有一定的土地”，就是指特定的地域。而当传承行为扩展到全国甚至更广泛的区域的时候，传承的地域性因素是否可以放弃，变成了不可回避的问题。

对此，矢岛提出了“全国性参加的网络群体，就是都市文化的传承母体”[②]的观点。对这个传承母体，她总结了如下几个特征，第一是松散性，亦即，参加团体不局限在特定的地域，而从更广域的范围内获取资源，其空间性呈现出差序性结构。第二，多样性的结合原理，也就是有多重形式的参与机制，而不是单一的诸如血缘或地缘的标准。这个保证了舞者可以相对自由地加入舞团。由上述的特征，衍生出第三个

---

① 平成以来，日本政府为了提高行政效率，强化财政基础。推动各地市町村合并，1999年(平成11年)3月统计的3 232市町村数到了2008年4月1日减少到了1 788个，9年之间减少了45%。

② 矢岛妙子：《よさこい系祭りの都市民俗学》，第304页。

特点就是动态性，由于多样性的结合原理是随着时代而变化的，因此，支持舞团的组织也不断改变修正，舞团也像一个生命体一样，有新生，也有消亡。第四个特点就是传承母体单位非常重要。很多支持舞团的母体单位，不仅仅在祭礼期间存在，平时也有活动。这些小单位的存在，是舞团作为传承母体存在的基础。而第五个特点就是全国性网络群体的存在，全国各地的参与者作为一个传承母体的存在是这个祭礼存续的重要条件。最后一个特点就是，通过互相竞争而强化了各自的传承力①。

他者的出现，往往是自我认同产生的前提。现代都市的开放性，为不同文化表象自我提供了舞台，这个表象的过程也是其主体自我建构和自我认知的过程。在这里，认同的内容到底是什么，便成为重要的问题。矢岛认为，如果片面强调现代都市祭礼的开放性和超地域性，那么没有具体认同内容和对象的所谓传承母体，就很难把握。她的研究表明，来参加祭礼的舞者团体，都需要表演某个特定地域的民谣，这个民谣往往成为一个地域的表象，仙台的 YOSAKOI 祭主要是表演东北各地民谣，而名古屋的则是表演中部地区的民谣。另外，服饰的道具也都带有鲜明的地域特征，矢岛将这种现象归纳为“回归地域”，换言之，在开放的城市舞台，参与者通过表演特定地域的民谣，将所代表的地域表象化，并以此建构参与团队的认同。来自不同的地域的人，通过表演，将在大都市生活中日渐疏离的身体感受实在化，这其实也是这个 YOSAKOI 祭的最大魅力。这里回归的“地域”并非原来实体的地域，而是被表象化的、参加者心意中的地域，它和现在实在的地域未必等同，比如札幌在表演中被表象为渔业文化的都市，而事实上札幌既不是渔港，也不是渔业生产的基地。渔港札幌，仅仅是参加表演的团队以历史记忆重现的地域印象②。

---

① 矢岛妙子：《よさこい系祭りの都市民俗学》，第 304—305 页。
② 矢岛妙子：《よさこい系祭りの都市民俗学》，第 280—281 页。

现代祭礼中，不同地域、不同所属的参与者，在一个舞台上表演艺能，互相比较，决出胜负，这个环节往往是祝祭最为吸引观众的部分。比如广岛县内最古老的“西中国选拔神乐竞演大会”，从战后的1947年开始，到2007年为止，已经举行了60次，在西部日本，类似的竞演大会，这些大会逐渐定期举行，成为某些地域提高地方知名度，强化地域内部认同的符号。广岛神乐前汤治村，一年来客大约15万，虽然经济效益并不突出，但是对这个过疏化的山村地带，具有非常大的宣传效应。与此同时，竞演对艺能的传承也产生了影响。原本植根于各地祭祀活动的艺能，由于要在共同的舞台上表演比赛，为了有客观的可比性，表演团体之间逐渐形成了相对共通的表演程式或范畴。在此基础上突出各自的独特性。而各个表演团体在互相比较竞争的氛围中，逐渐成长①。

观光人类学的研究者山下晋司也通过各地的例子说明，在关注当地人主体性基础上进行“传统”文化的再构建和再创造过程中，通过外部行为体与文化传承人的相互作用，有可能形成“地域身份认同”②。

通过上述的介绍和分析，我们或可对战后日本社会的变化，在祭礼的变迁中有所了解，而民俗学在转向现代社会研究的时候，如何将原有的核心概念，比如传承和传承母体在重新加以界定之后，应用在分析和解释当代生活的诸多现象上，日本的民俗学界的努力和探讨，也是值得我们借鉴的。

余论：日本祭的研究与都市民俗学

日本研究祭有三次高潮，第一次是1940年(昭和15年)，当时日

① 俵木悟：《華麗なる祭り》《日本の民俗9祭りの快楽》，东京：吉川弘文館，2009年，第92页。

② 参照山下晋司：《バリ観光人類学のレッスン》，东京：东京大学出版会，1999年，第230页。

本正处在战争最为紧要的时期，为了弘扬日本国民的皇民国家意识，大量日本神社祭祀的记录和调查报告诞生。其中柳田国男的《日本の祭》(1942)就是这个时期问世的。

第二个时期是战后日本开始经济腾飞的1960—1970年代，这个时期是日本经济腾飞，成为仅次于美国的世界第二大经济体的时期。日本社会全面进入城市化社会，家用电器和汽车普及，农村社会逐渐衰退，生活文化全方位西化。由此产生的人们在生活方式上的矛盾促使人们开始反思自己的历史文化。祭和祭礼作为日本文化的重要表征，受到民俗学、人类学、社会学等多学科的关注。柳田国男热也产生于那个时期。

第三次祭的研究，可以说是在20世纪90年代到本世纪初，此时日本泡沫经济崩溃，经济高速增长时代结束。战后支撑日本经济高速增长的终身雇佣、年功序列制等制度逐渐解体。日本社会开始面临前所未有的新局面。从公司、地域、单位等社会组织的束缚中摆脱出来的重新个体化的人们，开始思考如何摆脱日常生活中的孤独和日常的无聊，重建新的社会网络，从中获得生活的幸福感和感动。新形式的城市祭礼，给了他们一个非常重要的场所。以YOSAKOI等现代都市生活的祭礼研究为中心的成果涌现出来。

在诸多的成果中，松平诚为现代祭礼总结了五个重要的特征：

其一，从地域走向开放；

其二，观赏、参与、展示的多义性结构；

其三，柔软的内涵，开放的外延；

其四，开放型的网络体系和增殖性；

其五，非日常/日常的结构变化，目标指向性的丧失与欠缺。①

这五个特点，具体而言，第一，从地域走向开放，现代的都市祭礼，

① 松平诚：《都市祝祭の社会学》，东京：有斐阁，1990年，第34页。

已经摆脱了传统型的参与者以特定地域的信仰集团和生活集团为核心的排他性构造，转而开发给任何希望参与的人群。与此相关的第二个特征，指参与群体的组织形态为自由加入、自由退出的机制，由此导致一个团体随之发生人员变动，其特征在数年内就发生激变。而这种开放性又催生了第三个特征，就是形成了沿着铁道沿线、干线道路衍生的群体，技能熟练的参与团队将表演技能传授给别的地区的团体，由此繁衍子孙一样地扩展出去，形成一个广域的网络体系。由于脱地域性和开放性的构造，使得参与者没有日常性生活、生产、休闲等方面的关系，很难形成牢固的生活共同体或者社会组织，参加祝祭所获得的开放感、情绪的宣泄和感动，以及由此产生的生命的动力和活力，都还原到参与者的个体中，而不是他们的群体中。这些特征，也基本上可以适用在本文讨论的祭礼上。

社会学者铃木谦介认为，不应将现代的“社区（community）”看作过去由地理环境与固定的社会团体组成的“共同体”，而应将其看作“虽有流动性”，但因“人们的自反性归属感”而产生的“共同体”。现代社区的共同性体现在社区居民共享着某种共通的东西，比如对家乡的眷恋，或者参与本地活动产生的“市民自尊（civic pride）”①。

而战后在大都市产生的高知县的 YOSAKOI 祭礼、名古屋日本正中央狂欢节等以大学生团体为组织主体的祭礼，则呈现出当代日本社会的新的人际关系构建的特征，也正是这种市民自尊的一种表现形式。在这个意义上，祭礼的演变，也是一个社会关系变化的晴雨表，通过对祭的过程的分析，能够揭示现代社会人们的社会关系构建的特征。而作为社会学相邻学科的民俗学，除了关注当下的社会现实之外，也应该对其传承性加以关注。日本人类学家和崎春日把民俗学定义为“在传统性中探求

① 铃木谦介：《ウェブ社会のゆくえ〈多孔化〉した現実のなかで》，東京，NHKブックス，2013 年，第 195—196 页。

现代性，同时在现代性中探求历史性”[①]的学问。由此，他认为，都市民俗学就是要在都市的传统活动中探寻现代的意义，同时在现代都市的各种现象中，寻找其与过去的关联和脉络，并面向未来，来思考社会生活发展变化的规律。

在中国，古老的庙会逐渐和现代的节庆商贸活动结合，以新的形式在我们的生活中存续。以民俗学方法去分析和研究，得出有解释力的结论，是未来中国都市民俗学的重责，日本从 20 世纪 80 年代以来的相关的学术积累，为我们提供了一个非常有价值的他山之石。

① 和崎春日：《都市の民俗生成—京の大文字》，《都市民俗学へのいざないⅡ情念と宇宙》，东京：雄山阁，1989 年，第 116 页。

第三部分

上海经验

都市传说中的文化记忆及其意义建构

——以上海龙柱传说为例

黄景春*

都市传说(Urban Legends),也就是当代传说,前者揭示了传说的都市生活背景有别于乡村,后者指明了这些传说生成的当代性。欧美学界曾对这两个概念的合法性进行过讨论,王杰文归纳为:"当代传说又称'现代都市传说'、'流动的传说'、'现代神话'、'都市谣言'、'当代信仰故事'等等,在国际民间叙事研究领域则统称之为'当代传说',指的是一种篇幅短小而高度易变的叙事类型。"②在欧美高度城市化的社会背景下,都市传说与当代传说基本等同,在中国上海这样的大都市情况也是如此。上海龙柱传说是最近十几年出现的,却具有古代传说的人物和母题,带有浓厚的传统性特征;但它们又依附于新建筑物,阐释新近发生的事件,无疑又属于当代传说。都市传说、当代传说两个概念在表述上各有侧重,但所指相同,因此将把二者视作等值概念加以运用。

---

* 黄景春,上海大学文学院教授。本文原发表于《民族艺术》2014 年第 6 期。

② 王杰文:《作为文化批评的"当代传说"——"当代传说"研究 30 年(1981—2010)》,《民俗研究》2012 年第 4 期。

一、都市传说的文学研究视角

欧美各国对都市传说（有人称之为传言、谣言）的关注在20世纪50年代就已经开始了，参与研究的学者多来自社会学、人类学、民俗学等学科，也有文学视角下的研究，但相对较少。美国民俗学家布鲁范德影响广泛的《消失的搭车客：美国都市传说及其意义》[①]一书，汇集了20世纪40年代到70年代末共一百多个都市传说，主要研究视角是社会学、民俗学，几乎没有文学分析。在中国大陆，传说属于民间文学的研究领域，但都市传说长期无人问津，引入欧美都市传说的研究成果是最近十多年的事情，李扬、张敦福、王杰文等人是主要译介者。据张敦福、魏泉《解析都市传说的理论视角》介绍，现今对都市传说的研究主要有弗特的神秘主义方法、语言—结构分析方法、精神分析学方法、历史—地理学派方法、结构主义方法、文学解读方法等几种。[②]"文学解读方法"虽有一席之地，但不管是美国民俗学家Daniel R. Bames提倡对一切文学作品中的都市传说进行识别研究，还是后来出现的试图在前代著作中探寻都市传说传播轨迹的思路，都是对都市传说题材分布（或运用）的外围性研究，富有深度的文学分析和解读并不多见。

对都市传说的研究还出现了割裂传统的倾向，有人把关涉汽车、飞机、电梯、地铁等当代传说视作全新品种，忽视它们与古代传说在人物、母题乃至主题上的联系，这也无助于深化都市传说的文学研究。都市传说归根结底是一种民间口头文学，它虽不是一种纯粹的文学，其中包含有历史、政治、宗教、伦理、语言以及实用的知识和信仰，但其基本属性仍是文学的，带给听众或读者的主要是故事情节、人物形象、

① 布鲁范德：《消失的搭车客：美国都市传说及其意义》，李杨、王珏纯译，桂林：广西师范大学出版社，2006年。

② 张敦福、魏泉：《解析都市传说的理论视角》，《民间文化论坛》2006年第6期。

审美愉悦。从文学的视角，采用文学的研究方法，比将它视作“准历史”（如布鲁范德）而探寻其人或事的原型，或将它当作某种道德寓言（如尼古拉斯·迪方佐等人）而阐发其道德功能，都更能触及都市传说的内核。所以，对都市传说应该有更充分的文学研究，包括对其情节母题、人物角色、主题与时代精神等方面的分析研究。当然，口头文学是文化记忆的表征，它自由想象和创造的特质又让它成为在“生活世界”中进行文化意义建构的重要方式。基于这样的认识，以上海龙柱传说为例，探讨当代传说在人物角色、母题、主题等方面的传统性，及它们呈现出的文化记忆，分析其意义建构在城市文化传承中的作用。

二、上海龙柱传说的多种讲法

上海都市传说由市民自发创作，并依附于相关的人和物。这里不讨论“人”的传说①，集中讨论“物”的传说。这个“物”又可分为建筑物、街道、车站、公园、校园、河道、树木等，它们是所谓的“中心点”②。这些“中心点”让传说接了地气，③获得地域文化的滋养，在传承过程中起到激发、再生和加注能量的推进器作用。上海当代传说具有传统的角色和母题，却依附于特定的人和物，尤其是新建筑物。

---

① 近代以来，上海有大量的关于政治人物、商界巨头、影视演员、流行歌手、体育明星等的传说（或称谣言，包括各种绯闻）。进入当代，这类传说依旧流传，并不断产生新说，呈现出层出不穷的延续势头。

② 关于“传说有其中心点”，柳田国男指出：“传说的核心，必有纪念物，无论是楼台庙宇、寺社庵观，还是陵丘坟冢、宅门户院，总有个灵光的圣址、信仰的靶的，也可谓之传说的花坛发源的故地，成为一个中心。奇岩、古木、清泉、小桥、飞瀑、长坂，原来皆是像一个织品的整体一样，现在却分别而各自独立存在，成了传说的纪念物。尽管已经很少有人因为有这些遗迹就把传说当真，但毕竟眼前的实物唤起了人们的记忆，而记忆又联系着古代信仰。”见柳田国男《传说论》，连湘译，北京：中国民间文艺出版社，1985 年，第 26—27 页。

③ 欧美普遍流行的“消失的搭车客”“钩子杀手”“下水道的鳄鱼”“头发里的蜘蛛”等母题类型，在上海未见流行。虽然吸血鬼博士、吸血老太婆的传说曾经流传过，但欧美都市传说在上海未见大规模流行。

上海流行最广的当代传说是延安路高架与南北高架立交桥桥墩及其龙雕塑的传说。这个桥墩上雕有几十条龙，还有凤凰、日月、飞云、浪花。按照作者赵志荣的介绍，这幅作品的名字是《龙腾万里，日月同辉》，他想要表达的是上海在建设中重新腾飞的景象。[①] 原本是与主旋律十分合拍的一幅大型工艺美术作品，市民却解读出不同的含义。这两条高架路建设经历了漫长的工期[②]，其间还传出基桩打不下去的传闻；等到道路开通时，大家发现桥墩上雕饰了多条金龙，而此时玉佛寺的真禅法师恰好圆寂。几个互不相干的事却被市民串联在一起，把基桩打不下去说成是地下有龙。经过高僧介入干涉，龙搬家了，但它有可能返回并造成破坏，所以桥墩上雕龙是对地下那条龙的安抚。于是这个桥墩被称作“龙柱”（或“九龙柱”），传说不胫而走，悄然流传。下面是其中一个版本：

> 90年代中期建造南北高架和延安路高架的时候，两条高架路交汇的地方建立交桥，要打很深的桩子。可是，施工单位打了多次就是打不下去，后来他们请玉佛寺的真禅法师前来查看情况。真禅法师仔细观察后说：此处是上海的龙脉，地下有条黑龙，桥墩正打在龙头上。此龙某月某日某时离开，此时打桩可保无事，但黑龙返回后需要天龙镇压，将来桥墩上要雕刻九条金龙才能安全。真禅法师带着徒弟在现场做了七天七夜法事。法事结束，时辰正到，施工队开工，这次桩子顺利打下去了，施工人员都感到惊奇。南北高架建好后，这个桥墩的外面真的用白铁包裹起来，雕

① 《和尚道破天机的说法是不存在的》，见 http://baike.baidu.com/view/3574079.htm。

② 因为上海南北高架路在成都路、重庆路上，是市内的交通要道，道路施工对市民出行造成较大影响。南北高架路于1993年10月动工，1995年12月建成通车，两年多的工期已让人们感到“漫长”，而延安路高架建设时间更长，直到1999年9月才完成。这两条高架交汇的立交桥是上海市内重要的交通枢纽，采用5层式（包括地面道路）结构，工程难度大，工期断断续续地持续了6年。

了九条金龙。真禅法师因为道破天机，做完这场法事没几天就圆寂了。①

传说中的真禅法师，生前为玉佛寺住持，1995 年 12 月 1 日圆寂，9 天后，即 12 月 10 日，南北高架路正式通车。把这两件事跟立交桥建设打不下桩子的传闻以及桥墩上的龙雕塑联系起来，用于编织故事情节。这些神异传说出现在当今的上海是令人称奇的文化现象，然而，传说不仅出现了，还有多种版本。下面这个版本中，作为主角的高僧不再是玉佛寺的真禅法师，而是龙华寺住持明旸法师②，故事情节也不尽相同：

上海南北高架路与延安路立交桥桥墩的这个桩子，换了好几个打桩公司，就是打不下去，已经延误了工程进度。上海市政工程指挥部报告给国家建设部，请慧远到上海实地观察情况。慧远观察后说："桩子打在龙背上，这条龙 100 年以后才会搬走。办法只有一个，就是请佛教大法师一起来做大法会，请老龙立即搬家。"当时，中国佛教协会赵朴初会长，还有几位副会长，各名山寺院的长老，都住进龙华寺。龙华寺的住持明旸大师说："做这个法事要耗费无数修行，为了上海大众的利益，自己愿意舍出性命主持法会，请大家来就是要依靠众位长老的法力，请老龙搬家。"法会在施工现场举行，用帷帐围起来，不让外人看到。法会行将结束时，打桩公司开工下钻，桩子就顺利打下去了。按照明旸要求，为了安抚老龙，桥墩上雕塑了九条金龙。做完法事不久，明旸大

① 这个版本的传说，笔者于 2001 年 10 月首次听一位中学老师讲起，后来又听一位出租车司机讲到，情节有较大出入。这里参照了网络上流传的说法，对以前记录的文字有所调整。本文以下引用的上海都市传说，除了笔者听人讲述外，还采自豆瓣、百度百科、天涯、人人、开心、猫扑等网络社区，对文字有所调整。

② "明旸"网络上大多误作"明阳"。

师就倒下了，他在医院昏迷6天后圆寂。①

明旸法师曾任中国佛教协会副会长、上海市佛教协会会长，晚年卧病在床多年，于2002年7月23日圆寂，跟传说中的描述有诸多吻合之处。与上一个版本相比，虽然都是打桩遇到了龙，这次是让老龙搬家，而不是趁它离开下钻；雕塑九条龙被说成安抚，而不是压镇。为了让老龙搬家，请来各路高僧，利用众人的法力撼动老龙。集众僧一起诵经，僧众越多产生的法力越大，是佛教的一贯信仰。② 传说利用了这一信仰，增加了真实可信度。

以上是龙柱传说流传最广的两种讲法。当然还有其他版本，说请来的不是佛教高僧，而是道教的某位高道；打桩不是遇到了龙，而是打到了阴间的鬼门上，结果是为了压镇众鬼而在立交桥的桥墩上雕塑金龙，老道士因泄露天机很快就羽化了。还有其他讲法，说请来的不是高僧、高道，而是一位风水大师。有趣的是，每逢上海发生较大灾难，如2003年地铁四号线隧道塌方事件，2010年“11·15火灾”事件，或某地发生严重环境污染事件，就会有人说：上海这个城市的风水变坏了，因为修南北高架时，立交桥打桩打断了上海的龙脉，从那以后上海总是多灾多难。

此传说版本众多，几乎每个说法都不一样，但它们有同样的叙事模式（model story）：立交桥因打不下桩子而工程受阻，高僧（或高道）查看后发现地下有龙（或鬼门），经过指点（或做法事）桩子顺利打下，此高僧（或高道）却因泄露天机而辞世。传说解释了桥墩上龙雕塑的来历，也用于阐释其他事物或事故。因为高架路的建造过程是很多市

---

① 这个版本，笔者2004年听一位佛教信士讲述，他说他是听在浙江天台山某寺院修行的一位上海居士讲的，这位居士自称是明旸大师的皈依弟子。此处对原文做了压缩。

② 如西晋竺法护译《佛说盂兰盆经》：目连欲从阿鼻地狱救出母亲，佛祖说，“非汝一人力所奈何……当须十方众僧威神之力，乃得解脱”。见《大正藏》第16册，第779页。

民亲身经历的，所以在讲述这个故事的时候，并没有像欧美人士讲述“消失的搭车客”时那样声称是听“一个朋友的朋友”说的，①而是直接以第一见证人的口吻，说自己“亲眼看到”某人某事，或“亲自听到”自己的妈妈、姐姐、同事或朋友说某事，以此强调故事的真实性。因为传说依附于那根现实存在的建筑物上，涉及的高僧也确有其人，这种对真人、真物、真事的依附，让传说听起来煞有介事，也让很多人信以为真，纷纷加入讲述队伍。

实际上，上海市宗教局干部曾多次出面辟谣，②建设单位在发现这个传说蔓延后也曾经出面做过澄清。③ 雕塑家赵志荣在接受记者采访时，也曾清楚地说明了自己当初接受雕塑任务、酝酿主题、完成作品的过程，他坚决否定了“和尚道破天机”等谣传。④ 但是，政府官员、

① “一个朋友的朋友”(friend of a friend)是欧美都市传说研究的常见术语，用以表述信息来源，在传说学中简写为 FOAF。

② 笔者曾就这个传说采访过上海市民宗委退休干部潘某，他说曾经多次在开会时对此事辟谣，但这个谣言还是越传越广。

③ 上海市政工程建设处的姜某回忆，PM109 号墩在施工中确实曾遇到麻烦，打了 10 个月的桩，隧道公司、三航一公司、耿耿市政公司等单位先后尝试过桩基施工，都达不到设计深度。原因有三：该墩位置以前是杜月笙的公馆，地下曾打过木桩，地质条件比较复杂；边长 14.5 米的八角形区域内布置 28 根桩，密度远远超标，打桩时土体相互挤压，加大桩体摩擦系数，增加了打桩的难度；上海当时没有足够重的桩锤，锤击力不够。这些技术层面的原因无人去了解，而神秘的龙柱传说从 1995 年南北高架建成后就在坊间发酵，演化出多个版本。姜某说，为了“祛魅”这个传说，他寻访了当时亲身参与工程的同事们，并撰写了数千字的材料。他认为工程建设方有必要对此事做出澄清。(史寅异《延安路“龙柱”只是传说》，《东方早报》2012 年 2 月 21 日 A09 版)上海市政工程设计研究院的工程师徐激参与了 PM109 号墩设计，他与姚中伟等人的论文《延安路立交设计》介绍：该桥墩承担 4 层高架道路的重量，被设计成直径 4.2 米圆柱，高 27 米，地下桩长 46 米。徐激另有论文《延安路立交中心独柱墩设计》。他说此墩迄今仍是上海高架道路中最粗的一根立柱。(两论文见《全国城市桥梁青年科技学术会议论文集 1996》第 313—317，505—508 页)。

④ 赵志荣在接受上海《青年报》记者采访时回答这件雕塑品产生的背景。他说：“当时，确实是因为地基打不下去，但这只是因为地质的原因加上当时设备的局限而已。因为在相对变浅的地基上，如果仍然要负荷同样的承重，整根柱子就必须加粗，而这过分粗壮的柱子便不可避免引来了如何美观的问题。”也就是说，施工单位决定请他做这幅大型雕塑，完全是出于美学的考量。至于他为什么雕塑很多龙，他说是为了表达“龙腾万里”这个主题的需要。(见 http：//baike.baidu.com/view/3574079.htm)

施工单位的干部以及雕塑作者的一再辟谣都无法阻止龙柱传说的传播，相反，它越传越广，越传版本越多，现在香港、台湾乃至于海外的华人都在讲述这个传说。欧美一些国家关于上海的旅游导览也开始介绍这个神秘的“九龙柱”了。

三、龙柱传说的角色与母题

上海的南北高架、延安路高架建设是当年的重大市政工程，也是当代科学技术的杰出成果，但是，在龙柱传说中，时代背景、市政建设蓝图、施工过程、工人的艰辛劳动等都被淡化了，或者根本就没有被提及，而原本不存在的和尚道破天机的故事却为人们所津津乐道。在这座高度现代化的大都市里，市民普遍受到过良好的教育，其中近 1/4 的人接受过高等教育，但是人们没有用科学理论或美学原理来描述这座建筑，而是把它纳入到“生活世界”，用“前科学”的经验和观念加以阐释，①用传奇故事来描述建设过程，这是很有意思的现象。立交桥墩因为有了雕塑作品而被称作龙柱，它作为记忆形象（figure of memory）成为凝结传统文化记忆的标志物。传说是新近出现的，但它的角色和母题都是传统的，甚至可以说是老套的。

为了剖析龙柱传说的传统性，有必要对其中的角色加以讨论。传说的主角不是工程师、工人或领导干部，而是在当代生活中不太常见的和尚（或道士）。经过近现代的科学启蒙，以及当代破除迷信运动的洗礼，佛道二教遭受严厉的批判和否定，僧道人物的社会身份也大受

---

① 中国当代学者强调运用胡塞尔现象学“生活世界”的理论讨论民俗、民间文学问题，高丙中《中国人的生活世界：民俗学的路径》（北京：北京大学出版社，2010 年）、户晓辉《返回爱与自由的生活世界：纯粹民间文学关键词的哲学阐释》（南京：江苏人民出版社，2010 年）为其代表性论著，吕微也有多篇重要论文。

质疑。然而受佛道二教和民间信仰影响的市民仍然很多，高僧、高道作为佛道二教的化身，也经常被当作神佛在人间的代表，他们身上的神性并没有完全消失。龙柱传说中的主角，不管是玉佛寺的真禅，龙华寺的明旸，或是某位不具姓名的高僧、高道、风水先生，具体是谁、从哪里来并不重要，重要的是他们的宗教身份和角色完成的“功能”，即神性人物完成的救世活动。按照普罗普的说法：“角色的功能充当了故事的稳定不变因素，它们不依赖于由谁来完成以及怎样完成。”①出现哪个人物以及他们如何破解迷局都是可变的，关键是神性角色完成的“功能”没有改变。这个传说体现了市民对宗教人物的记忆依旧存在，在当代生活中它还会被激活，用于阐释一些社会现象。

传说的配角是龙，是中国古老的信仰对象。在龙柱传说中，龙被描述成潜藏于地下的神物，是上海风水龙脉的化身。按照风水理论的定义：“龙脉是指地表（外形上）连绵起伏，地中生气相贯通的山脉。”②风水术中的龙脉并非真龙，传说显然误解了龙脉的本义，把龙脉与龙等同起来，说立交桥桩正好打在龙脉上，也就是龙身上，这样就把龙信仰与风水信仰叠合起来了。在跟龙打交道时，做法事让它挪位，或趁它暂离时施工，从而顺利打下桩子，但这也对龙造成了侵扰，为防止它返回后有破坏性行为，要在桥墩上雕饰金龙以为安抚或压镇。传说中透露出市民对龙的敬仰和恐惧，龙的行为取向无法确定，这种不确定性构成了潜在的危险性，并因此引起人们的焦虑。可以看出，龙信仰仍在微妙地影响着当代市民的宗教心理和命运意识。

龙柱传说的基本母题是神人救世。这种母题可以概括为：人们

---

① 雅科夫列维奇·普罗普《故事形态学》，贾放译，北京：中华书局，2006 年，第 18 页。

② 刘沛林《风水：中国人的环境观》，上海：上海三联出版社，1995 年，第 104 页。清代孟浩《雪心赋正解》说：“龙者，山之行度起伏转折，变化多端，有似于龙，故以龙名之。”叶九升《山法全书》也说：“龙者何？山之脉也。土乃龙之肉，石乃龙之骨，草乃龙之毛。”风水术中的龙，乃是山形地势如龙，而非真龙。

遇到怪物陷入困境，神人破解危局，社会秩序回归正常。这类故事十分古老，历史上被神化的吕太公、老子、东方朔、郭璞等人，都曾充当这种神人角色。佛道二教流行以后，很多高僧、高道也成为这样的神人。神人在变换，怪物也在改变，如江西流传的许逊斩蛟故事，神人变成了许逊，而为害的怪物则是老蛟。明代传说中指点迷津的是晏公，除掉的怪物则是猪婆龙。① 蛟龙、猪婆龙都是危害一方的怪物，虽不是正宗的龙，却是龙的近亲。在下面的传说中，神人是皇帝朱元璋，怪物则是阻碍建城的龙：

> 明初沈万三有聚宝盆，凡金银珠宝纳其中，过夜皆满。太祖筑陵南门，下有龙潭，深不可测，以土石投之，决填不满；太祖取盆投之，下石即满，且诳龙以五更即还。今南门不打五更，至四更即天亮。②

这个南京筑城传说与上海龙柱传说高度相似。明太祖朱元璋在修筑南京城南门时，因地下有深不可测的龙潭，土石永远都填不满。后来朱元璋劝老龙暂时离开，并诳骗它说五更以后就可以返回了。趁着老龙暂离的机会，朱元璋把沈万山的聚宝盆投入龙潭，然后填入土石，聚宝盆又生出大量土石，龙潭很快被填满。老龙回来后发现自己的巢穴不复存在。南门修好后，士卒打更只打到四更，不打五更，以防老龙听到报五更时出来讨要龙潭，威胁城池安全。两个传说的相似性主要体现在以下三点，见下表：

---

① 郎瑛《七修类稿》卷十二，见《续修四库全书》第 1123 册，上海：上海古籍出版社，2002 年，第 93 页。

② 张岱《夜航船》卷十二，见《续修四库全书》第 1135 册，上海：上海古籍出版社，2002 年，第 693 页。此传说至今仍在南京流传，且由于这个传说的影响，南京南城门（中华门）又被称作“聚宝门”。

相似之处	南京筑城传说	上海龙柱传说
1. 施工遇龙受阻	太祖筑陵南门，下有龙潭，深不可测，以土石投之，决填不满	上海建南北高架立交桥时，因地下有龙，桥桩打不下去
2. 神性人物请龙离开	太祖诳龙暂离，承诺它五更即还，取沈万三聚宝盆投入龙潭，再投入土石，填平龙潭，完成筑城	高僧算准龙暂离的时辰，或通过做法事请龙挪位，乘机施工，完成打桩工程
3. 防范龙的后续措施	城南门不打五更，以防老龙讨要龙宫	在桥墩上雕塑九条金龙，以安抚或镇压龙

两个传说的角色变化和情节差异，都不影响它们的整体相似性。上海龙柱传说是新产生的当代故事，但人物角色和故事母题跟其他民间故事一样，都有其历史继承性。南京人通过筑城传说解释了南城门难建的原因，上海市民通过龙柱传说表达对高架路立交桥建设过程的理解。同样的母题，相似的故事情节，在不同时代被讲述，都用于阐释人们当下所面临的问题。

四、都市传说承载的文化记忆

龙柱传说对神人救世、龙、风水的表述，有着古老的宗教文化渊源。过去人们会说这是一种“古老的记忆”，但如德国记忆学家阿斯曼所说：“没有什么记忆可以原封不动地保留过去，存留下来的东西只能是每个时代在其当代社会架构中能够重构的东西”①。神人、龙、风水的故事在上海高架路建设中被重构，与龙柱这个记忆形象牢固地联系在一起，每当看到龙柱，都会激发起人们对故事的重温，也构成一个故事讲述的契机。

---

① Jan Assmann. Collective Memory and Cultural Identity, *New German Critique*, No.65, *Cultural History Cuhural Studies* (Spring-Summer, 1995), p.126.

这个传说最活跃的讲述人是出租车司机。龙柱位于重要的交通枢纽上，当出租车经过这里时，司机会对乘客（特别是“外地乘客”）说：“看到没有，前面的柱子上雕刻了九条龙。”然后他开始讲故事，叙说龙柱的来历，并发表自己的见解。他的见解通常跟主流文化观念有一定距离，如他会说：“世界上有没有鬼神，有没有龙，谁也说不清楚。”或者：“风水不一定是迷信，现在最有本事的人都信风水了。”这种见解一方面是他的文化观念的流露，另一方面也意在表明自己所讲故事是可信的。有时司机会发牢骚说：“上海是个好地方，自从修高架路挖断龙脉之后就不行了。”①如果近期发生过不幸事故，他也会加以援引以自我证明。

在上海发生不幸事故的情况下，这个传说也被普通市民讲述，用于阐释事故发生的原因。日常生活中市民也会将这个传说作为奇闻异事讲起，用以自娱和娱人，但在谈及诸如上海的地位下降、社会治安恶化、环境污染、火灾事故、交通堵塞等社会问题时，讲述这个传说更能显示出它的阐释功能。与出租车司机一样，市民们把这些劣质化趋势说成是挖断龙脉造成，因而上海不再像以前那样美好了。传说中有神人救世的情节，但救世行为只是让高架路得以如期贯通，在另一方面，对龙的驱离似乎永久性破坏了上海风水的优越性。

宗教信奉者通过讲述这个传说表达自己的信仰。佛教徒对传说中的高僧救世情节十分赞赏，这成为他们赞美法师、增进信仰的证据。道教徒不愿让佛教独擅其美，在讲故事时把高僧置换成高道，以赞美本教法师。一般民间信仰者对佛道二教和各种神祇秉持包容态度，不在意救世者的身份，而强调神灵、风水的真实和灵验。虽然迄今未见信奉者在龙柱前焚香叩拜，但笔者不止一次看到有人面对龙柱合掌。在这座宗教氛围淡漠的大都市里，龙柱正在被宗教

① “近年不如往年”是一段时期内上海出租车司机普遍的感受，油价上涨而乘车价不涨（或微涨）造成他们的收入水平相对下降，生计困难，让一些司机牢骚满腹。

信奉者改造成具有象征意义的神物。

美国文化记忆学家大卫·格罗斯(David Gross)把社会文化记忆分为三种历史图式,即宗教图式、政治图式和大众媒介图式。他认为,宗教记忆引导大众向那些负载着信仰和救赎的事件,如对关键性的标志、符号及形象的解释,政治记忆的核心是对国王和王国的记忆,而大众媒介所体现的是市场资本的利益。① 在当代中国,记忆的政治图式中没有国王和王国,有的是政治领袖、民族国家及其主流意识形态。行政力量对大众媒体构成掌控,形成巨大的话语权力和场域氛围,从而构筑公共记忆的政治图式。相比之下,宗教图式处于弱势地位,跟民间的个体记忆结合在一起,在社会下层潜流暗涌。虽然"一部分经过选择的个人记忆进入公共话语,形成为公共记忆的一部分"②,但是只有合乎主流意识形态的个人记忆才会被选中,得到媒体的放大,像龙柱传说这样的民间化个人记忆是无法得到垂青的;相反,从官员、技术人员的辟谣行为中可以看到它处于被抑制的地位。当然,民间的个体记忆不可能被轻易清除,众多同质化个体记忆本来就是集体记忆的一种体现。民间化的集体记忆在一定社会氛围下处于潜伏状态,被公共话语抑制或无视,但在适当的时机它又会以一定的方式突显自己的存在,有时会闯入公共话语体系,甚至作为一种文化资源被国家征召和利用。近年中国在"非遗"保护运动中就把很多过去被批判的民间文化转变为非物质文化遗产项目。而当今互联网、手机短信等媒体高度发达,又为口头叙事的文本化、个体记忆的公共化创造了良好的条件。

记忆的体现形式是多种多样,如口头叙述、图片、文献档案、文学

---

① 大卫·格罗斯《逝去的时间:论晚期现代文化中的记忆与遗忘》,和磊译,见陶东风、周宪主编《文化研究》第 11 辑,北京:社会科学文献出版社,2011 年,第 53—54 页。

② 王晓葵《国家权力、丧葬习俗与公共记忆空间》,见周星主编《国家与民俗》,北京:中国社会科学出版社,2011 年,第 242 页。

作品、纪念碑、建筑物以及展览会、纪念仪式等，它们共同构成民族文化的“记忆之场”(realms of memory)①。不符合主流意识形态的记忆形式会遭到压抑或清除，其中具有象征意义的纪念物和公开举行的相关仪式首当其冲，较难存留，而自由灵活的民间口头叙事最难禁绝。民间口头叙事是民众心意和观念的表征，有了它，文化记忆就仍能延续其生命。龙柱传说对高架桥墩及其雕塑作品的重构性阐释，让我们看到民间口头叙事还能够扩展它的领地，将普通建筑物和工艺美术作品转化成“圣物”，从而在“记忆之场”中拓展自己的场域空间。

在上海都市传说中，类似的案例并不算少，如太平洋百货商厦的传说、恒隆广场的传说、漕宝路地铁站的传说、浦东东方路的传说、上海大学八卦坛的传说、吸血鬼博士(或老太婆)的传说、西宝兴路殡仪馆僵尸的传说、同济大学天佑楼的传说、普陀公园阴阳界的传说、龙华寺阴阳河的传说等，也都流传甚广。从这些当代传说中可以看到，那些宏伟的建筑是在高僧的指点下完成，金碧辉煌的摩天大楼得到神仙护佑，地铁隧道里有鬼出没，大地、河道、大树之中都有精怪神灵。城市的兴衰有风水暗中发生作用，人的命运也在神灵的管控下悄然转变。这些情节并非真实的事件过程，而是带有丰富的文学想象。但人们并非在编造谎言，更不是为了欺骗什么人，而是通过编织故事完成对当下事物或事件的解读。这些传说展示了与历史事实不同的另一种真实，心理的真实和观念的真实。英国口述史学家保尔·汤普逊(Paul Thompson)说：“不真实的陈述仍然是心理上‘真实的’……人民想象发生的东西，也是他们相信可能已经发生的东西……可能与实际

---

① 法兰西学士院院士皮埃尔·诺拉带领120多位学者于1984—1992年间完成的《记忆之场——法国国民意识的文化社会史》一书(共7卷)，用5 600页的篇幅，分析法国近代以来民族国家诞生的过程，法国社会的集体记忆如何被表象化。诺拉认为，记忆之场是指“根据人间的意志或时间的作用，成为象征某些社会共同体的纪念遗产的要素”，口述史资料、日记、照片、雕塑、纪念碑、建筑物等，都是记忆之场的构成元素。该书已经成为文化记忆研究的经典著作，被翻译成英、德、日等多种文字。

发生的东西一样至关重要。”[①]心理上和观念上的真实，就是文化记忆的真实，它对于了解一个城市、一个民族、一个时代的人的文化认知具有重要意义。

五、都市传说的意义建构功能

当代科学技术的应用为我们造就出了一座座神奇的城市，它们的外在景观和内部生活方式都在发生着巨变，但这并不意味着市民头脑深处的文化观念也在发生着同样的变化。一般市民的经验理性根本无法深度把握城市的巨变，他们有限的科学知识和逻辑能力也相形见绌，不敷所用，于是转而在“生活世界”里借助于传统文化，凭借自己熟悉的人物角色和故事母题，以文学的方式来阐释这个世界，赋予新建筑以迥异于其实用功能的文化意义。“生活世界”是通过直觉和经验认知的日常世界，也就是说人们认识社会事物的首要的、最基本的方式是前科学的“原初的直观”方式。科学技术让高大雄伟的建筑诞生，让它们发挥建筑物的社会功能，却无法赋予它们更多的文化意义。人们是在“生活世界”中赋予它们更多意义的，其中一个基本途径是民间口头文学。

文学是人类的生存方式，一种精神化、艺术化的生存方式。文学反映社会生活有“再现”和“表现”两种方法，再现是对现实的模仿，表现是对心理感知的呈现。在上海都市传说中，我们看到的主要是“表现”，因而这些传说呈现出自由浪漫的品格，以生动的、形象的方式表达人们对这个世界的理解，以情感的、想象的方式把握这座城市，给物质世界创造了精神的光泽、情感的温馨和诗化的灵性。这些传说是叙

① 保尔·汤普逊《过去的声音——口述史》，覃方明等译，沈阳：辽宁教育出版社，2000 年，第 171 页。

事性，同时也是抒情性，具有神话的某些特点，所以有人称之为“现代神话”①。人们通过编织传说，不自觉地为物质世界建构意义，而研究者则努力发掘和阐释这种意义。科学技术与宗教文学不同，科学与技术结合通过实践改变世界，而宗教与文学结合通过想象赋予世界以精神和意义。学者的研究又是对这种精神和意义更全面、更深入的阐释，并在一定程度上推进意义建构的过程。

人们以文学的方式把握世界，赋予物质世界以精神和意义，这在世界城市发展史上是有普遍性。科学技术创造出一个坚硬的、冷冰冰的物质世界，而人是不能只靠物质来生存的，人还有一个追求无限的精神，这是人不同于其他一切动物的本质特征。人的精神活动追求时空无限性和表现自由性，科学技术不能满足人的这种追求，而宗教却能够提供这样的无限性和自由性。文学想象力的驰骋开拓了人类的精神空间，创造了诗意的生存方式，也构建了童话般的意义殿堂。因此上海都市传说虽不是专业作家的文学创作，也算不上高层次的文学作品，但它的基本属性是文学，呈现出自由创造的品格，并在创造中建构文化意义。

同时还应看到，意义建构和文化记忆紧密联系，记忆的材料是传统的，但阐释的问题是当下的。通过民间口头文学的意义建构，像龙柱这样的建筑被“圣化”，成为记忆之场中的类似于纪念碑的象征物。皮埃尔·诺拉在《记忆之场》中讨论“记忆之场”的三层含义，即物质性、象征性、功能性，三者是相互关联、同时共存的。民族记忆通过讲述活动而变得可听可感，通过书写而文本化，变得可识可读，再通过影视制作而视觉化，甚至可以借助雕塑艺术或纪念碑（馆）而物态化，在现实的召唤下记忆以各种方式被再现和重构。当然上海都市传说的视觉化尚未出现，物态化是在对建筑物的民间阐释中实现，民间阐释

① 王杰文：《作为文化批评的“当代传说”——“当代传说”研究30年（1981—2010）》，《民俗研究》2012年第4期。

使龙柱成为具有象征意义的文化纪念物。当众多的建筑物都为当代口头叙事所阐释、所“圣化”时，这些建筑物就变成了一座座文化纪念碑，民间化、系统性的记忆之场也借此得以形成。来自于民族历史的宗教信仰和口头叙事为意义建构提供了基本材料，由于它们的传统性和连续性，民族记忆得以延续，城市的文化色调得以保持。

传统的固守与变迁：上海清明节祭扫习俗的都市化进程

王均霞*

现有的对清明节的研究成果非常丰富，但多数研究仍停留在对节俗渊源的追溯与对节俗文化内涵及功能的普适性介绍上①，忽视了在具体的社会语境中立足于当下考察节俗传统与现代化之间的张力②。上海作为中国最现代化的国际大都市，其当下的清明节节俗实践活动深受其现代化进程的影响。然而，迄今为止，研究者对上海清明节节俗的考察并未超越以上提及的清明节节俗研究范式，尚未注意在动态的历史进程中考察传统节俗实践活动与其所处的社会语境之间的关系。基于此，本文将基于现有的上海清明节节俗文献资料以及2012年、2013年笔者在上海福寿园公墓③所调查到的清明节祭扫习俗资

---

* 王均霞，女，山东莒县人，民俗学博士，华东师范大学民俗学研究所副研究员，主要从事女性民俗研究。本文原发表于《华东师范大学学报（哲学社会科学版）》2015年第6期。

① 有代表性的如：黄涛：《清明节的源流、内涵及其在现代社会的变迁与功能》，《民间文化论坛》2004年第5期；刘晓峰：《清明节》，北京：中国社会出版社，2006年；张勃：《清明》，北京：生活·读书·新知三联书店，2009年。

② 涉及这一主题的研究，目前仅见吴真：《清明祭祖习俗的城市化进程——以香港"清明思亲法会"为中心》（载《西北民族研究》2010年第4期）一篇。

③ 上海福寿园坐落在青浦区淀山湖与佘山国家森林公园之间，占地面积750亩。在上海43家公墓中，福寿园是目前最具特色的现代化公墓，其定位是"人文纪念公园"。2008年，它被世界殡葬协会列入世界十大公墓。福寿园外层峦叠嶂、三面环水，园内亭台楼阁、小桥流水，风光宜人。许多名人、艺术家的艺术墓、纪念像都安放在这里。其墓园设计、管理都趋于规范化与现代化。

料，考察当代上海清明节祭扫习俗实践的都市化进程。

整体来说，当代上海的清明节处在一个政府公共政策与服务持续产生影响、信息传播途径迅捷多元、国际化程度高的地区与时代。在这样的背景下，都市空间里的清明节节俗在延续传统的同时，其形式也不断发生改变以适应现代化的都市日常生活。以往处于民间、自发状态的清明节与政府公共服务管理以及市民都市日常生活实践之间发生了更紧密的联系，抑或说，当代上海都市的清明节已被深刻地嵌入到都市日常生活实践当中，它在延续传统的同时具有了鲜明的都市化特征，已非传统乡土意义上的清明节了。

一、从民间的清明节到被纳入政府公共服务管理体系的清明节

2006年，经国务院批准，清明节同春节、端午节、中秋节等一起被列入第一批国家级非物质文化遗产名录，其文化价值得到来自官方的认定，政府明确提出“运用传统节日弘扬民族文化的优秀传统”①。2008年，再经国务院批准，清明节与端午节、中秋节一起成为国家法定假日，放假三天。由此，原本民间自发的、以家庭扫墓为主的清明节与政府的公共管理（服务）发生了密切关联。其表现之一便是政府相关部门对节日假期期间的公共秩序与公共安全的保障与维护。

本质而言，节日假期主要是为都市里实行严格的星期制工作制度的上班族设置的，私营业主和务农者时间安排自由，无需假期来保障节日时间。而这样的安排在保障都市上班族的传统节日时间的同时，也使原本相对分散的祭扫时间变得集中。同时，城市丧葬公墓式管理

① 《中宣部 中央文明办 教育部 民政部 文化部关于运用传统节日弘扬民族文化的优秀传统的意见》，中国教育和科研计算机网，2005年11月7日，http://www.edu.cn/zong_he_870/20060323/t20060323_150191.shtml。

模式,使得都市墓地分布相对集中,且通常处于与都市居住区相区隔的远郊,这导致了祭扫人流流向相对集中,这样,由于祭扫时间与人流流向的相对集中,清明节假期期间的城市公共交通与社会安全给北京、上海这样的现代化大都市造成了很大的压力。

上海市国民经济和社会发展统计数据显示,至2014年年末,上海全市常住人口总数为2 425.68万人,其中户籍常住人口1 429.26万人,外来常住人口996.42万人①,是国内外来常住人口最多的城市,也是国内人口流动性最强的城市之一。清明节假期是一年中人口流动性强的时期之一,而上海的公墓墓园多分布在上海市郊(见表1)。这两方面的因素叠加,使得清明节假期期间上海祭扫人流、回乡人流集中从市区涌向郊区以及外地,加上进出上海的假日旅游观光群体,清明节期间上海的公共交通与社会安全面临很大的挑战。仅以祭扫人流为例,统计资料显示,2008年首个清明小长假第一天,上海全市出行扫墓总人数达237万,较之2007年同期增长了56%,出行车流达19万辆,同比增长了94%②。2015年3月28日至4月6日这10天内,上海市累计接待祭扫市民853.2万人次③。如此庞大集中的人流量使得清明节假日期间交通拥堵成为常态。从普通市民的角度而言,市民在清明节假期期间出行也明显感受到了公共交通的压力。例如,2013年4月4日清明节当天,笔者早上8：00乘坐从武宁路出发至上海福寿园的班车,平时大概1小时左右的车程当天足足走了3个半小时。交通如此拥堵迟滞使得一些原计划祭扫完毕乘火车去外地的乘客不得不将火车票改签,一些乘客在停滞不前的车流中果断选择下车步行

① 上海市统计局、国家统计局上海调查总队:《2014年上海市国民经济和社会发展统计公布》,上海统计网,2015年2月28日,http://www.stats-sh.gov.cn/sjfb/201502/277392.html。

② 杜丽华、刘华宾:《上海今日扫墓人群237万　预计明日人流车流大幅减少》,东方网2008年4月4日,http://sh.eastday.com/qtmt/20080404/u1a417879.html。

③ 李继成、余凯:《沪清明祭扫10天853万人次:高速公路网3天总流量312万辆次出动2万名安保力量2架警航直升机备勤》,《东方早报》2015年4月7日。

至目的地。有新闻报道称，清明节如同春运一般拥堵。2014 年清明节当天，上海市区开往各市郊区主要墓园的道路，以及前往江浙两省的主要高速公路均拥堵，以至不少车辆在高速公路上熄火待行①。交通大面积拥堵也对城市公共安全造成威胁。亦有新闻显示，2014 年清明节节点上海市共发生人员伤亡交通事故 43 起，造成 37 人死亡，17 人受伤，另外还发生轻微物损交通事故 43 304 起(不含自行协商事故)②。

上海民政局 44 家合法经营性公墓分布区县及名称一览表

区县名称	公墓名称
宝山区	宝罗瞑园、宝凤瞑园、月浦安息灵园
嘉定区	松鹤园、长安墓园、白鹤憩园、仙乐息园、华亭息园、清竹园
浦东新区	汇龙园、乐乡公墓、天长公墓、永安公墓、长桥山庄、华南公墓、界龙古墓、福寿园海港陵园
闵行区	颛桥寝园、仙鹤墓园、天国墓园、福乐山庄
金山区	松隐山庄、枫泾公墓
青浦区	福寿园、至尊园、淀山湖归园、徐泾西园、青浦静园、九天陵园、回民公墓、卫家角息园、福泉山留园
奉贤区	滨海古园、海湾寝园、永福园陵
松江区	华夏公墓、天马山公墓、天马塔院、浦南陵园
崇明县	鳌山瞑园、瀛裕瞑园、长兴瞑园、明珠公墓、瀛新古园

可见，清明节假期期间的公共交通与公共安全已经成为像上海这样的大都市的城市问题之一。因而，自 2008 年清明节开始放假以来，政府相关部门就将维护清明节假日期间的安全作为工作的重心之一。浏览《人民日报》历年清明节相关报道可以发现，2008 年以后，《人民日

① 《上海：正清明“清运”拥堵直逼“春运”》，《新闻晨报》2014 年 4 月 6 日。

② 刘轶琳：《去年清明 37 人车祸死亡　上海交警多项措施迎高峰》，东方网 2015 年 3 月 31 日，http：//sh.eastday.com/m/20150331/u1ai8646451.html。

报》每年关于清明节祭扫活动的报道要点除了以往的“文明祭扫”之外，亦多了关于清明节假日安全的相关信息，政府相关部门通常会发文要求保障清明节假日期间的安全。为贯彻执行中央政府的决定，亦为维护上海清明节假期期间的城市公共秩序与安全，从2008年起，上海市政府专门成立了“上海市清明节工作指挥部”，该指挥部由上海市民政局、公安局、工商局、交通局、市政局、市容环卫局（城管执法局）、卫生局（急救中心）、消防局、市委宣传部、市政府新闻办、精神文明办、应急办等单位组成。至少从2010年起，上海市政府每年在清明节前召开“清明工作联席会议”，以确保清明节假期期间的安全。清明节节日活动被明确而深度地纳入到政府的公共服务管理体系之中。

以2013年清明节为例，清明节假期前一个月，上海市清明节工作指挥部组织召开上海市清明节工作联席会议。会议对清明祭扫提出了“四个到位、两个确保”的工作要求：“思想认识到位、责任落实到位、安全措施到位、执法监管到位；确保不发生有严重社会影响的重大事故，确保清明祭扫活动始终处于总体受控状态”[①]（着重符为作者添加）。在这样的整体框架下，上海市各区县也相继召开了清明节工作协调会议；市公安局下发了《关于加强2013年清明祭扫活动期间安全保卫工作的通知》，交警总队制定了《关于做好2013年清明祭扫期间道路交通管理工作的通知》，并专门召开了全市交警部门清明祭扫交通管理工作部署大会，对清明祭扫期间的交通管理工作进行部署。清明节当天，市公安部门共出动警力4 700余名，警用直升机3架，“重点对高架道路、高速公路及通往各墓区主干道增派警力，并对各大墓区及周边道路进行空中巡逻监控”[②]。另外，市卫生局下发了《关于做好2013年清明祭扫期间卫生应急工作的通知》，为市民提供急救服务；市运管部门在11条扫墓线路共投放定点

① 《清明简报2013年第1期》，上海民政网2013年4月2日，http://www.shmzj.gov.cn/gb//shmzj/node4/node179/node1756/u1ai35253.html。

② 《清明简报2013年第1期》，上海民政网2013年4月2日。

班车 270 辆，接送祭扫市民①；接市政府相关领导“关于做好清明高峰期间市民气象服务”的指示，气象部门提前 7 天以短信方式将清明高峰期间各主要墓园所在地的天气情况反馈给相关单位，为祭扫市民提供气象服务。另外，市工商部门也出动了执法检查人员专项检查殡葬用品企业。

可以说，清明节假期期间，政府在维护城市公共安全的同时，亦提供相关服务保障市民的节日生活。在上海这样人口密集、流动性强的现代化大都市中，清明节祭扫已经不再仅仅是个人与家庭的“私事”。受城市空间规划、城市人口规模以及国家（城市）相关政策等多方面的影响，城市居民的清明节节俗实践与城市公共服务管理之间发生了密切的关联，政府对市民的清明节节日生活的管理与干预日深。都市中的清明节节俗实践正从自发的、民间的活动逐渐被更深度地纳入到政府的都市公共服务管理体系之中，成为政府公共服务管理的重要组成部分。

二、清明祭扫观念与行为的都市化：“文明祭扫”宣传与“道具/仪式替换”实践

自 20 世纪 90 年代中后期开始，“文明”一词与清明节有了紧密关联。这一来自欧洲的词汇，最初被用来形容人的行为方式，偏向于有教养的、有礼貌的、开化的，后在使用过程中逐渐由专指个人行为而具有了社会的意义，意指社会的一种进步过程②。当代清明节时使用的“文明”一词，兼有这两种意义，既指向个人的行为方式，又同时兼具社

① 到 2015 年，全市在 22 条扫墓路线上投放的班车数量达到了 1 812 辆。李继成、余凯：《沪清明祭扫 10 天 853 万人次：高速公路网 3 天总流量 312 万辆次触动 2 万名安保力量 2 架警航直升机备勤》，《东方早报》2015 年 4 月 7 日。

② 马克垚：《世界文明史》，北京：北京大学出版社，2004 年。

会意义，抑或说，通过个人行为的文明化来实现社会的文明。

传统的清明节祭扫行为以家庭祭扫为主。例如，过去上海地区有清明前后邀集至亲祭祀先祖的“做清明”习俗，“是日，东家设便宴，遍邀至亲聚会，上坟祭祀”①。其祭祀的内容大概为：标墓②；摆酒菜；点香烛；烧草囤③；在坟上添土除草等。这种从传统农业文明社会继承而来的清明祭扫习俗在20世纪90年代中后期开始受到批判④，其中一些祭祀行为被看作是“不文明”的祭扫方式。

《人民日报》最早于1996年将“（不）文明”与“清明节”联系在一起。一封山西读者来信说：“在清明节以文明的方式扫墓，寄托生者对死者的怀念之情，是人之常情。但清明节期间大撒‘冥币’，大烧纸钱，却是不文明的表现”⑤。1998年，《人民日报》刊登了民政部通知，要求“清明节期间开展文明祭祀活动”，各地在清明节期间要“以移风易俗、节约土地、保护环境、促进社会主义精神文明建设为主题，深入开展有声势、有内容的文明祭祀活动”⑥。尽管“文明祭扫（祀）”的口号同时面向农村和都市，但从新闻媒体历年的报道来看，其宣传的重心其实

① 上海市嘉定县县志编纂委员会《嘉定县志》，第1027页，上海：上海人民出版社，1992年。

② 扫墓时，人们先将红绿相间的纸钱挂在竹竿上插在坟前，人们称之为“标墓”。

③ “草囤”又被称为草甏，是一种小口大腹的缶，如盛老酒的甏叫“老酒甏”。以前没银行，富裕家庭只能将现银放在家里，为防被抢被盗，人们会将现银放入甏中，再将甏埋到地底下，无形中甏就成了“储蓄罐”“钱袋子”。所谓“草甏”就是用草扎的甏，再将叠好的长锭纸钱贮入草甏，在坟地上一把火烧尽，算给已故亲人汇一大笔现款。薛礼勇《老上海的清明节》，《新民晚报·夜光杯》2010年4月4日。

④ 清明祭扫习俗在20世纪五六十年代亦因平坟运动与提倡火葬而受到冲击。以上海为例，主要出版于20世纪90年代的县志中普遍提及平坟运动。例如，《上海县志》中提到，“1958年平整土地，大批坟地被平，60年代土葬改为火葬，做清明、扫墓风俗无形消失”。《嘉定县志》中，“60年代起，随着平整土地，田间坟地渐被铲除，扫墓之俗渐无。今则有公墓，亲属都在清明节前后数日上墓扫祭”。但之后，扫墓习俗又逐渐恢复。

⑤ 《警惕封建迷信乘“节”而入（来信）》，《人民日报》1996年4月4日。

⑥ 《民政部通知要求　清明节期间开展文明祭祀活动》，《人民日报》1998年3月28日。

是在都市的，"市民"一词频繁出现在清明节的相关新闻报道中。总结起来，政府与新闻媒体所指的"不文明"的祭祀活动主要包括"烧纸化钱、招神引鬼"、放鞭炮、打醮做道场等一系列被斥为"封建迷信"的行为与活动①。而"文明"的祭祀活动则主要包括：骨灰入海、树葬花葬、鲜花祭祖、网上祭祀、集体（家庭）追思会等更环保、更符合现代都市卫生观念与生活设置的祭祀活动。本质而言，都市清明节祭扫活动从"不文明"到"文明"的转变，政府与新闻媒体所提供的途径主要是通过祭祀物品与祭祀仪式的清洁化与现代化替换，亦即"道具/仪式替换"来实现的。

"道具替换"一词来源于德国民俗学家对民间文学的相关讨论。德国民俗学者利奥波德·施密特曾在神话传承的研究中罗列过道具替换的规律②。1961年，在《技术世界中的民间文化》一书中，民俗学者赫尔曼·鲍辛格（Hermann Bausinger）在讨论民间童话时援引利奥波德·施密特的观点说，"童话中的乐器和其他道具在不同的文化阶段更替，以贴近当时的时代"③。由这一概念延伸开来，可以发现，"道具替换"遍布当代中国人民俗生活实践的各个领域，同时，在社会转型的时代背景下，更具整体性的"仪式替换"亦被普遍实践以满足当下的日常生活需求。某种程度上说，当代清明节祭扫习俗正是通过"道具

① 需要说明的是，清明节期间祭祀所用到的传统民俗物品及其相关活动在主流话语将其定性为"封建迷信""不文明"行为的同时，亦有专家学者为这些民俗物品及其相关行为正名。例如，面对新闻媒体对清明节期间政府相关执法部门打击民间祭祀用品及其销售，将其视为封建迷信，并倡导用鲜花祭祀的新闻报道，民俗学家田兆元发问："传统祭品曾经是我们和先辈交流的最好方式，凭什么打击？……传统祭扫方式也是文化遗产……打击一种历史悠久的祭祀方式，本身就是不文明的，是破坏多元的文化世界的"。田兆元：《鲜花祭祀更文明？传统祭祀方式该打击？》，个人博客文章，2007年4月6日，http：//blog.sina.com.cn/s/blog_4a095ab7010008a7.html。

② 转引自赫尔曼·鲍辛格著：《技术世界中的民间文化》，户晓辉译，桂林：广西师范大学出版社，2014年。

③ 赫尔曼·鲍辛格著：《技术世界中的民间文化》，户晓辉译，桂林：广西师范大学出版社，2014年，第165页。

替换”与“仪式替换”不断走向“文明”而与传统农业社会分离的：一方面，传统的沟通阴阳两界的民俗物品，如冥币、冥纸、鞭炮等指向“封建迷信”的“道具”已经或者正在被替换成鲜花、丝带等新的更符合现代环保理念的物品；另一方面，传统单一的墓葬形式被替换成诸如海葬、树葬、塔葬、壁葬等更多样、环保的安葬形式；落葬仪式亦趋向于现代化与程式化。传统的以家庭和社区为中心的落葬仪式被由第三方服务业参与的、更专业的、更现代的落葬仪式替换；传统的跪拜仪式被替换成鞠躬仪式；墓碑前的祭祀仪式被替换成网络祭祀、寺庙祭祀等。

清明节期间，上海市政府相关部门以及新闻媒体也不遗余力地提倡、宣传文明祭扫的观念，真正做到了“电台有声，电视有影，报刊上有文章”①。今天上海市民在延续清明节祭祀传统的同时，已经在很大程度上接受了“文明祭扫”的观念。更符合都市环保、节约理念的海葬、树葬、塔葬、壁葬等形式逐渐为市民所接受，其具体的祭扫行为亦日趋“文明”。2015 年清明节前夕《新民晚报》的报道表明，上海市自 1991 年 3 月 19 日举行首次骨灰撒海仪式至今，上海市民对海葬的接受度逐年增加，目前选择海葬的人数以每年近 10%的比率增长，海葬人数从不足亡故人口的0.2%增长到目前超过 2%。相应的调查显示，海葬之后，市民更愿意选择“在海葬纪念碑前献花、鞠躬”和“每年举行一次公祭活动”②。因而，清明节期间具体的祭祀形式相应地也日趋“文明”。网络祭祀日益为民众所接受。例如，福寿园专门在其网站上辟出网上纪念馆，供人们通过网络纪念逝者，截止到 2015 年 4 月 29 日，福寿园网络纪念墙上共有 731 598 个纪念。从家庭/个体的视角出发，传统的墓葬仪式被海葬、树葬、壁葬、塔葬等新丧葬形式及祭祀形式代替。

① 《民政部通知要求　清明节期间开展文明祭祀活动》，《人民日报》1998 年 3 月 28 日。

② 姚丽萍：《入海为安：换种方式告别人生》，《新民晚报》2015 年 4 月 3 日。

除丧葬形式与祭祀形式发生了变化外，具体的祭祀仪式也在逐渐发生变化。根据笔者2012年在福寿园的调查所见，目前上海人的祭扫仪式主要包括以下内容：

其一，擦拭墓碑并清理墓碑周围的垃圾杂物。擦拭墓碑可能在其他仪式之前进行，也可能在其他仪式都结束之后再进行，这相当于以往在坟前除草添土的仪式。

其二，标墓。标墓是将连成长线的纸钱挂在坟头。这样的纸钱也被称作"长龙钱"，其形状如用一枚枚方孔钱币穿起来的长龙，其颜色有纯白色的，有白、绿、红、蓝混杂的。现在福寿园里标墓的并不多。

其三，摆供品和鲜花：供品品种不一，一般为死者生前爱吃的。有的只带水果和糕点，如苹果、香蕉、桔子、青团、馒头和包子等；而做菜肴的一般有素有荤。素菜以豆腐和青菜为主，荤菜主要是红烧肉、鱼、整鸡等，且多有一碗插了一双筷子的米饭。此外还有酒，不喝酒的以清水、茶或者其他饮料代替。另外，鲜花是必不可少的，以菊花、百合、康乃馨等为主。

其四，点香烛：几乎所有来扫墓的人都在墓碑前点香和红蜡烛。上海本地人说，因为阴间太黑暗了，蜡烛能带来光明。而香是报信儿的。逝者只有看到那缕香烟，其灵魂才会顺着香烟的方向到来。一般点燃香之后，祭拜者先站立叩首，举香叩拜三次，然后把香插进香炉里。清理完墓碑前的杂物、摆好供品、点燃蜡烛之后，所有来扫墓的人按照亲疏远近长幼之序，依次在逝者的墓前举香祭拜。

其五，焚烧纸钱。传统上，上海人会用粉笔在坟前画个圈，然后在圈里焚烧纸钱、元宝等。福寿园管理部门为了园内的安全和卫生，禁止人们在地上焚烧，因此他们向来扫墓者出租烧纸钱的铁桶，5元/次，押金45元。现在人们焚烧给逝者的东西包括草纸，20、50、100元甚至上亿元的冥币，纸锭等。纸锭有自己用锡箔纸叠的，也有直接买的现成的。这些都被装入一个印有《钞票经》并能在纸袋上写明送者姓名和收者姓名红纸袋里，名曰“钱垛”。这在功能上相当于以前的草囤。

其六，描字。福寿园里的墓碑上的文字多用黑色/红色或者黄色/红色漆过。黑色和黄色代表已经去世，红色代表人还在世。描字有的是来扫墓的亲人亲自来描，有的则请福寿园的工作人员来描。在福寿园内专门负责描字的虞兴根一天能描三通墓碑。一般而言，描字是将整个墓碑上的文字都描一遍，但潦草的人也可能只描逝者的名字。这相当于给逝者的坟头添土。这一仪式通常被放在最后来完成。

其七，照相。许多扫墓者在扫墓过程中或者扫墓结束后，会在墓碑前照张相或者所有来扫墓的人一起合影，甚至有人愿意通过相机来记录下自己扫墓时的活动，如焚香祭拜等。

另外，上海市福寿园自 2008 年起倡导用鲜花、黄丝带、心愿卡代替传统的锡箔纸钱、香烛供品和鞭炮。每到清明时节，将亲人安葬在福寿园里的人们均可以从工作人员那里免费领取黄丝带，祭扫时可将黄丝带挂在墓碑周围的植物上以寄哀思，因此，许多祭扫者也会将黄丝带系在墓碑周围的松树上。

可以说，尽管并未完全与传统分离，但在具体的祭扫仪式上，以往的除草添土仪式被替换成擦拭墓碑与描字、以往的跪拜被替换成举香叩拜、以往在地上画圆圈烧纸被替换成在铁桶里烧祭品、以往在墓前祭祀被替换成网络祭祀，当下的鲜花祭祀、丝带祭祀被期待替换烧纸祭祀。这些新的祭祀仪式被看作是比传统祭扫仪式更文明的祭扫方式而被提倡、被接受，也正是在此过程中，都市清明节经历着道具/仪式替换过程。

由此可见，尽管都市里的许多祭扫习俗仍然延续了乡村传统，但通过政府相关部门的整体规划和宣传，“文明”的概念逐渐被植入个人的清明节祭祀活动中，传统农业社会遗留下来的祭祀传统，诸如土葬、“烧纸化钱”等清明祭祀活动被作为与“文明”相对的封建迷信而被禁绝、被破除，更符合现代都市管理体系以及与现代都市居民日常生活更贴近的祭祀方式开始成为都市清明祭祀活动的重要形式。都市清明节祭扫实践通过不断地道具替换与仪式替换来实现“文明化”以与现代化的都市管理体系与日常生活实践相适应。

三、新技术与都市人的清明节消费观念

新技术对清明节祭祀习俗的影响是潜移默化的，或者说，新技术融入清明节祭祀习俗在经历了一个“自然的”过程之后，最终成为清明节节俗的一部分。

所谓“自然的”，按照鲍辛格的解释，是指有更强烈的技术特征的新事物以自然而然的方式渗透到民间世界。民俗学者常常忧心于新技术对民俗可能造成伤害，导致民俗的终结①。“在现代性话语的洪流中，民俗传统一方面被描述为被现代科学技术、生产生活方式冲击得七零八落、岌岌可危而亟待抢救、保护和记录的东西，另一方面，又被罩上了远离现代文明、大机器生产而具有人情味的纯洁光环。民俗传统似乎和现代科学技术格格不入，不是因之而日渐沦落，就是因为尚未被其玷污而身价百倍”。② 但鲍辛格强调，新技术给民间文化带来的不是终结，而是改变③。例如，唱片和收音机的出现并没有妨碍流行歌曲的发展。“自从有了收音机以来，歌咏协会成员的数目不是下降了，而是大大增加了”④。因而，“如果预先把一切技术化形式排

① 赫尔曼·鲍辛格著：《技术世界中的民间文化》，户晓辉译，桂林：广西师范大学出版社，2013 年。

② 彭牧：《技术、民俗学与现代性的他者》，《西北民族研究》2011 年第 1 期。

③ 赫尔曼·鲍辛格著：《技术世界中的民间文化》，户晓辉译，桂林：广西师范大学出版社，2013 年。

④ 赫尔曼·鲍辛格著：《技术世界中的民间文化》，户晓辉译，桂林：广西师范大学出版社，2013 年，第 62 页。

除在‘大众文化’或‘文明现象’之外，民间文化就会敏感地萎缩”①，最终变成僵死的遗留物。

就上海的清明节而言，一方面，清明祭祀所用的部分物品逐渐由手工制作变成由机器批量生产的。例如，以往手工制作的锡箔纸现在可以成盒购买机器生产的了；以往需要自己手工折叠的元宝，现在可以成盒购买机器制作的；以往通过手工编织的“草囤”也转变成由机器批量生产的“钱垛”。较之传统的老上海人，年轻一代在参与清明祭祀活动时会更考虑时间成本更追求效率，而对用于祭祀逝者的元宝的材质与制作过程并不十分讲究；另一方面，新的祭祀形式也以新技术作为媒介出现。最有代表性的就是网上纪念馆。仍以福寿园为例，其网站上辟有福寿园网上纪念园区、上海欧美同学会园区、星星港网上纪念园区、红十字遗体捐献纪念园、新四军纪念墙网上查询等几栏。在福寿园网上纪念园区部分开设了逝者网上纪念馆，访客可以通过在线建馆为逝者建立网上纪念馆，上传逝者的照片以及相关资料，之后访客可以通过点击相关图标为逝者献花、点烛、点香火、祭酒、清明祭奠、点歌曲、献心语、献福币等活动。网络纪念馆打破了空间地域对祭祀活动的限制，以其为媒介，人们的祭扫活动即使远在千里之外也可以进行，这某种程度上是与现代社会中人们日益普遍的流动性相适应的。

与都市人快节奏的日常生活及消费观念相适应，第三产业的勃兴也明显地影响到都市里的清明节祭祀形态。首先，以往由家庭手工制作的食品，如青团、鱼、肉、蔬菜等，现在可以通过副食店以及祭品专门店购买，但同时，以往祭祀之后大家分食供品的习俗也日渐消失，人们一般在祭祀结束之后将供品留在墓前，不再带走。另外，相关的祭祀活动也被委托给相关服务机构。以福寿园清明节提供的相关服务为

---

① 赫尔曼·鲍辛格著：《技术世界中的民间文化》，户晓辉译，桂林：广西师范大学出版社，2013年，第61页。

例，墓园内有商店可以为逝者家属提供便捷的糕点、供菜、香烛、鲜花等供品售卖服务，墓园也会根据客户的需求为其提供“描红画黑”等服务。在各项被委托给相关服务机构的祭祀活动中，清明节期间落葬仪式的组织安排是福寿园里最火爆的业务。例如，2013 年清明节当天，共有 124 户在福寿园落葬并购买了该墓园价格不等的落葬服务。在这些落葬服务中，包括落葬仪式安排、一应落葬所需物品，均由福寿园提供。与传统以家庭与社区为中心而举行的落葬仪式相比，由第三方服务业介入的落葬仪式以专业化、现代化、规范化以及便捷见长，他们提供从供品（如水果、点心、香、福音土等），到仪式所需器物（如灵棚、供桌、花圈、白玫瑰等），到人员配备（如礼仪师、礼仪协助师、礼仪工人），到仪式规程等一条龙服务。很大程度上，这些服务将都市人从耗时耗力的祭品与仪式准备工作以及繁琐的仪式规程的学习中解放了出来，并维持了都市人的体面。

新技术与第三产业的兴起，以及都市人消费观念的变迁，使得祭扫行为趋向简单、便捷，同时亦将都市人引向更多元的祭扫形式。它展示了都市人比乡村人更强的消费能力与更开放的消费观念。这是同都市人的身份相适应的。某种程度上说，“人们在消费商品时已不仅仅是消费物品本身具有的内涵，而是在消费物品所代表的社会身份符号价值”①。正是通过新技术与消费观念的革新，都市人维持了一种属于都市人的身份与体面。

四、清明节农贸市场与都市人的怀旧

城市化进程的加快，使得“‘土生土长’、守家在地的中国人也如同

① 王岳川：《消费社会中的精神生态困境：博德里亚后现代消费社会理论研究》，《北京大学学报》2002 年第 4 期。

骤然间被剥夺了故乡、故土、故国，被抛入了一处‘美丽的新世界’”[①]，他们与乡村生活渐行渐远，但乡村记忆尚未远去，“怀旧”日渐成为都市生活的新主题。怀旧被看作是现代人“为了解决现实情境中的认同危机，时常记忆或回溯过去的自我形象和生存经验，并借助想象弥合自和调整遭到时间侵蚀和现实割裂的、破碎的自我形象，从而保持自我发展的历史不被中断、自成一体的自我世界不被分裂”[②]。

节日成为触发漂泊者思旧怀乡之情的重要节点。每到佳节来临之际，无论是报纸还是网络上，总多有充满了怀旧之情的文章。这些文章中充满着对过去的人、事、物的回忆，亦即对过去生活的回忆。就清明节而言，每到节日来临之际，各大报纸总要推出与清明记忆相关的作品若干篇，这些作品内容常常涉及对亲人的思念（例如，2014 年 4 月 6 日上海《新民晚报》刊登了名为《清明》的文章，文章回忆了小时候去给爷爷扫墓的情形），对清明节节日食品的追忆（例如，2015 年 4 月 5 日《新民晚报》登载了名为《青团的感觉》的文章。文章中作者描述了过去买青团的记忆）等。某种程度上说，这些回忆性的文章是都市人回到过去的一种方式。

除此之外，都市人还以“情境再现”的方式重新体验“过去”。都市庙会很大程度上发挥了此功能。新兴起的上海郊区公墓周边的清明节农贸市场亦发挥了相似的功能。

以福寿园为例，从福寿园建园第一年开始，在清明节和冬至节就陆续有附近居民来卖鲜花。发展到现在从福寿园牌坊到福寿园门口的路上，在清明节和冬至节前后已经自发形成了一个小规模的农贸市场。这个市场上的商贩也主要是福寿园附近的居民，其所卖商品除了清明祭扫用的鲜花、香烛元宝等物品以外，主要是农副产品。

2012 年清明节期间，这个市场上除了草莓、甘蔗等比较大的摊位

---

① 戴锦华：《想象的怀旧》，《天涯》1997 年第 1 期。
② 赵静蓉：《现代人的认同危机与怀旧情结》，《暨南大学学报》2006 年第 5 期。

之外，其他农副产品大多是附近的居民自家种植、用来满足自家的需求之外的余品。这些农副产品包括娃娃菜、荠菜、韭菜、蒜苗、生菜、豌豆苗、野芹菜、姜、花菜、土豆、黄瓜、黄豆、绿豆、红豆、土鸡蛋、土鸡、鱼类、贝壳类、田螺、咸鹅蛋、咸鸭蛋、梅干菜、腌咸菜等等。所卖水果有：草莓、苹果、梨、甘蔗等。熟食有：粽子、青团、年糕、烤地瓜等。

卖农副产品的人以当地中老年女性与老年男性为主，他们将蔬菜装到旧尼龙袋里，鸡蛋放在旧提篮里，绿豆、红豆、黄豆之类装到旧可乐瓶里，用手推车推到市场上，或者自己将这些物品背到市场上，找到他们认为合适的摊位把这些产品摆放出来并推销叫卖；年迈的老妇将颜色暗淡的青团摆在笼布上，用三轮车推着在市场上穿梭或者在空出来的地方停留。大部分商品也不如菜市场里摆放得那么整齐、清洗得那么干净，相反，它们的放置是相对随意的。许多人也不准备新的包装袋，顾客购买的东西用旧塑料袋装一下就好了。然而，在这里，包装的随意、产品的瑕疵，包括青团颜色的暗淡并不是缺点，相反，这些恰恰彰显了产品的质朴性与天然性，这是这个农贸市场"本应有之"的特点。

围着头巾的家庭主妇和上了年纪的老年男子脸上带着乡村人特有的淳朴，热情地向扫墓归来的"城里人"推销他们的产品。他们卖的农副产品的要价要比城里的菜市场上便宜一些。如果不知道怎么吃，卖者还附带告诉那些扫墓的人他们的家常做法①。他们跟这些路过的人强调，这些东西都是"自家种的"，自家吃不了才拿来卖。"自家种的"意味着这些商品是较少使用农药的、好吃的，某种程度上是可以与"有机""无公害"挂钩的。这对于市区来的扫墓者而言，是有吸引力

① 王女士20多年前从浙江嫁到青浦来，2012年清明节假期期间，我去福寿园做调查时买了她的田螺。买时，她告诉我这个外地人青浦当地人吃田螺的方法：放生姜、葱、油、酱油、黄酒将田螺一炒，一直到将田螺的盖子炒掉了，然后再加清水，炒三分钟，这样就好了。她说，这样炒出来很好吃。

的。许多扫墓者，尤其是中老年人，在扫墓之余很愿意带些农副产品回家。

尽管很多时候并未言明，但这样的农贸市场里的买卖行为中，却夹杂着对过去传统生活的怀念与对当下碎片化的都市生活的无形焦虑。这一农贸市场已非传统意义上那种单纯满足人们的物质消费需求的市场了，而是买卖双方共同营造的诉诸传统乡村生活却嵌入现代都市生活的新的怀旧市场，它通过“情境再现”为现代都市人提供了与过去重新建立关联的途径，实现了都市人对当下的都市生活的精神逃离与对传统乡村生活的某种精神回归。它所表现出的怀旧特征为人们提供了“在家感”，而家“象征了历史上不太复杂的时刻和个体经验的居所”①，是全球化语境下，人们回归本土文化的一种路径。

五、结语：清明节的都市化

综合以上分析，可以确定的是，清明节祭扫习俗在上海这样的现代化都市日常生活中仍然有着不可忽视的位置。在特定时间节点通过具体的仪式行为来表达对逝去的先人的纪念和哀思这一传统清明节祭祀行为的精神内核在都市日常生活中仍被稳固地延续着，换而言之，都市清明节与传统有着深厚的内在关联。但是，我们也应该注意到，现代化都市生活中的清明节已经无法等同于传统农业社会的清明节了，它在延续传统的同时已经刻上了深深的现代化都市生活的烙印：一方面，它被深度纳入到政府的公共服务管理体系中，清明节节俗实践不再单纯是个人/家庭事务，而很大程度上变成了公共事务；另一方面，它与都市的空间规划以及都市人的文明观念、时间观念、消费观念等相融合，日趋适应都市生活所认可的环保、便捷、现代的理念。

① 赵静蓉：《现代人的认同危机与怀旧情结》，《暨南大学学报》2006年第5期。

同时，都市清明节祭扫活动的衍生物，如公墓周边的农贸市场，通过对传统乡村生活的回归进一步提示了都市清明节与农业社会清明节的分离。本质上，现代都市中的清明节已经成为都市清明节。它与现代都市日常生活相适应，是正在被实践着的鲜活的都市日常生活，而非仅仅是需要保护的传统或遗产。

一定程度上说，当代都市中的清明节节日实践与传统清明节节俗活动之间的关系，抑或说都市化的当代清明节与传统农业社会的清明节之间的关系不是相互分离与对立的。传统农业社会的清明节节俗实践并非我们今天探讨当代清明节节俗实践的起点与标准。将二者放在长时段的历史中来看，它们之间的关系是具有连贯性的，抑或说，它们是清明节节俗发展的历史长河中两个不同的阶段，并不具有本质上的分裂性。这就提示我们以一种动态的而非静止的眼光来理解清明节节俗实践的变迁。由此，研究者对于都市清明节的研究，亦应将回望乡村、回望历史的目光适度收回，避免以传统清明节节俗活动为参照来审视当代都市中的清明节节俗实践，转而将眼光朝向当下，立足于都市人及其日常生活，在动态的历史进程中考察都市清明节俗实践活动与都市居民日常生活的关联。

文化遗产保护在上海新城镇建设中的意义

毕旭玲*

城镇化，简单来说就是将城镇作为乡村建设的模板和目标，将乡村转变为城镇，同时将乡村人口转变为城镇人口的过程。建国以来，中国城镇化经历了曲折的发展，改革开放以后进入到稳步增长阶段。相关研究显示：从1978年到2000年，我国城市化水平明显上升，城市建置由193个增加至663个，镇建置由2 173个增加到20 312个①。21世纪以后，我国城镇化进入快速发展时期，到2009年，我国的城镇化率已经达到了46.59%。②

快速城镇化在地理面貌上造成了大量乡村聚落、传统建筑的消失。而这些正是传统文化遗产赖以生存的外部环境。不少学者都注意到了在城镇化中，因环境的改变而引起的文化遗产的衰落问题，并就此展开了思考与调查。总的来说，学者对此问题的研究主要集中于在城镇化的大背景下保护文化遗产的观点、思路与方法，如：《城镇化进程中城市文化建设与文化遗产保护》（单霁翔，《城乡建设》2013年第

* 毕旭玲（1979— ），女，山西阳泉人，文学博士，博士后，上海社会科学院文学研究所副研究员。本文原发表于《文化遗产》2016年第2期。

① 刘勇：《中国城镇化发展的历程、问题和趋势》，《经济与管理研究》，2011年第3期。

② 刘勇：《中国城镇化发展的历程、问题和趋势》，《经济与管理研究》，2011年第3期。

6 期)、《问题与对策：城镇进程中的非物质文化遗产保护》(徐艺乙，《徐州工程学院学报(社会科学版)》2014 年第 5 期)，《城镇化进程中的非物质文化遗产保护问题新探》(谢中元，《理论导刊》2015 年第 1 期)；也有一些涉及城镇化建设与文化遗产保护的关系，如《我国城镇化建设与文化遗产保护的关系》(彭兆荣，《西北民族研究》2014 年第 4 期)、《试论城镇化建设与文化遗产保护的关系》(朱峰，《知识经济》2015 年第 7 期)、《城镇化背景下文化遗产旅游与客家文化传承和创新——以福建永定土楼为例》(包晓莉、许良慧，《城市地理》2015 年第 2 期)。这些研究为城镇化大背景下文化遗产的保护提供了很好的思路与视角，但却未必能在实践层面上更好地推进文化遗产的保护工作。

中国城镇化是一种历史的必然，这已经是从政界到学界的统一看法。推进城镇化就会破坏文化遗产，这也是中国当代城镇化建设中普遍存在的问题。城镇化建设与文化遗产的保护之间似乎有一种不可调和的矛盾，不解决这一矛盾，在实践层面上推进文化遗产的保护大都是一句空话。但实际上，城镇化建设与文化遗产保护之间并不存在天然不可协调的矛盾，文化遗产的保护对于推进当代中国城镇化建设不仅没有妨碍，反而具有重要促进作用和意义。下面，本文将以上海新城镇建设为例来说明文化遗产的保护对于当代中国城镇化建设的意义。

一

上海新城镇的发展可以追溯至 20 世纪 90 年代“一城九镇”的战略布局，由此开启了上海城市布局的新变化。21 世纪初，《上海市城市总体规划(1999—2020)》中明确提出郊区要集中力量建设 11 个新城。此后，上海郊区城镇化布局几经调整，先后出台了《关于切实推进‘三个集中’加快上海郊区发展的规划纲要》《上海市国民经济和社会发展第十一个五年规划纲要》《关于本市加快新城发展的若干意见》等多项文件，最终形成了"1966"新城镇体系。"1966"，即1个中心城、9个新城、60个左右新市镇、600个左右以行政为单位的中心村。新城镇作为其所在区县的经济文化中心和人才聚集地，对所在区县具有很强的辐射和引领作用，带动了本区域经济和文化的发展。"十二五"期间，上海新城镇稳步发展，逐步形成了"多中心、多组团、敞开式的城市结构"①。新城镇的发展也起到了引导上海市区空间拓展，疏解市中心人口与功能的作用。第六次人口普查的结果表明：2010年上海2 300多万常住人口中，约有五分之一集聚在郊区新城，比第五次人口普查时增长近1倍②。

在上海新城镇建设发展在取得很大成就的同时，也出现了一个严重问题："七城一面"的倾向非常明显。"七城一面"，也就是说七座新城无论是从建筑形式、经济特色还是文化发展上都表现出趋同的倾向。"七城一面"主要表现在：第一，各新城镇的文化特色模糊。相似的现代建筑取代了有鲜明特色的传统建筑，不少传统建筑（有些甚至是各级文物）因为城镇化的发展而面临灭顶之灾。一些极富特色的地方传统文化资源因为经济的发展而受到忽视，更因为环境的急剧变化而濒临灭绝；第二，七座新城因区位和发展历史的不同，早已形成了各自富有特色的传统产业，但城镇化过程中引入的现代产业布局未能充分尊重历史特色和发挥市场作用，严重削弱了原有的传统产业，消弭了区域产业特色；第三，新城镇对人口的吸引力不足。比较第五次人口普查和第六次人口普查的数据会发现：10年间，郊区（县）作为外来人口集聚的核心地区，人口增长占整个上海人口增长总量的99%，但外来人口导入却与新城错位，他们更多集中在新城周边的乡镇，新城

① 花建：《发挥文化产业对中国新型城镇化的贡献力》，《学习与探索》2014年第9期。

② 葛春晖等：《基于区位论的上海新城发展评估与策略》，《上海城市规划》2015年第6期。

未能成为外来人口的主要导入地①。

以城镇为模板发展乡村，将各自不同的乡村发展为几乎相同面貌的城镇，这恐怕是中国城镇化中的一个普遍现象。“多城一面”现象的根源在中国城乡二元结构的固化上。

马克思在《资本论》中将城乡关系变迁概括为三阶段：城乡分离、工业化与城市化、城乡融合。而要达到城乡融合，“消灭城乡之间的对立是社会统一的首要条件”②。西方的城市化，基本是沿着马克思所概括的这条道路前进的：工业革命加速了城乡分离，在此基础上，二战以后不久，西方国家依托工业化和城市化的基础，走向了城乡融合的局面。但中国的城乡二元结构的形成虽然有与西方相同的原因，比如市场成长、分工深化等，但也有与西方不同的原因。中国城乡分离的加速是在鸦片战争以后国外工业文明与市场经济的冲击所导致的。新中国成立以后，为了快速实现工业化，国家实施了一系列有关城乡关系的政策与制度，比如：工农业产品不等价交换、农业合作化、统购统销、要素流动控制等。这些政策与制度确保了农业对工业，乡村对城市的长期支持，也令乡村做出了巨大的牺牲，固化了城乡差别。而改革开放以后，城市利用自身优势和国家优惠的改革政策先富起来，更加剧了城乡差别。尽管在21世纪以后，国家在处理城乡关系中城市偏向的政策有所转变，将“三农”问题提升到了前所未有的高度，但城市偏向的政策还是很难改变。而且三十多年来固化的城乡二元结构，实际上形成了城乡二元的心理及文化定势。这种定势简单概括就是:“城市 = 先进”“乡村 = 落后”。

随着上海新城镇的建设，大量农村聚落消失，传统建筑，甚至历史文物都遭到破坏，消失或损坏的资源不胜枚举，青浦区的孔宅，松江的

① 葛春晖等：《基于区位论的上海新城发展评估与策略》，《学习与探索》2014年第9期。

② 中共中央马克思恩格斯列宁斯大林著作编译局：《马克思恩格斯全集》第3卷，北京：人民出版社，2006年，第57页。

超果寺、岳庙，金山的法忍教寺，南汇的福泉寺，浦东的庆宁寺等。以浦东地区为例，根据 2011 年 6 月结束的浦东新区第三次文物普查结果统计，从 1985 年第二次文化普查结束至第三次文化普查，浦东新区消失的已登记历史文化建筑、遗址及纪念物等文物共 139 处。尤其在原农村、郊区地带在城镇化中消失的数量占多数。同年的一个调研将调查的对象扩大到所有有据可查的文物，该调查表明：浦东有史可查的建筑遗产和纪念物原本有 468 处，但随着浦东地区新城镇建设和旧城改造的进行，不少遗产永久消失。其中消失最快的时期是 1990 至 2000 年之间的 10 年间，共 117 处建筑遗产和纪念物遭到彻底破坏。这一时期正是上海城镇化迅速发展时期。2000 年以后，建筑遗产和纪念物的消失速度虽然放缓，但此类情况依然存在。从 2000 年至 2010 年的 10 年间，共有 50 处建筑遗产和纪念物遭到彻底破坏。在这些被破坏的建筑遗产和纪念物中，不少都是当地有名的历史文化遗产，如三林九曲桥，洋泾老街，南汇十字街，古石桥，川沙镇“飞虹复道”，庆宁寺小火车头，同乡会旧址，海派艺术大师钱惠安、王一亭旧居等①。

随着环境的变迁，新城镇所在区县的非物质文化遗产的衰落也在加剧。一些传统资源，如崇明的扁担戏、南汇的锣鼓书、松江的顾绣等，都具有深厚的历史传统和浓郁的地方特色，在上海的民俗文化形式中具有一定的代表性，但是近年来，随着市场经济的发展与城市化进程的加快，这些传统民俗文化的品牌项目受到了严重的挑战，衰落消亡现象十分严重。传承人的缺乏是其中最重要的原因之一。比如崇明的扁担戏又称布袋木偶戏，在崇明已有 150 多年历史。但是至 20 世纪 50 年代初，能够掌握此戏技艺的便只剩 10 多人，而现在更是只剩 1—2

① 参见：《关于浦东历史文化遗产保护和开发的调研报告》，完成时间：2011 年 9 月，http://blog.sina.com.cn/s/blog_53284d0a0102dz8u.html。数据采集时间：2014 年 4 月 9 日。

人。松江的顾绣、嘉定的竹刻等传统民间工艺虽然至今尚能生存，但其社会影响也有逐渐衰落之势。

如上所举，城乡二元结构所形成的心理定势和文化定势遮蔽了乡村文化本身所具有的优势，由此导致了在城镇化的过程中，大量乡村文化遗产因为代表着“落后”而遭到了彻底的毁弃。

二

上海新城镇所在的郊县地区是上海文化遗产的富集地区，拥有数量众多的历史文化遗址（遗迹），历史文化建筑（群），历史文化纪念物、古镇古城与非物质文化遗产。这些珍贵的文化遗产是最富有地方特色的区域文化资源，是郊区民间“生活的华彩乐章——是民间知识的精华形态”①，文化特色鲜明，文化优势明显。

上海新城镇及其所在区县具有悠久的历史，其文化史始于新石器时期。在中国古文化遗址类型中，有两种是以上海地名命名的——崧泽文化与马桥文化。崧泽文化距今6000—5300年，属于新时期时期母系社会向父系社会过渡阶段，以首次在上海青浦区崧泽村发现而命名；马桥文化为夏商时代的文化遗存，以最早发现于上海闵行区马桥镇而命名。上海新城镇及其所在区县古文化遗址集中分布于青浦、金山、松江、奉贤四个区，包括：青浦区的崧泽古文化遗址、福泉山古文化遗址、寺前村古文化遗址、金山坟古文化遗址、刘夏古文化遗址，金山区的査山古文化遗址、亭林古文化遗址、招贤浜（张堰口）古文化遗址、戚家墩古文化遗址，松江区的广富林古文化遗址、汤庙村古文化遗址、平原村古文化遗址，奉贤区的柘林古文化遗址等。这些古文化遗址展示了新城镇及其所在区县从新石器时代到秦汉时期的文化史发

① 田兆元：《民俗本质的重估与民俗学家的责任——一种立足于文化精华立场的表述》，《山东社会科学》2011年第5期。

展脉络。

上海新城镇及其所在区县的历史文化建筑及纪念物遗存数量众多,其分布最集中的是嘉定区、浦东新区、青浦区和松江区。根据不完全统计,这四区代表性历史文化建筑和纪念物存量[①]分别有 48 项、47 项、45 项和 42 项。其中,以桥梁、宗教建筑(佛寺、道观、天主堂、基督堂等)、故居民宅为主要形式,各种桥梁的存量最丰富。比如青浦区代表性历史文化建筑和纪念物有 45 项,其中 27 项都是桥,占总数的 60%。奉贤区的 13 项代表性历史文化建筑和纪念物中,有 8 项是桥,占总量的 61%。这充分说明部分新城镇所在区域具有鲜明的水乡特色。

新城镇所在区域古城、古镇密布,代表了本区域悠久的历史和丰富的文化资源。根据文献资料、传说及考古发现,金山新城所在区域的城池建设和城镇发展甚至可以追溯至西周时期,传说西周康王东巡大海而建金山古城。其中代表性的资源如青浦区的青浦古镇、徐泾蟠龙古镇、重固古镇、金泽古镇、白鹤古镇、朱家角古镇、练塘古镇,浦东区的三林塘古镇、下沙古镇、新场古镇、川沙古镇、六灶古镇、大团古镇,金山区的枫泾古镇、亭林古镇、朱泾古镇、张堰古镇,嘉定区的南翔古镇、嘉定古镇、安亭古镇、楼堂古镇,松江区的泗泾古镇、松江古城府城、松江府城仓城,奉贤区的奉城古镇、青村古镇、庄行古镇等。

新城镇及其所在区域还拥有丰富的非物质文化遗产项目和资源,以市级非物质文化遗产为例。到 2015 年 7 月,上海市共评出五批非

---

① 为了考察的方便,“代表性历史文化建筑和纪念物”指纳入各级(国家级、市级、区县级)文物保护名单的文化建筑和纪念物。该部分数字统计资料来源为:《上海市市级文物保护单位一览表》《上海市全国重点文物保护单位》《上海市文物保护单位名单》《上海市县(区)级文物保护单位(部分)一览表》,参见:上海市文化广播影视管理局、上海市文物局官网,http://wgj.sh.gov.cn/wgj/node1257/index.html。数据采集时间:2014 年 5 月 1 日。

物质文化遗产项目 220 项[①],7 个新城镇及其所在区县共拥有市级名录项目 97 项,约占到全市非遗总量的 44%。也就说,全市将近一半的非遗项目都可以在新城镇及其所在区县中寻找到。其中,第一批市级非遗项目共 83 项,新城镇及其所在区县共拥有 41 项,约占 49%。第二批市级非遗项目共 45 项,新城镇及其所在区县共拥有 20 项,约占 44%。第三批市级非遗项目共 29 项,新城镇及其所在区县共拥有 15 项,约占 52%。第四批市级非遗项目共 13 项,新城镇及其所在区县共拥有 7 项,约占 54%。第五批市级非遗项目共 41 项,新城镇及其所在区县共拥有 14 项,约占 34%。

三

但是这样优势明显,特色鲜明的文化遗产却在新城镇建设过程中遭遇到了毁坏与漠视。其重要原因是在新城镇的建设中,无论是政府部门还是相关机构与单位,都未能正确认识文化遗产对于新城镇发展的重要意义:保护文化遗产有助于解决新城镇发展过程中遇到的诸多问题。

第一,新城镇及其所在区域的文化遗产是新城镇建设的文化基础,是赋予新城镇文化生命力和文化特色的根本源泉。

目前上海新城镇开发的主要模式是政府主导下的房地产开发。在每一座新城里都可以看到这样的现象:大量新建楼盘如雨后春笋般破土而出,外观现代,绿化标准,道路整洁。但不借助地图导航,就无从分辨身在何方。这些新城镇只有漂亮的外观,却毫无文化生命力和文化特色。与此相反的是,新城镇及其所在区域原有的文化遗产项

① 其中,第一批 83 项;第二批 45 项,扩展名录 5 项;第三批 29 项,扩展名录 8 项;第四批 22 项,扩展名录 13 项;第五批 41 项,扩展名录 16 项。因为扩展名录是对正式名录申报地区或单位的补充,所以在计算五批名录的总数量时并未将扩展名录的数量计入。

目表现出鲜明的地域特色。

总的来说,可以将上海新城镇及其所在区县的文化类型划分为两大类:以海洋渔业、盐业生产为主要生产方式的海洋文化特色,以稻作、棉花以及渔业生产为主要生产方式的江南水乡文化特色。如濒海的金山新城与城桥新城具有浓厚的海洋文化特色,拥有大量与海洋生产与生活有关的习俗与技艺等文化遗产;又如青浦区早在新石器时代就开始了原始水稻种植,历史上一直是农业大县,元代又开始了种植棉花的历史,因此具有浓郁的江南水乡文化特色。当然,并非所有的区域都只具有一种文化特色。奉贤南桥新城及其文化遗产就具有浓郁的江南水乡特色,但因为奉贤区东部沿海,东西两部分区域文化遗产也有明显差别。比如祭祀习俗就有差别,东部沿海民众在新船或新修的渔船下水前要在船舱中举行祭海仪式;而西部内陆民众则在每年农历二月初八祭祀神农氏,在下秧田撒谷种时举行祭天地仪式,在久旱时要举行祭天求雨仪式。

将这些文化特色鲜明的文化遗产作为文化元素融入到新城镇的开发中,新城镇将会成为具有深厚文化积淀和鲜活文化生命力的城市。但在具体开发中,却并未得到重视。以松江地区开发为例,这里曾发生过两件令人啼笑皆非、扼腕叹息之事。松江地区历史悠久,有"上海之根"之称。松江佘山地区最重要的文化特色莫过于与"三泖九峰"相关历史文化资源,这里曾是三国大将陆逊的封地,晋代著名文学大家陆机、陆云的故乡。但在20世纪八九十年代,当地旅游部门却"别出心裁"地在山中人造防空洞内移植了西游记人造景观。因为与当地历史和民间文化传承没有任何关系,所以游客寥寥,最后损失惨重。当时,松江曾先后投资二三十亿人民币进行此类的旅游开发,都以失败告终;到了新世纪,松江新城开发时重点打造了"泰晤士小镇"。"泰晤士小镇"是面积一平方公里的房地产开发项目,以英式河边小镇为其建筑风格,其宣传口号之一是"情系英国",曾是上海"十五"期间的重点核心项目。虽然该项目屡次被当地政府作为正面功绩提及，但因为与当地传统文化格格不入，最后只能沦落为婚纱照取景地，贻笑大方。松江当地早在魏晋时期种植业就相当发达，陆氏家族在这里发展出自给自足的江南庄园经济，如果将这些资源作为房地产开发的元素，以江南庄园替代不知所云的英式风格泰晤士小镇，那将是多么有文化内涵，匠心独具的设计。

第二，新城镇及其所在区域的文化遗产是新城镇产业开发的重要资源，为各区新城打造特色产业提供了很好的思路和基础。

前文已经提及：上海郊县拥有众多的非物质文化遗产资源。其中，最集中和最有优势的莫过于传统工艺、技艺与传统美术项目，以及传统音乐舞蹈、戏剧曲艺类项目。新城镇及其所在区县拥有列入市级非物质文化遗产保护名录的工艺、技艺与传统美术类项目 40 项①，约占全部新城镇及其所在区县市级项目总数的 41%；新城镇及其所在区县拥有列入市级非物质文化遗产保护名录的传统音乐舞蹈和戏剧曲艺项目 30 项②，约占新城镇所在区县所有市级项目总数的 31%。

这些技艺、美术、戏曲、舞蹈之类的非物质文化遗产，是所有非物质文化遗产门类中最容易被产业开发的种类。而且，区县之间的补充名录并不多见，这说明每个区县都拥有大量的、独特的非物质文化遗产项目，比如嘉定区的竹刻、徐行草编，松江区的顾绣、十锦细锣鼓，奉贤区的木雕、山歌剧，浦东新区的锣鼓书和浦东说书，青浦区的田山歌和烙画，金山区的金山农民画和枫泾丁蹄制作技艺，崇明县的灶花和扁担戏。如果这些项目能得到较好的开发，将为各区县打造特色鲜明的文化产业。但现实情况是，这些非物质文化遗产项目中的大多数都还没有能进行产业开发。即使是那些已经被开发的项目，也因为种种原因止步不前。比如金山农民画就因为没有良好的管理方法而遭遇

① 补充名录不计算入内。
② 补充名录不计算入内。

到了侵权盗版的伤害。金山农民画是具有上海地方特色的民间艺术。随着金山农民画的声誉鹊起,大量假冒赝品也随之出现,并且低价倾销,其他农民画也东施效颦,给金山农民画这一民俗文化品牌带来了很不好的影响。

第三,保护新城镇及其所在区县的文化遗产是新城镇增强人口吸引力,加强区域文化认同,构建区域和谐社会的重要途径。

足量的人口是新城镇建设的基础。上海新城镇人口构成主要来自三方面,一方面是原有的农民,在新城镇建设中转为市民;第二方面是市区人口在旧城改造中因拆迁而迁入新城镇;第三方面是外来人口的迁入。在这三方面中,原有市区人口的比例最低。因为新城镇中的大部分实际上位于远郊。而市区人口的外迁更倾向于近郊,如浦东、宝山,他们对于远郊的新城并不那么热衷。有调查表明:上海市人口分布空间变动表现为以中心城区为中心的环状分布模式,存在显著的空间集聚现象,人口密度快速上升区域主要仍集中在近郊,并与原本的中心城相连成片①。而新城镇中外来迁入人口的数量则逐年上升,这一部分人口是新城镇建设的重要基础。有研究表明,2005 年之前,外来人口入迁倾向选择近郊区。而“2005 年以来,以外来人口为先行军,上海人口分散分布正在向远郊区推进”②。“不同于户籍人口的环状增长模式,外来人口在空间上呈面状增长态势,增长速度最快的街道、镇均位于远郊区”③。外来人口入迁是重塑城市人口空间格局的重要力量。“2000—2010 年,除松江新城以外,其余各新城及其所在区的新增外来人口占总人口增量比重均在 70%以上,青浦区的相应比例最大,达到 96.9%,其次是奉贤区,为 92.0%,松江新城的人口增量中

① 俞路,张善余,韩贵峰:《上海市人口分布变动的空间特征分析》,《中国人口·资源与环境》2006 年第 5 期。

② 王春兰等:《上海人口郊区化与新城发展动态分析》,《城市规划》2015 年第 4 期。

③ 王春兰等:《上海人口郊区化与新城发展动态分析》,《城市规划》2015 年第 4 期。

外来人口也占到52.3%。”①但正如第五、第六次人口普查数据所显示的那样，不少外来人口没有直接选择新城居住，而是散居在新城周边的乡镇。

新城镇对外来人口缺乏足够吸引力的原因是多方面的，比如生活成本、就业机会、交通等，改善这些条件对于暂时吸引外来人口将有重要影响，但从长期来看，却不会增加多少新城镇对人口的吸引力。原因在于外来人口在新城镇无法寻找到文化认同，因此无法迅速融入新城镇，并长期定居。外来人口是新城镇人口中最不稳定的一个群体。一方面，他们中的大部分人只是暂时停留在新城镇谋生，一旦其他地方有更好的条件，他们可以随时离开。另一方面，因生活习惯、受教育程度等因素，外来人口与本地户籍人口之间存在一定的矛盾，较难融入新城镇社会。外来人口的轻易流动以及本地人口与外来人口之间的矛盾，必然影响新城镇的长期稳定发展。所以关键是在要让外来人口产生对新城镇的文化认同，进而产生依恋感情，从心理上促使他们留在新城镇，化解他们与本地户籍人口之间的矛盾。在这方面，文化遗产要比其他的法律、政策更具有效果。

作为文化精华的文化遗产，蕴含着丰富的历史内涵与生活哲学，充满了民间审美情趣和民间智慧，功利色彩较淡。无论籍贯、背景如何，在文化遗产的欣赏方面，外来人口和本地人口都可以找到共同点。因此，借助文化遗产，尤其是非物质文化遗产的各类活动（如上述的音乐舞蹈戏曲类遗产就是非常适合大众参与的项目）吸引外来人口的参与，让他们了解新城镇的历史文化，有助于促进外来人口与本地人口的交流，更有助于培养外来人口对新城镇的认同感。认同感是个体对所属文化以及文化群体内化并产生归属感，是维系社会和谐的情感凝聚力，外来人口对新城镇的认同感有助于构建区域和谐社会，从而

① 王春兰等：《上海人口郊区化与新城发展动态分析》，《城市规划》2015年第4期。

促进新城镇的发展。

综上,上海新城镇建设是中国当代城镇化的一个缩影。文化遗产保护对新城镇建设具有重要意义,上海新城镇建设中诸多问题的出现都与没能认识到这些意义相关。总的来说,丰富的文化遗产资源及特色是新城镇开发的文化基础,是新城镇保持其文化特色,增强文化吸引力进而达成区域和谐的重要源泉,还是新城镇进行文化产业开发的重要财富。忽视文化遗产的保护和开发将使新城镇丧失文化特色和文化魅力,从而影响新城镇在经济、文化、社会各方面的建设。

都市民间文学的新业态

——关于"上海故事汇"

郑土有*

"上海故事汇"是民间文学传承在新时期出现的新形式。自 2012 年开始，笔者一直带领学生进行跟踪调查。2018 年 4 月 15 日，又专门前往金山嘴茶室和上海群艺馆听了两场故事汇的讲演，了解其最新状态。今天(2018 年 4 月 21 日)以"上海故事汇"为讲座题目，希望能够提供给大家一些新资料和新启发。

民间文学作品的传承，一直是学界比较担忧的问题。在非物质文化遗产保护项目中，民间文学类是大家公认最难以保护的，且大多处于极度濒危的状态。作为民间文学研究者，我们都坚信民间文学不会消亡，新的作品仍然会不断产生。像布鲁范德《消失的搭车客——美国都市传说及其意义》①中提到的各种类型都市传说，其实在北京、上海等大城市中都大量流传着，像上海的龙柱传说现在已有十几个异文；又如层出不穷的校园段子，《北大段子》②《复旦段子》③中的段子仍在不断出现。但不可否认的是，民间文学传统的传承环境正在消失，

---

* 郑土有，复旦大学中文系教授，博士。本文原发表于《民族艺术》2019 年第 2 期。

① 布鲁范德：《消失的搭车客——美国都市传说及其意义》，李扬、王珏纯译，桂林：广西师范大学出版社，2006 年。

② 陈泳超主编：《北大段子》，成都：天地出版社，2012 年。

③ 郑土有、瞿志丽主编：《复旦段子》，成都：天地出版社，2012 年。

农村中如此，城市中也如此。那么，是否存在这种可能性：民间文学作品正在悄悄形成一些新的传播途径或传播环境。而这些目前仍处于生长、萌芽状态中的传播路径，也许会在未来成为主要传播途径？另外，以方便、便捷著称的传统口头讲述，在都市中是否仍然有生存空间或前景？这种生存空间存在于何处？这些都是需要民间文学研究者密切关注的问题。今天，以“上海故事汇”为个案，就以上问题与诸位共同讨论。

一、“上海故事汇”概述

“故事汇”的名字听起来有些奇怪，实际上它是出现在上海的一个故事讲述活动。“上海故事汇”于2012年4月29日正式开讲，由上海民间文艺家协会和上海市群众艺术馆共同策划创办，由《上海故事》杂志社承办。举办该活动的目的主要有三点：一是丰富市民的文化生活，二是让故事回归生活，三是通过故事寓教于乐的特点，为和谐社会建设服务。至2018年4月15日，位于上海市群众艺术馆三楼的主会场已举办了159场活动，讲演频率为每月2场。自2013年起，又分别开设了6个分会场：“虹桥故事汇”（虹桥社区文化中心）、“枫林故事汇”（枫林街道文化中心）、“山阳故事汇”（金山嘴渔村茶馆）、“曹路故事汇”（浦东金海文化艺术中心）、上海故事汇金山分场（金山区文化馆）、长宁阿拉故事汇（长宁文化艺术中心），每月举办1场。目前，分会场仍在增加之中（黄图故事汇已于20日开讲）。总体而言，“上海故事汇”活动持续发展，蒸蒸日上，显示出了一定的稳定性、持续性，以及逐渐壮大扩散的趋势。据主办方介绍，许多社区、街道都希望能够开设分会场，但是面临故事员不够的难题。如果故事员和故事作品的数量能够跟上，相信故事汇的分会场数量会继续增长。

就组织运作模式而言,“故事汇”的主会场由上海市群众艺术馆提供资金和场地支持,由上海民间文艺家协会负责故事作品创作和故事员的落实,具体事务由上海民间文艺家协会故事创作专业委员会主任葛明铭负责;分会场则由承办单位提供资金和场地,同样由上海民间文艺家协会负责故事作品和故事员。“故事汇”的听众基本上是自发前来的。不过主办方会在每年的年初印制“故事汇”全年时间安排的小册子进行发放;每场活动的前一两天,葛明铭会在其个人微博、朋友圈推送本场活动的时间、地点、故事员及故事篇目,让听众了解大致的内容。

就“故事汇”讲故事的模式而言,主要包括以下四个方面。其一,主持人葛明铭以时事脱口秀的形式开场和中间串词(如 4 月 15 日在金山渔村茶馆的开场脱口秀是《清明奇事》①);其二,由三到四位故事员讲历史传奇、传说故事(如 4 月 15 日张红玉讲《双重亲》、朱国钦讲《狗亲家》、陈传奇讲中篇传奇故事《秘密文库》中的一回);其三,中间穿插沪语微朗读、猜猜上海话等环节,起到推广上海话、吸引外地青年参与的作用;其四,全场讲演使用沪语。

在故事内容方面,“故事汇”以“新”“快”为特色,以新编故事为主、传统故事为辅,旨在反映当下老百姓的日常生活。“故事汇”中的传统故事大多由说唱艺术改编而来,例如《老来得子》《梁山伯与祝英台》《朱元璋传奇》《白蛇前传》等。此外,还有一个不成文的规定,即不在同一“故事汇”的场地讲重复的故事。以故事汇主会场为例,所有的 159 场讲演中,没有一个故事是重复的。而分会场的故事,往往是在主

---

① 讲述他(葛明铭)在清明节期间观察到的一件事:有一个人到冥器店购买上坟的祭品,店主推荐他买苹果手机,于是他就买了。正要转身离开,店主叫住他,说阴间潮湿,买了手机应该买手机套,于是他又买了;转身要走时,营业员又说差点忘了,买了手机充电宝不能缺少,于是他又买了。这时,他问店主有没有名片,店主说有啊有啊,于是把名片恭恭敬敬递给他,说欢迎下次再来。他接过名片,不紧不慢地说:我要把名片跟手机一起烧掉,有质量问题让他随时来找你。这则新编的故事,最后甩出包袱,听众听了哄堂大笑;也贴近生活,讽刺了目前上坟祭祖中的不良风气。

会场讲过之后，再到分会场讲演。

在故事员的构成情况方面，主要可以划分为三个层次：其一，以黄震良、夏友梅、毛一昌、严珊、张红玉、朱国钦、叶忠明等为代表的成熟民间故事家，能够自编故事，表演水平上乘；其二，以吴新伯、陈传奇为代表的崇尚"故事性"的新派评话演员；其三，以刘小虎、王菊芬为代表的民间故事爱好者，他（她）们原本是"故事汇"的老听众，又具备一定的讲故事能力，后来逐渐登台表演。目前，"上海故事汇"长期合作的故事家共有20多位。就故事员的规模而言，总人数还不多，且不时会出现不够会场分配的问题。

在听众方面，"故事汇"的受众群体主要是五十岁以上的中老年人，也有少量的青年人和小孩。在各个分会场，中老年人都是主力军，而小孩子基本都是老人带过去的。在经费方面，"故事汇"的费用主要由承办方提供，目前每场费用在五六千元左右，主要作为劳务费支付给策划者和故事员。故事员的劳务费大约为每场五百至八百元。此外，会场向听众免费开放，还会向参加活动的市民们提供一些小奖品。

自2012年4月以来，"上海故事汇"已经举办了6年，产生了较大的社会影响。截止2018年4月15日，上海故事汇主会场举办159场，虹桥故事汇举办60场，枫林故事汇举办58场，山阳故事汇举办48场，金山故事汇举办31场，曹路故事汇举办32场，长宁故事汇举办11场，川沙故事汇举办12场。另外"故事汇"团队也会应一些单位的邀请，作专题性的故事创作和讲演活动，如档案故事巡讲、故事党课巡讲等。6年来讲述的故事总量，达800多则。

在"上海故事汇"举办第100场时，上海民间文艺家协会举办了关于"上海故事汇"品牌建设的研讨会，十几位民间文学学者、社会学学者、文艺评论家参与讨论，大家对这一民间文学现象抱以热切的期待和支持，将其视为是一种复活口头艺术的方式。《解放日报》刊登了诸葛漪《还有人面对面听讲故事吗？“上海故事汇”迎来 100 场》①的报道：“三年半时间，众多名家来到故事汇，讲演 300 多个生动有趣的故事，听众累计达 2 万多人次。……一开张就大受欢迎，几乎场场爆满……汇集了上海乃至全国的故事家编创并讲演生动有趣、丰富多彩的故事，有社会公德、社区邻里、家庭伦理、党风廉政、红色经典、少年儿童、讽刺幽默、历史传奇等各种题材。故事讲演中还穿插与听众现场的互动，有奖竞猜，轻松活泼，气氛热烈。”这则媒体报道，正面肯定了“上海故事汇”取得的良好效果，尤其是标题提出了一个令人深思的问题，通过活动的成功证明了现代社会尽管各种娱乐方式层出不穷，但古老的面对面听故事仍然有其一席之地，仍然有其生命力。

二、对“上海故事汇”的初步分析

在对“上海故事汇”的全貌进行了解之后，问题也随之而来：我们应当如何看待这一现象？目前，上海民间文艺家协会内部以及整个故事界对“故事汇”的评价分为两级：一种声音持批评和否定态度，认为其本质是一种舞台化的、不纯粹的“大杂烩”，不能算是纯粹的讲故事活动；另一种声音持赞同态度，认为其符合当下时代的需要，是一种符合现在民众口味的新尝试。如果对“上海故事汇”与传统讲故事、20 世纪 50 年代兴起的新故事、新媒体故事、茶馆说书、评弹曲艺的异同进行分析，则可以更为清晰地归纳出“故事汇”的独特之处。

第一，“故事汇”与传统讲故事的异同。首先在内容方面，两者都讲述故事，但“故事汇”以讲述新故事为主，传统故事为辅，且以情节曲折、“包袱”巧妙、贴近生活为特色，旨在反映当今老百姓的家庭生活和社会现象；其次在形式方面，两者都注重口头表演，注重与听众面对面

① 诸葛漪：《还有人面对面听讲故事吗？“上海故事汇”迎来 100 场》，《解放日报》2015 年 11 月 4 日。

的互动性，但“故事汇”更加注重舞台化，并具有种类的综合性、多样化的特色，包含评话、滑稽、猜猜上海话等有趣的环节。

第二，由于“上海故事汇”可以归入新故事的范畴，因此有必要理清“故事汇”与新故事讲述活动的异同。上海是中国新故事的发源地，自20世纪50年代开始，新故事讲述和创作便蓬勃发展。1952年，上海工人文化宫成立了故事团，举办“周三故事会”①。随后，上海市群众艺术馆专门成立研究部，由专门干部负责指导故事创作和故事讲述活动，举办市郊农村故事比赛等。1963年10月，上海市文化局向市委宣传部提交的《关于上海市农村故事的情况报告》中提出“大讲革命故事”：“大讲革命故事是一种轻便灵活的文艺宣传形式，战斗性、群众性较强，对于占领思想阵地，紧密地配合党的各项政治任务和生产斗争，值得大力提倡。”②12月，市委将上海开展故事活动的情况上报给中央，得到了中央的肯定。蒋桂福、陈火培、吕燕华以故事员的身份参加了在北京召开的全国青年业余文化创作积极分子大会，青浦故事员吕燕华讲述了《母女会》的故事，获得了一致好评。毛主席接见了与会代表，给上海故事工作者极大鼓舞。《文汇报》在1964年1月底至8月24日，陆续发表了七篇故事社论，如《大力提倡革命故事》《两种效果论——三论大力提倡讲革命故事》等。在“文革”时期，新故事活动转入地下。文革结束后，新故事再次复兴，中国民间文艺研究会上海分会（现为上海民间文艺家协会）创办的《采风报》率先刊登了根据民间流传故事改编的《中百公司手帕柜台》《骨灰盒上的照片》《一只“欧米茄”》等，深受市民喜爱。《故事会》《上海故事》，都是20世纪八十年代以来刊登新故事的重要报刊。

新故事是一个相对的概念，即反映当代现实的故事，虽然以文本

① 任嘉禾主编：《上海新故事实践解读》，上海：上海文艺出版社，2018年，第86页。

② 上海嘉定区政协文史工作委员会编：《嘉定文史资料第三十三辑》，内部资料，2015年，第164页。

为中心,但同时保留口头的传统,强调口头性。上海老一辈新故事家黄宣林、张道余、夏友梅、钱昌萍、姚自豪、毛一昌等,一般在获取故事性较强的素材后,经过提炼和加工,把可以口述的内容写成文本,然后试讲,在听取各方意见和检验口头性的程度后进行修改和提高,几次反复,方能定稿。因此,它既是书面的也是口头的,以书面固化口头,以口头检验书面。新世纪以来,新故事的口头性、集体创作特点逐渐弱化。与20世纪五六十年代的新故事活动相比,“故事汇”的讲述活动,在形式方面差异不大,都是有组织的行为,但在目的方面有本质的区别,前者主要是作为一种宣传手段,为政治服务,后者主要是丰富市民的精神文化生活;因此在讲述故事的内容方面有较大的差异,后者更贴近生活,反映家庭生活、针砭不良风气的故事居多,娱乐性更强。

第三,互联网的发展使当下的新媒体故事大行其道,可以与“故事汇”进行对照。以互联网为代表的新媒体故事,具有受众碎片化时间利用的特征,开发了“断点续听”“离线收听”等功能。移动互联网故事可以充分利用人们的碎片化时间,满足受众群体细分化的需求,人们可以一边继续手中的工作,一边使用移动互联网收听音频。此外,“用户自制”也是手机互联网时代的典型代表,自媒体在互联网的帮助下拥有了更广阔的平台和易实现的途径。在互联网中,每个人都可摇身一变成为内容生产者。例如,我在一次考察侗族大歌的过程中,发现当地的侗族年轻人大多外出务工,不便于集体学习侗族大歌,因此他们在互联网上建了一个侗族大歌的交流平台,方便身处各地的青年随时交流学习,这无疑是一种民间文学传播新途径。问题在于,互联网主要适用于青年人和中年人,而老年人无法使用。

“故事汇”与新媒体故事传播的异同,可以归纳为两点:其一,在受众群体细分问题上,新媒体故事受众以都市生活中的年轻群体为主,这些朝九晚五穿梭于公共交通网络中的用户,更倾向于将碎片化的时间投入在移动媒体上的文字、音频中,而“故事汇”主要针对上海本土老龄群体;其二,新媒体故事传播以互联网为媒介,不需要用户面对面,而"故事汇"采用面对面形式,重视人与人之间情感交流的体验,符合都市生活中老年人改善自身孤独状态的迫切需求,并且为老年听众提供了一个舒适的交友平台。

第四,尽管"故事汇"与茶馆说书、评弹曲艺都是口头表演艺术,但它们在表现方式上存在差别。以评话为例,评话与"故事汇"之间的异同,主要有两点:一是在语言上,评话和讲故事一般都使用地方语言,评话有传统形成的一套讲演艺术,包袱、口技等讲究细腻周到,而讲故事的语言则比较随意、生活化,有信手拈来之感;二是在叙事方式上,评话情节细腻,而故事线条粗放。因此,往往故事讲十分钟的内容,评话可能会讲半个小时。老话说"评话中的小姐下楼要一个月,走一节楼梯就可以讲半个小时",正是这个道理。三是评话更多吸收了戏曲的因素,比如评话要有一个台子、惊堂木、手绢等道具,还有很多戏曲的动作,如亮相、踢腿等。而故事则是生活化的,基本没有道具,只配以简单的肢体语言。那么,如何看待那些来"故事汇"讲故事的评话演员呢?其实,那些来到"故事汇"的评话演员,无论从语言还是表演方式,都已经向纯粹的故事讲述靠拢,因此主办方明确"故事汇"是故事的场子,不是评话的场子。

三、"上海故事汇"现象值得探讨的问题

虽然六年来,"上海故事汇"呈现良好的发展势头,社会影响力也越来越大,但是否具有可持续性?这一直是不断被追问的话题。

首先,从"故事汇"的组织形式和经费支持上看,不免让人持存疑的态度。上海市群众艺术馆以及各区文化馆、街道文体中心都是行政事业单位,《上海故事》隶属于市群艺馆,上海民间文艺家协会是官方的民间组织,这些部门从广义上说都是政府组织。近些年来,从中央

到各级地方政府都十分重视优秀传统文化的弘扬、非物质文化遗产的保护，讲述民间故事、新故事的“故事汇”正好契合了这项工作，获得了各方面较大的支持力度。但政府组织的工作具有阶段性的特点，会根据不同时期的需要有所调整，会面临着工作重点转移、经费难以长期保障等现实问题，靠政府相关部门组织、以行政经费支撑的“故事汇”，其持续性存在一定的变数。比较可行的途径是逐渐过渡到由民间社团组织的讲故事活动。日本故事会的经验，或许可以带给我们一些启示。日本有许多类型的故事会，在都市中分布广泛。如创立于 1977 年的“語り手たちの会”，这是一个聚集故事讲述者的非营利组织，每月在日本神奈川县川崎市的民家园定期举办“故事会”或“故事学习会”。参与者不仅听故事，还以成为故事叙述者为目的进行学习，以言语的表达与分享为活动宗旨。① 再如神奈川大学的故事社团，该社团每个星期在学校的社团活动中心举办故事会，也欢迎周边居民加入，因而参与活动的人员往往是不固定的。每期制定一个话题，并围绕该话题展开讲演，如“大树下的故事”“神奈川校园故事”“地铁故事”“横滨港口事”等。② 民间社团具有自发性、兴趣性、公益性的特点，由一群志同道合的同仁组成，若政府相关部门、公益基金给予适当支持，其可持续性是可以期待的。

其次，从创办以来，葛明铭就承担“故事汇”的策划、作品质量把关、故事员调配、活动宣传、主持等数职，“故事汇”的成功很大程度上是依靠他的工作能力和个人魅力。葛明铭原是上海人民广播电台编辑，他主持的“滑稽王小毛”节目在上海家喻户晓、受众面极广。他从电台退休以后，“滑稽王小毛”节目停办，“故事汇”最初的听众（包括志愿者）很多都是葛明铭的“粉丝”。葛明铭既是经验丰富的编导，又有

---

① 樱井美紀：《語り手たちの会とは設立の主》，http：//katarite.sblo.jp/article/60854378.html。

② 《語りの会》，http：//minwanokai.c.ooco.jp/katsudou/katsudou.html。

曲艺表演才能，他的开场白、即兴故事、串联词风趣幽默，特别受欢迎。葛明铭今年已经66岁，如果他不再担任主持，“故事汇”是否还能延续下去？这也是令人担心的问题！所以，当务之急是遴选或培养一位能够接替葛明铭工作的主持人，否则若干年后“故事汇”的生存就很难预料。当然，如果“故事汇”回归民间，由民间社团来组织活动，可能主持人就没有如此重要。

第三，从听众群体以及需求情况来看，“故事汇”能够延续的可能性极大。2014年6月15日、6月29日、7月13日，我们围绕“听众人群特征及接受情况”在“故事汇”主会场进行过调查问卷①。分发调查问卷183份，回收有效问卷121份，回收率约为66%。这次调查在统计听众人群分布方面存在一定局限，因为“故事汇”是个流动的场域，每次参与的人群会有变动。但是，我们还是能够通过此问卷大致了解部分听众的喜好倾向、建议，以及“故事汇”给他们带来的影响。

“听众意见调查问卷”基本情况汇总表②

（单位：人）

年龄	5—15岁	16—20岁	21—30岁	31—40岁	41—50岁	51岁以上
	8	4	19	18	8	64
男女比例	男			女		
	34			87		
文化程度	中小学	高中	大专、本科	研究生	其他	
	33	24	58	4	2	
职业	上海离退休人员	上海在职人员	学生	外来务工人员		
	62	43	14	2		

① 该调查由我和学生王文婧（复旦大学中文系2013级民俗学专业硕士研究生）合作完成。

② 数据来源见王文婧：《多元化叙事时代的都市口头故事讲演研究——以“上海故事汇”为例》，复旦大学硕士论文，2016年。

(续表)

年龄	5—15岁	16—20岁	21—30岁	31—40岁	41—50岁	51岁以上
	8	4	19	18	8	64
参加“故事汇”活动的频率	每月2次及以上	每月1次	两三个月1次	半年1次	一年1次或更少	
	41	50	12	6	12	
了解“故事汇”信息的渠道(多选)	市群艺馆张贴布告	葛明铭微博	“故事汇”宣传册	朋友介绍		
	18	24	34	62		
受“故事汇”吸引的原因(多选)	故事内容	故事家	葛明铭的魅力	互动环节	喜欢听故事	喜欢现场氛围
	55	32	58	16	78	34
	了解上海本土文化					
	61					
最喜欢的故事家及原因(自填)①	葛明铭	黄震良	袁忠传	吴新伯	周进发	朱国钦、褚伟丽、张晓阳、陈传奇等
	9,主持风格风趣幽默,结合现实生活	16,老上海故事生动,回味无穷	12,贴近生活,短小精炼,情感丰富	8,表演绘声绘色,感觉特别真实	4	1—3
参与“故事汇”的收获(多选)	思想触动	改变为人处世的方式	结识了许多朋友	消遣娱乐	了解时事政治	增长了知识
	39	32	47	40	33	89

① 该条为自主选填,有些问卷者未填,41人填写。

（续表）

<table>
<tr><td rowspan="2">年龄</td><td colspan="2">5—15 岁</td><td colspan="2">16—20 岁</td><td colspan="2">21—30 岁</td><td colspan="2">31—40 岁</td><td colspan="2">41—50 岁</td><td colspan="2">51 岁以上</td></tr>
<tr><td colspan="2">8</td><td colspan="2">4</td><td colspan="2">19</td><td colspan="2">18</td><td colspan="2">8</td><td colspan="2">64</td></tr>
<tr><td rowspan="3">“故事汇”是否必要</td><td colspan="4">完全有必要</td><td colspan="4">有必要</td><td colspan="4">其他</td></tr>
<tr><td colspan="4">90</td><td colspan="4">31</td><td colspan="4">无</td></tr>
<tr><td colspan="12">必要的理由（列举）：1.能够了解上海本土文化，增长知识，寓教于乐；2.了解时事以及当今社会的人情世故，反腐倡廉，了解社会发展动态、老百姓的愿望；3.能够推进精神文明建设，构建和谐社会；4.保护和传承上海方言</td></tr>
<tr><td rowspan="4">满意度</td><td colspan="3"></td><td colspan="3">非常满意</td><td colspan="3">满意</td><td colspan="3">一般</td></tr>
<tr><td colspan="3">故事内容</td><td colspan="3">66</td><td colspan="3">51</td><td colspan="3">4</td></tr>
<tr><td colspan="3">灯光音响</td><td colspan="3">53</td><td colspan="3">60</td><td colspan="3">8</td></tr>
<tr><td colspan="3">志愿者</td><td colspan="3">65</td><td colspan="3">52</td><td colspan="3">4</td></tr>
<tr><td rowspan="2">总体评价</td><td colspan="3">五颗星</td><td colspan="3">四颗星</td><td colspan="3">三颗星</td><td colspan="3">未勾选</td></tr>
<tr><td colspan="3">81</td><td colspan="3">30</td><td colspan="3">2</td><td colspan="3">8</td></tr>
<tr><td rowspan="2">建议及意见（摘录）</td><td colspan="6">中青年（21—50 岁）</td><td colspan="6">老年（51 岁以上）</td></tr>
<tr><td colspan="6">1. 可邀请更多爱好故事的人一同讲故事，如暑期的学生、小朋友；
2. 希望每次有一个普通话故事，让新上海人也能学习；
3. 希望有更多的故事家来参加</td><td colspan="6">1. 适当增加其它曲艺形式；
2. 适当增加与听众互动的环节，使听众能充分参与进来；
3. 多讲通俗易懂的故事；
4. 希望信息能提前一周通知，并能成为提供时政、其他文化的故事汇；
5. 今后越办越好，保持风格</td></tr>
</table>

从问卷汇总的数据来看，“故事汇”的主要听众人群是 51 岁以上的离退休老年人，占样本总数的 53%。其次 21 至 40 岁的中青年也占有一定比例，占样本总数的 31%，他们几乎都是上海在职人员。听众人群中大专及本科文化程度的人最多，在所有年龄层次的听众人群中，除去现今在读的中小学、高中生，中小学及高中文化程度在老年人

(51岁以上)中占据的比例最大。有人担心"故事汇"的主要听众是老年人,随着他(她)们年龄的逐渐增长,听众自然而然就减少乃至最后消失。通过这些年的观察,我们发现确实有部分老年听众由于身体的原因退出了,但同时又有不少新的老年听众加入,这部分听众主要是刚刚退休的"新老年人",存在着有趣的"更替"现象。这也在一定程度上保证了"故事汇"的基本听众队伍。此外,还有两种潜在听众群体也不容忽视,即少年儿童(5至15岁)和青年(21至30岁)群体。现在每期故事汇都会出现一些小听众、年轻听众,这是两年前不曾看到的。

从选取的听众样本来看,参加"故事汇"的频率以一月1次、一月2次及以上居多,占据75%,这说明"故事汇"已经形成了一批相对固定的听众群体。听众席位大致可以分为三个层次:前六排大多数是长期关注"故事汇"活动的固定听众,几乎每次活动都会参加;中间部分,则不具有明显固定人群的特征,有时间就参加,有其他事就不参加;后三排多是流动性听众,偶尔来参加活动,或来了解情况,属于潜在的听众。在获取"故事汇"的活动信息方面,以朋友、邻居介绍的方式为主,其次是通过相关的宣传资料和主持人葛明铭的个人微博。

从听众对作品的喜好偏向来看,青年群体比较偏好历史传奇,而老年群体爱好更为广泛,相比青年人而言更能欣赏家长里短的生活故事。关于参加故事汇之后的收获,"增长知识"是选择人数最多的选项,这说明"故事汇"中的故事可能对听众的生活或价值观产生直接或间接的影响。选择"消遣娱乐"的人,大约占总人数的三分之一。在满意度方面,多数听众都选择了"非常满意"及"满意",认为很有必要举办这个活动,少数选择了"一般"。在建议和意见方面,中青年的建议可以概括为期待内容和形式的多样化,尤其是希望加入普通话和增加听众讲演的故事等;老年群体则希望在时间、地点的选择上更为便利。从受众的角度而言,只要"故事汇"活动继续举办下去,听众的参与应该没有问题。以主会场为例,每场活动满座大约150人,数量还是相当可观的。

第四,虽然说面对面讲故事的“故事汇”仍然有听众、有社会需求,但毕竟受众面有限,若要扩大其社会影响,借助新媒体的传播途径也是必须的。“故事汇”的承办单位《上海故事》杂志社已经做了有益的尝试,专门提供一个平台将纸质文本转化为有声读物,以满足更多群众听故事的需求,取得了很大的成功。“故事汇”也应该将每期“故事汇”讲述的故事通过新媒体渠道进行传播,方便更多的听众随时随地欣赏这些故事。

人是群居动物,交流是最原始最基本的需求。但在现代都市生活中,由于信息技术的发达以及各种利益关系的束缚,人与人之间沟通交流的机会越来越少。当古老的讲故事方式回归生活之后,人们发现面对面的言说,仍然是一种方便有效的情感交流方式,在这个“故事场”中,虚虚实实,嬉笑怒骂,家长里短,惩恶扬善,可以尽情宣泄!正是因为如此,“故事汇”才吸引了这么多人参与。“故事汇”的形式,也很有可能会成为都市中民间文学作品传播的一种新途径。

第四部分

全球前沿

国外城市民俗研究综述

程　鹏*

随着城市化和现代化进程的加快，各国城市化率发展迅猛，21世纪的世界已经加速进入城市时代。农村面积的减少和人口的迁移，使得传统民俗文化的传承土壤发生了改变。同时，伴随着全球化、信息化的发展，大众文化与流行文化席卷全球的城市与农村。面对世界日新月异的变化，民俗学日益感受到研究的滞后。20世纪六七十年代，城市民俗研究兴起，民俗学开始直面城市文化的发展现状，不断扩展研究对象，开拓相应的理论方法，调整学科方向，以应对面临的机遇和挑战。

一、民俗学研究对象的扩展

民俗学的研究源起于对"文化遗留物"的关注，这些"文化遗留物"多留存于山野乡村，所以早期的民俗学者并未将目光投射于城市之中。20世纪中叶以后，随着城市化和现代化进程的加快，农村不断缩减，传统的"文化遗留物"越来越少，传统的民俗文化在现代化的潮流中不断融合变迁，许多具有"民俗主义"特征的"新民

* 程鹏，民俗学博士，上海社会科学院文学研究所助理研究员。

俗”不断涌现，欧美等国开始研究城市中的民俗，都市民俗学[①]开始兴起。

（一）从底层民众到中产阶级

传统民俗学的研究对象主要是生活在农村的农民群体，关注他们的神话传说、故事歌谣、信仰仪式、节日庆典等内容。当民俗学者将目光转向城市之后，生活在城市底层的民众也就成为他们关注的对象。以都市民俗学的奠基之作——美国宾西法尼亚大学民俗学专业博士生罗杰·亚伯拉汉斯的博士论文《深入到流浪汉宿营地：费城街巷的黑人民间叙事文学》和英国利兹大学的唐纳德·迈克尔维博士的两篇专业论文《一个工业区的口头传承和信仰传承面面观》《一个英国城市工业区的口头传承的谚语成分》为例，可以发现民俗学者的研究对象已经从传统乡村社会的农民，转变为都市社会的底层群体，流浪汉、街头小贩、街头艺人、码头工人、船夫、车夫等等都成为了他们的研究对象。

后来理查德·多尔逊、阿兰·邓迪斯将民俗之“民”的范围进一步扩大。1971年，理查德·多尔逊在《城市有民俗之民吗？》一文中，对民俗的传统定义进行了修正，认为民俗之民是趋向传统的匿名群众，包括真正意义上的乡下人、迁移到城里的乡下人、这种城里人的部分后代。而阿兰·邓迪斯则将“Folk”的范围扩大到极限，认为“民间(Folk)的概念已不再局限于农民或无产者，所有的人群——无论其民族、宗教、职业如何，都可以构成一个独特的，并具有值得研究的

---

① 在国内民俗学界，都市民俗学与城市民俗学基本处于混用状态。因从都市民俗学的发源地英美的(Urban folklore)来看，似乎译为都市民俗学更为贴切，而在民俗学另一发展重地日本，也多表述为“都市民俗学”。故在本文中一般使用都市民俗学这一名称，在引用某些原文时则遵照原作者表述。

相应民俗。”[①]他与 Carl Pagter 在《文书帝国中的都市民俗》中就对办公室里的“民俗”进行了研究，传统信件、规章、布告栏里的通知、备忘录、测验问卷、草图涂鸦和双关语等都成为他们的研究对象。阿兰·邓迪斯对民俗的界定，不仅开拓了民俗学的研究领域，也推动了都市民俗学的发展，以往在都市中被忽视的群体都成为了有研究价值的对象。

20 世纪六七十年代，美国的郊区化运动与市场联盟建构了新中产阶级，中产阶级的崛起，也吸引了民俗学者的关注。1983 年，美国的 M·J·Bell 在《布朗酒吧的见闻：对黑人中产阶级的表演的描写研究》中对一个黑人酒吧里的表演艺术进行了研究，分析出他们在文化上处于下层黑人文化与对应于他们新的社会地位之间的边缘。这一研究使民俗学的研究对象从下层社会的边缘群体发展到城市中产阶级。城市中产阶级的崛起，是城市化和社会经济迅速发展的结果。虽然各个国家和社会对中产阶级的界定存在一定的差异，但这一群体大体指向城市中介于资产阶级与工人阶级之间、从事专业技术与管理工作、收入中等的阶层，他们普遍受过高等教育，有着良好的文化修养和生活品位。作为消费社会的主体，城市中产阶级引领着消费潮流和时尚风俗。中产阶级的生活文化逐渐成为民俗学、人类学等学科的研究对象。如 David S. G. Goodman 对中国新兴中产阶级的考察，探讨了影响新兴中产阶级的因素、身份认同等问题。[②] 张鹂的《寻找天堂》则探讨了私有空间所开辟的物质化的阶级文化，作者深入到中产阶级的

① 阿兰·邓迪斯编：《世界民俗学》，陈建宪等译，上海：上海文艺出版社，1990 年，第 3 页。

② David S. G. Goodman, *In search of China's New Middle Classes: the Creation of Wealth and Diversity in Shanxi during the 1990s*, Asian Studies Review. Vol. 22, No. 1 (March 1998), pp.39—62.

社区生活当中，对空间建构、消费实践等问题进行了深入的参与观察。[①] 瑞典民族学者奥维·洛夫格伦与乔纳森·弗雷克曼的《美好生活》，对中产阶级的诸多生活特征如"寻求自然""时间被规训""严明的社会秩序"等进行了研究，探讨了中产阶级的形成与文化认同等问题。[②] 民俗学在研究对象上扩展到城市中产阶级，是民俗学对研究范式转型的典型表现，在这一过程中，虽然既有的理论方法显露出不足，然而也为民俗学的发展提供了机遇。

（二）从传统旧俗到新生民俗

早期的民俗学是很少关注城市民俗的，少有的研究也是将城市民俗作为乡村民俗的延续，用研究乡村的方法在城市中进行民俗调查，而且所关注的大多是地方小城市。然而伴随着经济的高速增长和城市化进程的加快，作为传统研究对象的村落社会迅速减少。因此，20世纪60年代后，各国民俗学界也开始思考如何应对这些变化。

日本民俗学界开始反思柳田时期所流传下的"常民""传承"等概念，并在20世纪70年代初发表了一系列都市民俗研究的论文。千叶德尔的《都市内部的送葬习俗》选取了最能体现民俗的送葬礼仪，中村孚美的《城镇与祭——以秋田县角馆町饰山号子为例》《都市与祭——关于川越祭》则探讨了都市与祭的关系，认为都市祭具有强烈的游戏特质。1973年，仓石忠彦在《信浓》杂志上发表了《住宅区的民俗》一文，选取了都市住宅小区里的衣食住、信仰和岁时节日民俗，此文得到宫田登很高的评价，也被认为是日本都市民俗学研究的开篇之作。20

① Li Zhang, *In Search Of Paradise: Middle-Class Living in a Chinese Metropolis*, Ithaca and London: Cornell University Press, 2010.

② 洛夫格伦、弗雷克曼：《美好生活：中产阶级生活史》，赵丙祥、罗杨等译，北京：北京大学出版社，2011年。

世纪70年代末，日本民俗学界有关都市民俗的研究成果如雨后春笋般陆续涌现，许多学者都从不同角度展开研究，都市传说、城市祭礼、新兴公寓小区、繁华街区、城下町等都是研究的热点，许多研究成果出版。

美国民俗学界对于现代社会的城市民俗及民俗学的发展等问题同样给予了关注。1973年在美国印第安纳大学召开了一个题为"Folklore in the Modern World"的国际会议，围绕着民俗与城市、民俗与工业主义、民俗与大众媒体、信息化世界的民俗等议题，来自31个国家、四大洲的学者展开了讨论。Barbara Kirshenblatt-Gimblett指出了"研究传入的都市民俗的三个倾向：1.对作为记忆文化残存的古老传统的兴趣；2.对城市引发的传统变化的兴趣；3.传统民俗形式在城市中的复兴与新生，如在民族游行、服饰与烹饪的流行与更新等方面。但是对于产生于城市中或关于城市生活的民俗，目前还鲜有学者关注。"①而这种研究的滞后其实与城市民俗研究的困难有着直接的关联，Robert A. Georges就强调在城市环境中研究民俗需要考虑一些新问题，因为比起乡村来，在城市会有许多不同种类和强度的刺激所引起的广泛和复杂的结果，所以城市中的民俗学家在分析他们的传统和民俗时的任务也就更重。对于一些基础性的理论探讨，诸如怎样界定城市及城市民俗等问题，许多学者的观点也极具启发性。如Indra Deva认为"亚洲的城市在工业化、现代化社会之前就已存在，在这些城市中，民俗和民间生活方式占据着主导地位。所以'城市中的民俗'和'现代世界中的民俗'并不能相互对照，随着工业化的进程，民俗虽然改变但未消失，工业可以控制经济结构也可以对人进行操

① Richard M. Dorson, *Folklore in the Modern World*, The Hague: Mouton Publishers, 1978, p.4.

控。"[①]而 Daniel P. Biebuyc 则指出以前研究非洲生活的学者所犯的一个错误就是将乡村与都市割裂并对立起来。Dan Ben-Amos 也认同此观点，并指出"现代生活既存在于都市又存在于乡村，将之武断地分离是一种错误的二分法。我们需要在现代世界中寻找民俗，也需要在现代社会中寻找民俗。我们需要提升民俗学作为学术型学科来直面现代问题和解决这些问题的框架。"[②]对于城市民俗与传统的关系，另一位学者 Linda Degh 认为"城市中的民俗是生活在城市中的人们所信仰和表现出的，是现在生活的真实呈现，当然包含古老陈旧的主题——生存。民俗学家如果要研究传统在现代城市中的变迁，那他就要知道古老原始的前工业社会的习俗。"[③]另外，还有许多学者对民俗帮助城市移民渡过文化冲击等问题进行了探索，也有学者以民俗主义的视角对民俗在现代旅游业中的作用、变迁及生产等问题进行了研究。而围绕民俗与大众媒体的关系，一些学者则从民俗借由现代化媒体进行传播，民俗学家利用电视、广播等媒体来收集、呈现和讨论民俗，电视、广播等媒体利用民俗来指导生活和进行娱乐等视角展开了探讨。这次国际会议对美国都市民俗学的发展是一次很大的促进，同时，社会学和人类学等相关学科对城市的关注和研究也为都市民俗学的发展提供了参考和帮助，许多城市民俗研究的著作也不断问世。如 M.O.琼斯的《扩建和装饰：民间艺术和建筑设计中的创新》一文，对城市居民维修、装饰、扩建房屋所形成的房屋变化进行了研究，通过具体的民用物品制作者和使用者来透视"传统"和社区性观念。这种对城市社区和居民的研究，在 20 世纪 80 年代以后也逐渐引人注目，并且

---

① Richard M. Dorson, *Folklore in the Modern World*, The Hague: Mouton Publishers, 1978, p.4.

② Richard M. Dorson, *Folklore in the Modern World*, The Hague: Mouton Publishers, 1978, p.5.

③ Richard M. Dorson, *Folklore in the Modern World*, The Hague: Mouton Publishers, 1978, p.5.

也引发了诸如关于"城市中的调查是否应该被称作田野调查"等问题。另外，对城市化这一动态过程中的民俗变迁，同样有许多学者进行过研究。赫伯特·帕辛与约翰·W·贝内特在《南伊利诺斯州变化中的农业巫术——从农村向城市转化的系统分析》中，对南伊利诺斯州逐渐城市化过程中的迷信活动进行了研究，认为"当一个充满田园风味民俗的社会逐渐城市化时，社会内的共质性越来越少，连接性越来越差。随着社会的共质性减弱，巫术系统——其形式为农业迷信，同样逐渐减少了其一致性和稳定性。"①

民间文学一直是民俗学研究的一个重要领域，随着都市民俗研究的兴起，学者的研究兴趣也从移民保留的各种口头传统和印第安人土著神话等的研究扩展到流传于都市中的各种传说、故事、谚语等。布鲁范德的《消失的搭车客——美国都市传说及其意义》一书，可谓是当代都市传说的开山之作，不但第一次从理论上界定了"都市传说"这个新的民俗学体裁，更重要的是将民俗学家的眼光从传统的、古老的神话、传说等体裁扩延到当代的、崭新的、正在被每个人创造的新民俗现象上。该书从民俗学的角度对八大类都市传说及其诸多异文进行了搜集、分类和分析，并对传说的自然语境和与主题相关联的当代社会生活文化背景进行了探讨，为都市传说的研究提供了极好的范例。后来，布鲁范德又陆续出版了《婴儿列车》《窒息的多伯曼氏短尾狗及其他"新"都市传说》《都市传说百科全书》等多部都市传说著述，成为国际上最著名的都市传说研究者，其著作也被翻译成多种语言。而都市传说这一体裁也成为都市民俗学研究的一个重要领域，在各国城市民俗研究中占据重要一席。同时，都市传说的研究对象也得到了极大的扩展，从城市的地标性建筑到公园、写字楼、校园等地，都有相关的当代

① 赫伯特·帕辛，约翰·W·贝内特：《南伊利诺斯州变化中的农业巫术——从农村向城市转化的系统分析》；阿兰·邓迪斯编：《世界民俗学》，陈建宪等译，上海：上海文艺出版社，1990 年，第 438 页。

传说不断被生产和传播。1982年,英国谢菲尔德大学(The University of Sheffield)的"英国文化传统与语言中心"举办了以"关于当代传说的观点"为主题的国际学术研讨会,为当代传说的研究提供了国际学术对话的平台。1989年,"当代传说研究国际协会(International Society for Contemporary Legend Research,简称ISCLR)"成立,更是大大促进了当代传说研究的发展,年会的举办以及《当代传说视角系列》(*THE PERSPECTIVES ON CONTEMPORARY LEGEND SERIES*)的出版,大大推动了当代传说研究方法和视角的不断更新。进入21世纪,都市传说的研究在许多国家依然盛行,如2005年,日本就相继出版了《"学校的怪谈"在私语》和《江户东京的传言——从"这样一个晚上"到"裂嘴女子"》,显示出都市传说研究的旺盛生命力。

二、城市民俗研究理论方法的探索

随着研究对象由农村的"遗留物"扩展到城市中的新生民俗,传统民俗学的理论方法也日益显露出不足。许多学者在开展城市民俗研究时,也开始探索新的研究范式和理论方法。

欧洲由于工业革命较早,城市化与现代化的快速进程加剧了乡村民俗的消逝。然而欧洲的城市民俗研究却有些迟滞,20世纪上半叶,才出现了少量的城市民俗研究著作。如1940年,利奥波德·施密特(Leopold Schmidt)出版的《维也纳民俗学概要》,对城市民俗研究进行了描述。1958—1959年,汉斯·科门达(Hans Commenda)出版了两卷本的《多瑙河畔林茨市的民俗学》。1961年,鲍辛格的《技术世界中的民间文化》出版,此书虽然不是城市民俗研究之作,但书中对都市民俗学的研究进行了反思,更推动了民俗学从古代文化的理论研究转向当代日常生活的实践研究。1983年9月26—30日,德国民俗学会以"大城市:经验研究面面观"为主题在柏林召开了第24次会议。会上，黑尔格·格恩特对都市民俗学理论进行了总结和反思，并提出了城市民俗研究的三种方式：一是把它看作包含封闭的日常世界的文化结构，二是把它看作一个文化中转空间或活动场地，日常生活在其中得以展开，三是把它看作一个文化意义场或价值世界。①

美国的城市民俗研究经过20世纪六七十年代的萌芽，到八十年代基本完成对传统民俗学的转型，这种转型使民俗学从"遗留物"的观念中解放出来，使民俗学由研究古物遗俗的过去之学转变为现代之学，这种研究取向使得民俗学者的目光更多的聚焦于当下，聚焦于日益城市化的现代社会。正如多尔逊在《民俗与伪民俗》(*Folkllore and Fakelore*)一书中所说："从完全不同的角度描述民俗研究，使民俗研究呈现为当代性的，使他们面对'此地'和'现在'，面对城市中心，面对工业革命，面对时代问题和思潮。"②美国都市民俗学的兴起，不仅是研究领域的转移，也是民俗学顺应现代化潮流由传统向现代转化的一种表现，这一方面反映了美国的国情，缺乏深厚历史传统的美国民俗学在应对迅猛的现代化和都市化浪潮所做出的抉择；另一方面，也是美国民俗学关注当下的理论转向的必然，而重视应用的大批公众民俗学者，他们为政府、NGO组织、企事业单位等机构面对的当下现代化社会问题所做的研究也成功地为美国都市民俗学的发展推波助澜。

20世纪70年代中期开始，日本学者也开始探讨都市民俗学的理论方法等问题。1974年，仓石忠彦在《都市民俗学的方法》中提倡研究都市中民俗的残存和发生现象。1975年竹田听洲在《都市化中的世相解说史学》中也提出作为世相解说史学的民俗学应该进行都市的调查研究。1976年，仓石忠彦在其《都市与民俗学》中考察了柳田的都市

① 参见 Helge Gerndt, Grossstadtvolkskunde — Möglichkeiten und Problem, in Theodor Kohlmann und Hermann Bausinger (Hrsg.), *Grossstadt. Aspekte empirischer Kulturforschung*, Berlin 1985.

② Richard M. Dorson, *Folkllore and Fakelore*, Harvard University Press, 1978, pp.45—46.

观，提出创立都市民俗学的建议。他设定了作为都市民俗学独特性的三种存在方式：第一，以都市为考察实地，是“从民俗角度看都市生活”，这种场合下“暂时居住的农民也成为考察对象”。第二，通过把都市的生活添加为研究对象，以补充完善民俗学体系。第三，“以都市生活为对象从而形成独立的体系”。此文提出了构建都市民俗学体系的可能性，引起了许多学者的讨论。1977 年，宫田登在其《通向都市民俗学之路》一文中，则认为都市民俗学有作为区域民俗学的一环而成立的可能性。

21 世纪初，韩国的庆熙大学、韩国民俗学会先后召开了“城市与民俗现场以及研究方法论”“城市与民俗生活”“城市开发与传统”等多个以城市民俗为主题的学术研讨会，讨论城市民俗学的理论、方法及未来发展方向等问题。许多学者根据多年来对城市民俗的研究，也提出了相关的理论方法。林在海认为应将城市民俗学视作一种时间性、历史性概念的新型研究方法，立足于“文化生成论”，从文化变动角度关注新民俗的出现原因①。他提出“城市民俗学的定位应是站在城市边缘人群的‘城市民众’角度”，提倡以探索民俗文化的健康传承与改善民众的现实生活作为主要目标的“民众主义”研究，要求研究者具有强烈的社会责任感，能将民众利益置于个人利益之上，采用主位的研究立场。他认为记录城市民众的故事与歌曲、信仰与梦想、生活法则与思维方式的调查报告以及从民众角度诠释生活真谛的学术研究将是城市民俗学发展的方向，将开启民俗学的新篇章②。南根佑则认为“城市民俗”或“城市民众的民俗”不宜拘泥于传统的民俗定义（共同体的无意识性惯行）与传承要求（口头传承的连续性），否则其研究对象

① 林在海：《民俗学的新领域与方法——城市民俗学的再认识》，《民俗研究》1996 年第 6 期。

② 林在海：《城市中民俗文化的传承形态与城市民俗学的新纪元》，《实践民俗学》2007 年第 9 期。

与方法会被歪曲，也将陷入认识论的误区。他主张不区分城市与农村，共同用民俗主义理论解决城市民俗学的困境，倡导要关注民俗主义的实践现场①。提出对民俗的创造与发明、改变与应用、观光资源开发与商品化、政策的影响与使用等课题进行文化政治学研究才是现代民俗学的重点。②

面对城市中日益涌现出的新民俗、"伪民俗"，如何阐释研究这一现象也成为民俗学者思考的问题。"民俗主义"这一概念的发明和应用，即是一个典型例证。"民俗主义"最早是由德国民俗学者汉斯·莫泽提出的，他在1962年发表于《民俗学杂志》上的《论当代的民俗主义》一文中以当代社会中的民歌与民间艺术表演为例，列举了大量的事实来描述一种十分常见的现象，即用"第二手的"、经过加工处理或者甚至重新发明的所谓"传统风俗"来吸引外地游客，为本地区及其文化做宣传的行为。其目的有可能是政治上的，但更多的却是商业上的。莫泽把这种现象统称为"民俗主义"。后经赫尔曼·鲍辛格的批判性发展，成为城市民俗研究中的一个重要概念。民俗主义的提出不仅可以促进对于民俗在不同发展阶段的变异的研究，而且强调了传统在真实程度上的相对性。美国学者早在"民俗主义"概念出现之前就已经关注到这类现象，理查德·道尔森(Richard M·Dorson)在1950年发表的《民俗与伪民俗》一文中提出了伪民俗(fakelore)的概念，用来指称那些为了取悦、迎合大众而被人们有意识地加工、创作出来并通过大众媒体而广为人知的多种民间艺术。他对这些歪曲、捏造出来的"伪民俗"进行了激烈的批判。在1973年召开的国际会议"Folklore in the Modern World"中，多尔逊介绍了民俗主义概念和鲍辛格的著

① 南根佑：《从城市民俗学向Folklorism研究的转型》，《韩国民俗学》2008年第47期。

② 南根佑：《民俗的文化财化与观光化——以江陵端午祭的FOLKLORSIM为中心》，《韩国民俗学》2006年第43期。

作，之后撰文指出应该区分商品化、意识形态化的伪民俗、民俗主义与传统民俗。20世纪90年代，“民俗主义”的概念传入日本民俗学界，日本学者开始从系统介绍相关定义和学术讨论，到运用这一概念研究分析观光旅游、城市民俗文化等内容。2003年，《日本民俗学》上还设置了“民俗主义专号”，集中展示了日本民俗学界对于“民俗主义”的相关认识及其本土化的研究成果。当然，“民俗主义”并不是一种理论，它只是向人们展示了民俗文化在当代社会所存在的一种形态，这一概念在阐释分析脱离原生语境的新生民俗时还有着种种局限。① 而将其作为分析框架，用以研究城市民俗文化现象，还需要进一步从理论架构上进行拓展。

在研究方法上，初期的城市民俗研究由于是探讨城市中的传统民俗，所以也延续了传统民俗学乡村研究中的诸多方法。民俗志作为民俗学的重要研究方法，在城市民俗研究中依然发挥着重要作用。如2008—2009年，韩国国立民俗博物馆与首尔历史博物馆联合对列入旧城改造对象的首尔儿岘区与定陵区进行了民俗调查，并出版发行了11部城市民俗志。② 这些民俗志通过深入的田野调查，将个人访谈与个人文书相结合，以“经验性民族志”的记述手法编写，而其对“生活物质文化”的研究，则突破了传统城市民俗学研究城市庆典与城市传说的局限，具有重要的学术意义。

此外，源自乡村研究的田野调查方法，在研究城市时也遇到了研究视角、介入方式、访谈深度等方面的问题，需要灵活处理。德国的沃尔夫冈·卡舒巴（Wolfgang Kaschuba）在谈及欧洲当下的都市民族学研究方法时，就提出“要阅读文本、观察图像和事物、分析象征物和话

---

① 许多学者对此已经有所探讨，此处不再赘述。相关研究参见杨利慧《“民俗主义”概念的涵义、应用及其对当代中国民俗学建设的意义》，王杰文《“民俗主义”及其差异化的实践》，西村真志叶、岳永逸《民俗学主义的兴起、普及以及影响》等论文。

② 转引自高静：《城市化与城市民俗学——韩国民俗学的转型探索》，《西北民族研究》2020年第3期。

语，而最重要的，是“参与观察”“心智地图”访谈和传记性叙事。”并将田野研究定位于“社会化的人的生活空间和生活习惯之内”。①

三、从都市民俗学到现代民俗学：学科的转型与发展

都市民俗学是伴随着现代化的进程而发展的。早期民俗学因受欧洲浪漫主义和民族主义的影响，而乐于探寻“文化遗留物”，民俗研究被限于对传统文化的考究。二战后，世界经济的迅猛发展，带来了翻天覆地的变化，现代化和城市化的飞速进行，使得传统意义上的民俗越来越少，研究范围的缩小使得民俗学者不得不重新思考民俗的定义，各种考据式的研究不断将“民”与“俗”的范围扩大，都市民俗学也应运而生。早期的都市民俗学仅仅是将研究对象从乡村扩展到城市，作为区域民俗学的一类而与乡村民俗学相对应，在理论方法上，并没有多少创新。然而随着乡村日益城市化，乡村与城市的界限越来越模糊，现代化、多媒体、网络等对城市和乡村都有影响，此时都市民俗学的研究已经超越了城市这一区域的范围，研究对象上也由关注传统民俗转为更加贴近当代社会生活，因此也有学者建议用现代民俗学的名称代替都市民俗学，此时的都市民俗学是取空间上的城市化与时间上的现代化的并集，不仅研究城市里的民俗，也研究城市化的民俗。两种研究指向前后相继，反映了民俗学从过去之学向研究当下的现代之学的转变。

在欧洲，城市民俗研究最初也是将城市与乡村看作二元对立的，在城市中寻找文化遗留物，这种研究取向由于未能开拓新的理论而踟蹰不前。当传统的研究对象和研究领域日趋消亡时，欧洲民俗学者开始探索新的研究对象，调整学科的发展方向。随之，危机和焦虑促使

① 沃尔夫冈·卡舒巴，安德明：《形象与想象：柏林的都市民族学》，《民俗研究》2010年第2期。

他们及时调整了学科的策略和方向，欧洲各国的民俗学开始进入到转型的过程。早在1969年，鲍辛格就曾提议把民俗学的研究对象界定为大众文化，既可以摆脱意识形态的束缚，又不容易产生歧义。20世纪60年代末以后，德国的民俗学逐渐转变为经验性的文化科学和社会科学，开始用新的视角和方法对现代城市民俗进行研究，甚至名称也改为"欧洲民族学"或"经验文化学"，其研究对象也转变为"以中间社会阶层的日常生活事件为对象领域"①。其他国家也经历了类似的转型过程。如2006年，瑞士的苏黎世大学民俗学研究所就更名为大众文化研究所，下设"日常文化"和"大众文学与媒体"两个专业，致力于研究日常文化和生活世界。

无论是"欧洲民族学""经验文化学"，还是"大众文化研究"，欧洲的民俗学名称的改变反映的是研究对象、视角和理论方法的转变，从村落到城市，从历史到当下，从均质化、固定化的文化观转向了多样性、变化性的文化观，其中既有对城市特性的关注，也有对当下科技世界的民间文化的探索，体现出民俗学者对现实社会强烈的参与意识。其中的理论预示，正如黑尔格·格恩特所言：首先是一门直接从观察、询问和传承出发并且通常限于欧洲文化之内的经验科学；其次是以中间社会阶层的日常生活事件为对象领域；再次是重点关注功能特征和调解过程及其变化的研究方法。②

在日本，进入到20世纪90年代后，城市民俗研究逐渐沉寂了下来，以都市民俗学为名的研究逐渐减少。有学者认为虽然都市民俗是存在的，但是，都市民俗学并不成立。因为从语义上讲，都市民俗学是对应于乡村民俗学的，都市民俗学似乎就是对产生于都市的民俗进行

① 户晓辉：《建构城市特性：瑞士民俗学理论新视角——以托马斯·亨格纳的研究为例》，《民俗研究》2012年第3期。

② 参见 Helge Gerndt, Zur Perspektive volkskundlicher Forschung, in *Zeitschrift für Volkskunde*, 76. Jahrgang 1980.

的研究，这显然没有理解都市民俗学的意义。正如岩本通弥所说，“都市民俗学兴盛的原因和意义在于，它针对定型已久的民俗学提出了不同的观点，并对既成的方法论、调查论以及记录论提出了重新考察其前提性概念的必要性。”①虽然民俗学早在柳田时期就被定义为现代之学，但日本民俗学界却长期以来一直热衷于对过去的复原。而日本都市民俗学正是把时间上的现代化或空间上的都市化联系起来，以此批判传统民俗学，回归现代日常生活。但在20世纪90年代以后，都市民俗学的研究陷入桎梏，传统研究乡土社会的方法并不适用于都市社会。随着日本民俗学界对民俗学认识论和方法论的转变，整个民俗学研究也呈现出百花齐放之势，研究视角包罗万象，现代、都市、国家等对象都包括其中。民俗学者也不再刻意强调都市，冠名都市民俗学研究的文章也日趋减少。正如宫田登在《都市的民俗》一书中就认为将之前学者认为的都市民俗学称为现代民俗学更为贴切，因为他要进行研究的都市民俗学不仅仅是在“都市”这样一个地理范围内发生的民俗，而是被“都市化”的民俗。“都市”不仅是一个地理概念，在外延上也并非是与乡村完全对立的关系，而是一种生活方式和文化，进入到近代以后发生在传统都市和乡村中的新变化，与特定的历史发展阶段有关。然而这只是简单意义上名称的衰退，民俗学已经不能忽视甚至轻视城市民俗，进入21世纪之后，《都市民俗生活志》《城市生活的民俗学》等专题综合研究成果的出现就是最好的证明。民俗学不是过去之学，而是通过分析当代生活文化、揭示当代生活中产生的问题的现代之学。日本的“都市民俗学”是脱离于“现代科学”的现代日本民俗学试图回归原点的结果，是民俗学作为“世相解说”功能在现代社会的运用。

在现代化、城市化飞速进行的当代社会，城市与乡村二元对立结

① 岩本通弥：《“都市民俗学”抑或“现代民俗学”？——以日本民俗学的都市研究为例》，《文化遗产》2012年第2期。

构已经解体,人们的生活方式和社会环境正因社会经济和科学技术的发展而发生翻天覆地的变化。互联网技术的发展,使城市与乡村的边界日益模糊,许多诞生于网络的民俗事象也成为学者的研究对象。同时,随着经济和社会的发展,城市人口不断增加,作为消费社会主体的中产阶级队伍不断壮大,他们对时尚消费风俗的创造和引领,也使其生活文化成为民俗学城市研究的重要关注对象。民俗学不再局限于研究社会底层民众的文化生活,“民间”“传承”等概念也出现许多需要探讨的问题。城市社会的发展,扩展了民俗学的研究对象,但也暴露出民俗学城市研究理论方法的不足,既有的概念和研究范式在面对城市民俗问题时,缺乏有效的解释力,亟需转型调整。城市是民俗学朝向当下转型的关键,面对日新月异的城市空间和城市文化,民俗学应积极探索新的研究范式和理论方法,更加贴近现实生活,给予城市生活文化更多的关注,树立起参与的意识以服务于现代化的事业,积极参与未来现代文化事业的建设。

形象与想象：柏林的都市民族学*

［德］沃尔夫冈·卡舒巴(Wolfgang Kaschuba) 著
安德明 译**

首先，我想向各位介绍一下我的两个"家园"：一个是我的学术"家园"，即欧洲民族学；另一个是我的"家园"城市柏林。我希望这些有关柏林以及我和同事们在那里的工作的概述，能够给大家一些关于我们所说的"都市民族学"的印象。都市民族学这一领域，也是我目前为数不多的"户外"研究范围中的一项工作，它能够使我获得几个小时的时间，得以逃离书桌和各种行政事务。

一、欧洲民族学

为了避免引起误解，我首先要说的是，欧洲民族学的目的，不是要探索欧洲的那些未知的部落、仪式和文化。那是殖民时期我们的前辈同行在非洲或亚洲等欧洲以外地区所做的工作，这样的时代早已过去了。今天，欧洲之外的田野研究是以合作的形式来组织进行，而且大

* 本文原刊于《民俗研究》2010年第2期，是沃尔夫冈·卡舒巴教授2010年3月31日在北京师范大学所作讲演，由安德明担任现场翻译，中国社科院文学所民间文学专业硕士生程冉整理初稿。

** 沃尔夫冈卡舒巴(Wolfgang Kaschuba)：1950年出生，德国柏林洪堡大学欧洲民族学研究所所长、教授；安德明：中国社会科学院文学研究所研究员。

多是由“本土”学者组织或协助开展的。

我们目前更多地是要观察欧洲内部及其周边地区的社会文化进程。举例来说,这些进程包括有关民族和国家认同的问题、基于心智的地区性或宗教性问题、人口流动和移民问题、日常生活中的仪式和象征实践问题,等等。人们也可以说,这是一种“家乡民族学”,它主要关注自身的文化实践,要在自己的家门前寻找“陌生”。

就方法而言,这就意味着要阅读文本、观察图像和事物、分析象征物和话语,而最重要的,是“参与观察”“心智地图”、访谈和传记性叙事。总之,这种田野研究是在社会化的人的生活空间和生活习惯之内进行的。

因此,我们要探寻大众与日常生活的经验和想象,考察社会中的人和他们自己的世界。通过这些,我们希望能够达到对这样一些问题的理解:哪些是我们的私人生活和公共生活中的原则和秩序?哪些是生活中的日常事务和惯例?社会与区域或社会阶层、代际与性别之间的区别在哪里?它们存在于价值观和信仰、存在于生活方式和个人爱好当中吗?“自我”和“他者”这些有关认同的观念,是如何建构文化差异性和奇异性的界限的?是根据国家和民族的因素还是按照社会与文化的方式?

由笑话、文学、电视或电影展现和创造的那些普遍的形象、想象、成见、陈词滥调和传统,它们都是有关大众观念和信仰的基本材料,同时也是我们研究的基本材料。这是因为,那些关于“我们”和“他们”、关于国家、民族或地区认同的想象,属于我们在欧洲已经延续了两个多世纪的“认同大游戏”的组成部分。而这项古老而严肃的游戏,由于1989年德国柏林墙倒塌之后发生的重大政治社会变迁,得到了一次强有力的复兴。

这里我要引用一小段文字,这段文字尽管不是新近写作的,却是这种“认同游戏”方面最有启发性的一个例子。它是由法国前总理阿里斯蒂德·白里安①以诗的形式所作的。作为一个切实的“欧洲人”，他在19世纪20年代两次世界大战之间，写了下面的诗行，想象出了一系列民族国家的成见性形象。

一个俄国人——知识分子
两个俄国人——芭蕾舞 公司
三个俄国人——革命

一个意大利人——曼陀林琴
两个意大利人——黑手党
三个意大利人——战败

一个德国人——学究
两个德国人——啤酒派对
三个德国人——战争

一个法国人——胡言乱语者
两个法国人——恋人或夫妻
三个法国人——会议

一个英国人——白痴
两个英国人——体育 比赛

① 阿里斯蒂德白里安(Aristide Briand，1862—1932). 法国政治家，1909—1929年间十一次出任法国总理，是欧洲统一运动的热情支持者。他任外交部长时是洛迦诺条约的主要筹划者(1925年)，该条约保证了比利时、法国和德国边境的和平。他也起草了《凯洛格—白里安公约》(1928年)，并获1926年诺贝尔和平奖。(译者注)

三个英国人——世界上最伟大的国家(1920!)

一个美国人——一杯鸡尾酒
两个美国人——两杯鸡尾酒
三个美国人——三杯鸡尾酒

我想诸位对白里安在欧洲历史和认同方面所做工作的大致信息都很了解。这方面的信息，是由历史、政治、文学和心理等诸多方面的叙事编织而成的。而这些叙事又是我们有关欧洲的共同文化记忆的组成部分，它们被创作为小说、艺术、笑话以及电影等等，因此能够被我们全部加以了解。

当然，这里我并非要详细地叙述这首诗及相关内容，尤其不是要强调作者本人对于美国精神的态度。但我希望这个简短又富于讽刺意义的例子，能够帮助大家来了解我自己的研究领域所关注的核心，那就是：我们社会世界的文化表现是如何为话语和想象所建构的？它们是如何被组织成象征符号和实践的？它们是怎样活在多种传统与记忆当中、活在各种生活方式和生活传记当中的？欧洲民族学始终寻求发现一种特定的视角，一种特定的、共情的观点，来理解生活的“文化状态”，或者理解各种文化模式的“社会逻辑”。

以上是对我们柏林学界民族学的观点和任务的基本情况的简要介绍。

二、柏林的空间与文化

我们最近的研究领域——这里我要转向另外一个话题，也是我自己目前真正关注的问题——是有关大城市的历史和生活，也即城市或都市研究。在最近的 20 年间，都市获得了重新发现，曾被视为现代、现在则被看作后现代时期的“实验室”。大城市作为某种通向未来的窗口，同时也作为一种新的社会形式，不再仅仅代表着“民族国家”的生活世界，而是代表着“全球性”“世界性”的生活世界。

在这里，我既要介绍“城市中的民族学”，还要介绍“有关城市的民族学”。首先来说一说前者。

城市中的民族学指的是城市的“内部视角”，比如观察人们生活和工作的习惯，观察公共空间和私人空间，观察生活方式和青年文化。由于都市的规则往往会顾及任何大城市中不同生活方式的存在，比如生活与饮食习惯的多样性、不同的家庭与婚姻形式、不同的服饰样式和爱好、多种的语言和多样化的宗教等等，其社会文化的异质性体现在所有作为“城市原则”和“城市品牌”的空间和环境当中。

我们试图检验所有这一切——在伦敦或纽约，在莫斯科，另外我们希望不久以后也能在北京。与此同时，我们尤其致力于在自己的家门外，也就是在柏林，来观察这种都市形象，界定城市的生活方式。而在自己生活和工作的地方探寻“陌生”的因素，是新兴的“家乡民族学”所主张的理解自我这一核心观点中的组成部分。

下面，我来向大家介绍我们是怎样开展工作的，同时要让诸位看一些有关柏林的基本信息。

公共空间——正如大家所知道的那样，它并不是一种实体的存在。它其实是一种社会实践和文化想象的建构，同时，它还是实践与想象的体系，其结构包括：政治与社会生活是如何组织的；这种生活是怎样在社会结构和城市地区以公共的形式得以运行的；它是怎样被设置在社会空间的阶序之中，又是怎样铭刻在个体和集体的心理地图之中的。

这些心理地图，对我们日常生活中的行为取向是很有帮助的。比如，人们最好事先知道，在新加坡的大街上吐嚼过的口香糖或在公众场合喝香槟酒，将是一种可能付出昂贵代价的享受；反之，这两种行为在罗马都是被允许的,然而你却不能在公众场合嘲讽意大利足球和教皇。这些可能不是最突出的例子,但它们却能够表明我们是习惯于某一类象征秩序的,我们知道在公共空间应该怎样行动——在这里,空间被视为历史、文化和意义的景观。

这些象征的秩序和规则,大多都是在很长时期内稳定不变的,它们分散在特定的社会与象征领域。比如,不同年代的旅游指南,充当着某种记录城市的气质、公共空间及其文化的工具,而伦敦、巴黎以及北京的某些部分,是由那些城市气质和秩序构建的。

以柏林为例,就像我下面要讨论的那样,今天的形势已经很不一样。因为在那里我们可以发现,柏林的城市景观、公共空间和城市秩序更加开放,更加不确定,更加多变。我们能够看到,柏林的象征性地形图似乎有各种不同的地图作为底本,所依据的尺寸和维度也多种多样——这是过去五十年中柏林作为一个"分裂的城市"的必然结果。它使得柏林在重新合并也即 1989 年之后,仍然没有一个关于这个城市的基本的政治与社会变迁的"共同的地图"和"共同的成果"。

1989 年发生的突变,的确从根本上改变了柏林的城市生活和象征秩序,这主要体现在如下方面:东、西方突然相遇,东柏林人和西柏林人先是都成了德国人,接着成了欧洲人;曾经处于边缘地带的"边境城市"变成了一个国家的首都;历史被表述成了当下;实体建筑开始被用一种具有历史和社会象征意义的方式来解读。

所以,今天的柏林看起来是一个在空间上无序的、被不同的有关城市气质的社会理解和社会意义编织的城市。同时,有关城市空间的不同形式的斗争和社会表现策略方面的问题也相当突出。具体而言,就是谁拥有这个城市,也即拥有城市中特定的空间和地点。

下面我给大家举一些有关公共空间象征意义的争执方面的例子。

首先是在柏林引起了很大争论的一个象征空间,即巴黎广场,那里有一个著名的勃兰登堡门①。

有关勃兰登堡门的第一个主题：勃兰登堡门在长达半个多世纪的时间里，一直是柏林和欧洲政治与空间划分的一个非常著名的象征。今天，勃兰登堡门仍然引起了很大争论，争论的主要观点有两种：其一，作为德国战后历史的象征纪念物，这个建筑在1945年至1989年东西方对峙时期所具有的空间隔离意义目前是否应该予以保留。其二，勃兰登堡门作为巴黎广场周围整体建筑的一部分，其在前纳粹时期的历史地位和景观是否应该加以重建。

当地的权威都倾向于通过重建广场从前的轮廓和建筑，来降低勃兰登堡门作为冷战遗迹的象征意义的分量。这种方式也为私人调查员在勃兰登堡门周围的工作提供了便利。与此同时，作为一个铭刻"记忆"和"历史"信息的地方，这个门以及巴黎广场，现在也是举行政治活动和各种大事件的重要舞台。

第二个主题：在勃兰登堡门以南一百米左右的地方，有一大片空地被保留下来，建造"大屠杀纪念碑"，以纪念希特勒和纳粹对犹太人进行的种族灭绝事件。这个纪念碑，在记住历史的同时，也为巴黎广场的象征性地形图做了一个新的脚注。纪念碑在两年前向公众开放。它由美国建筑师彼得·艾斯曼设计和建造，是由波浪形状的墓石组成的。

然而，在勃兰登堡门和纪念碑之间，美国政府建立了一个新的大使馆。根据FBI对安全方面的建议，大屠杀纪念广场的一部分也被大使馆纳入了一个需要安检的范围之内。

那么，这个地方究竟是一个纪念场所还是一个需要高度安检的区

---

① 勃兰登堡门现位于柏林市中心，是18世纪末19世纪初普鲁士国王为纪念普鲁士在七年战争中的胜利而下令建造的一座城门。作为唯一保存的柏林城门，它见证了柏林、德国、欧洲乃至世界的许多重要历史事件，已成为柏林的标志性建筑和德国的国家象征。在冷战时期，由于它位于柏林墙所构成的隔离区的中央，曾经一度成为军事禁区，被视为德国分裂的标志。（译者注）

域呢？这样的做法，无论是在空间还是在象征意义上，都导致了一种矛盾和冲突。有关这种冲突的广泛讨论，至今仍然在公众和政客之间持续进行着。

第三个主题：近些年来，柏林的许多大事件都是围绕勃兰登堡门发生的。最早是“爱之游行”，汇聚了逾百万年轻的 Techno 音乐迷的游行。现在则是“克里斯托弗大道节游行”，有大约五十万的男女同性恋者参加。这些游行者，都会穿过勃兰登堡门，把巴黎广场作为他们展示自我的舞台。到了夏天，每两周都会有数千名轮滑爱好者在这里集会。他们沿着同一条路径，怀着对其历史象征的重视，穿过勃兰登堡门，把这个门当作他们进入这个城市度过“冰刀之夜”的入口，然后沿着菩提树下大街继续前行，并在市中心盘桓数小时之久。

所有这些活动，都是围绕勃兰登堡门进行的，而且都把巴黎广场当成表演的一个舞台。活动的参与者都声称他们旨在促进世界和平，或者是代表着少数族群，或者是为表现城市文化的一种新类型而进行的“政治运动”或“社会运动”。而且，他们都声称对这些公共空间拥有合法的使用权。

围绕勃兰登堡门的这三个主题，大约可看作是一种典型情况，这种情况几乎在任何一个大城市里都会以这样或那样的方式发生。

另外，还有其他一些有关在城市中的民族学的话题，我们也正在试图进行研究。比如移民团体、族群属性问题以及宗教认同问题——在柏林，有近百万的外国移民，其中大约有 30 万穆斯林，他们构成了一个十分强大的宗教共同体。又如青年文化和城市音乐景观——这种文化是一种势不可挡的景观，你可以看到各种各样的景观和团体，各种各样的音乐和舞蹈、俱乐部和场所（我们的学生晚上也经常去参与这种活动，部分是为了去做调查研究，同时也是为了去娱乐）。再比如在柏林和其他一些大城市中旅游文化所扮演的角色以及文化产业的兴起——旅游地点的“制作”，少数民族跳蚤市场的展示，或者柏林乐团，都构成了一个新的全球性城市市场的一部分。

这些都是在都市中的民族学所关注的现象和问题——事实上，我们也希望能在巴黎、莫斯科或巴塞罗那等其他大城市观察这些，从而发现在都市中生活的人的文化实践和活动，并研究这些活动的内部结构和秩序。

下面我们进入第二个观点，即“有关都市的民族学”的概念，它的核心思想包含以下几层意思：

其一，今天的这些大城市在某种程度上是作为行动者的形象出现的；

其二，它们拥有自己独特的风格、魅力和感觉；

其三，它们代表集体的理想和身份认同；

其四，这些身份认同通过诗歌、小说、叙事和象征物来“制造”，通过绘画和电影来展现。而这些诗歌、小说、叙事等等又被出租车司机、旅游者、艺术家和学生来消费和复制。

因此，大城市是被从两个方面来构建的，一方面是一个“真实的世界”，另一方面是一个“想象的世界”，而且不可能把这两个方面分割开来。这些大城市在特定意义上是“被象征化”的世界，在我们全球性的心智地图中，所有大城市往往会被理解成某些特定的“著名地点”。比如，提到巴黎，我们就会联想到爱情和埃菲尔铁塔；提到纽约，就会想到“9·11”事件和曼哈顿；提到伦敦，就会想到女王、滚石音乐和切尔西足球俱乐部；说到北京，就会想到毛泽东、皇宫和天安门广场。

这些“城市标签”，是为旅游者而设立的，但同时，城市居民也像旅游者一样，生活在对他们自己来说依然具有“新鲜”和“陌生”感的城市中，也在消费这种“城市标签”。因为从目前来看，我们都生活在这样一个充满了象征意义和象征权力的“城市世界”当中。“城市标签”的相关内容当然属于“有关都市的民族学”的研究范畴。

有关“城市标签”的行动，我们仍然以柏林为例来加以说明。这里要举到的例子,是德国议会大厦。

德国议会大厦建于 19 世纪末,是德意志皇帝作为赠予第一次国民大会的礼物而下令建造的。它是德国除勃兰登堡门之外第二大具有历史象征意义的重要建筑。

如上所说,这座议会大厦最初是被德意志帝国时期的国民议会使用的。后来,随着帝国的垮台,这座大厦就成了魏玛共和国用以探索民主形式和民主政治的议会大楼。在 1933 年 2 月,大楼被纳粹分子烧毁,而希特勒则成为国家元首。

1945 年之后,在二战末期,这座议会大楼成了介于东西方之间的一块"无为之地"。这座被损坏但还没彻底毁灭的建筑向人们展示了战争和时代留下的创伤和疤痕:在它的后面,是柏林墙和全副武装的士兵;在前面,则是闲暇时间供土耳其家庭野餐和孩子们踢足球的草地。

议会大楼一度成了城市中无人管辖的一块地方。它看起来是一个在历史上受到极度"污染"的建筑(在政治和文化上有很多污点),它之所以没有被使用,不仅是由于它地处东西柏林边界特殊的地理位置,而且是由于它"不光彩"的历史。

但是到了 1995 年,建筑师克里斯托实践了他的一个设想,那就是把这座建筑扮演成"被包裹起来的议会大厦"。大楼被一层银色的箔片遮盖,呈现出淡淡的光芒,其外形也因而变得更加轻灵。这种艺术化的操作改变了它在人们想象和共同记忆中阴暗、沉重的面目。

最重要的一个事实是,柏林人和旅游者都接受了这种改造,就像接受在这个被包装起来的大楼周围举行的盛大夏日集会一样——那些夏日晚会上,每晚都有艺术家和乐团,有小丑和喷火者的表演,更有成千上万的人们在那里聚会,他们带着彩格呢毛毯和野餐包,带着面包和饮料,边吃喝边欣赏,以此来结束一天的生活。

这种包装,是对议会大楼某种程度上的"净化",它去除了它历史上的一些阴影，使它重新获得了具有象征意义的地位，并重新成为了一个凝聚着集体记忆的建筑。不过，这也是通过另外一种信息，即有关当下“进行中的历史”的信息加以实现的。

这个过程也可以看成是一种“公共的艺术活动”，一种公共空间和公共政治领域的美学和艺术干预。这个事件为近些年的许多其他干预活动奠定了基础。

2000 年，议会大楼在英国建筑师诺曼·福斯特的主持下完成了“关键性的重建”过程。大楼被重新开放，其中最引人注目的是重建的玻璃圆顶，人们可以从这里走到顶部，眺望新柏林，甚至可以在这里喝一杯咖啡。

这种圆屋顶的建筑似乎是延续了克里斯托带有象征性的效果和策略：把历史的阴影进一步缩小，而光线则使得这一建筑呈现出一种新的具有象征意义的轮廓。现在的议会大楼，可以说是一个与德国政治相关的非常普通、具有重大历史意义但实际上又很“平常”的地方。

这种改造，同时也体现了大都市热衷于“独特建筑”的新取向——许多大城市中的博物馆、摩天大楼或者歌剧院，都被设计成具有象征意义和纪念碑意义的建筑，以此来证明城市的光荣和独一无二，就像伦敦的“千禧年大厅”、巴黎的“卢浮宫金字塔”或者“迪拜塔”。

柏林在其他方面也有许多新发展，这些发展在别的时尚城市如纽约和巴黎也都可以看到，它们进一步促成了城市的状貌：比如把具有历史意义的庭院变成了城市重建的区域和高级奢华的住宅，又如城市中的中产阶级化进程以及与之相反的贫民化过程，再比如城市中新的“夏季活动”，像“街头狂欢节”或城市中的“海滩”等，它们都属于有关“展演城市生活方式”的新感觉的具有象征意义的地点和实践。

这种“城市风格化”在西方大都市里是一种非常新鲜和神奇的“文化潮流”。它意味着把城市空间和生活方式加以“文化化”——通过音乐和艺术家，通过戏剧和剧院，通过狂欢节和街头音乐游行，通过新奇的、异域的饮食文化等等。

最重要的事实是,这些活动和事件在空间和心理上是以一种户外的表演和文化活动的形式来组织的,同时,这些活动总是试图吸引大量的人来参加,而参与者则想以此来表现他们真正的"日常生活方式和实践"。

因此,在今天的柏林,有数百家户外咖啡馆任你选择,每一家都可以提供20多种咖啡,每一家都用种在意大利赤陶罐里的棕榈树做装饰。你可以游览施普雷河及其沿岸的21家"城市沙滩"——在这里,有没有真正的海水并不是最重要的,重要的是气氛和悠闲的生活方式:有折叠躺椅,有巨伞,有加勒比海的音乐,还可以喝到像血腥玛丽(Bloody Mary)或者来自巴西的鸡尾酒Caipirinha等各种饮料。你也可以参观许许多多的关于美术、音乐和即兴涂鸦的商店和画廊,这些商店和画廊也是城市中开放的、具有都市特征的、户外景观的组成部分。

在这样的地点和场合中,想成为一个能够享受闲暇时光的成员和户外活动者,关键的一个身份标记,就是"手持酒瓶"——手中拿着一个开过的、装满啤酒和混合饮料的瓶子到处闲逛。这种"和缓悠闲"的行为姿态作为城市中具有象征意义的实践,在西方许多城市和社会中都被实践着。但这其实是十分新近出现的一种现象,在过去很长一段时期,这些活动的参与者只是被一些诸如艰苦劳动、纪律和效率等特定术语映衬并被别样界定身份的人。

这种巨大的改变,是柏林城市的一种"地中海化"效应,即把城市空间转变成了"意大利"或者"西班牙"的海岸——可以说,它是要把灰暗的沙漠般的城市风景建造成一种引人入胜的"绿洲"。

这种空间上的转变可能正象征着一种新的都市心态——象征着迄今为止更加具有"文化取向"的生活世界和生活方式。因此,都市生活方式实际上是被新的社会构造和社会运动以某种方式组织起来的,这些构造和运动，试图把城市中的场所和地点作为“开放的公共空间”来加以开发、利用和打造——这一公共空间，是对不同的思想观和价值观、不同的行为方式和语言、不同的审美观和政治观念都开放的。

在柏林，你可以发现巴伐利亚的啤酒屋和民间音乐，也可以发现加勒比海的舞蹈和饮料，还可以看到中餐馆、日本的茶社和俄国的伏特加酒吧。在舞蹈社团附近，在生态团体机构或者公民活动中心附近，可以看到艺术画廊。这是一个混合的城市景观，其中文化和政治相融合，经济和艺术相融合。而这种情况，无论在巴黎还是在伦敦，都是一样的。

从这里可以看出，“文化多样性”和“族群差异性”是大都市文化展示的两个主要主题。而这种文化展示，具体又表现为两个方面：人们会说“这里——我们本地拥有全世界的东西！”同时也会说“我们就是全世界，是这个文化上的世界城市！”这其中，地方性的傲慢和地方性的认同是同时存在的。

城市的“文化化”意味着：把文化的“引用”“拼装”“混合”和“杂交”作为指导城市生活和表演的原则。当没有什么东西“拥有”和“知晓”它自己的起源和真实性的时候，这也往往是主张其有关血统、起源和传统的“本真性”的一个策略。

因此，这种大都市的文化展示，制造和提供了两个机会：一个是为城市居民的“文化参与”和他们“创造性的实践活动”提供了契机；另一个，也为“文化产业”和他们的“消费行为”创造了条件。“都市文化”目前已经成为促进城市经济和资本发展最晚近的一个中心因素，而且如此风行。但需要指出的是，参观音乐会、酒馆和大型活动都需要花钱，并且往往要花很多！这使得一些“市中心区”对当地的正常居民来说似乎成了“不可去的地方”——就像富有游客不应去“贫民窟”一样——这种情况在像莫斯科、布拉格或巴塞罗那这样的一些城市也正在发生着。

建构城市特性：瑞士民俗学理论新视角

——以托马斯·亨格纳的研究为例

户晓辉*

与英美民俗学相比，国内学者对德语地区民俗学的了解相对较少，而在德语地区，我们对瑞士民俗学的了解则是少之又少。2011 年 8—9 月，我有幸在苏黎世大学大众文化研究所（即原来的民俗学研究所）合作研究两个月，因而有了一次近距离接触瑞士民俗学的机会。[①] 这里首先要说明：其一，由于瑞士是多语种国家，本文说的瑞士指占人口 60%以上的瑞士德语区，其民俗学主要以苏黎世大学、巴塞尔大学、伯尔尼大学的研究和教学以及瑞士民俗学会的学术活动为代表。[②] 其二，瑞士民俗学并不存在明显的学派，而主要以民俗学者个人的研究方向和旨趣为特色，所以很难非常准确地归纳或概括瑞士民

* 户晓辉，文学博士，中国社会科学院文学研究所研究员。本文原发表于《民俗研究》2012 年第 3 期。

① 此次合作研究，得到瑞士联邦政府中瑞科技合作基金（SSSTC）的资助和托马斯·亨格纳本人的热情帮助，在此谨致谢忱。

② 关于这些高校早年开课的情况以及瑞士民俗学会的主要活动情况，参见 Hans Trümpy, Volkskundliche Forschung und Lehre an den deutsch-schweizerischen Universität und die Schweizerische Gesellschaft für Volkskunde, in Wolfgang Brückner (Hrsg.), *Volkskunde als akademische Disziplin. Studien zur Institutionenausbildung*, Verlag der Österreichischen Akademie der Wissenschaften, Wien 1983。

俗学的整体趋势。本文也仅以托马斯·亨格纳（Thomas Hengartner）①教授的研究为个案，从某个（主要）侧面记录笔者的所见和所思，并不期望对瑞士民俗学理论的整体趋势作回顾或展望。其三，本文介绍和评述的并非绝对意义上的“新”，因为对我们而言的“新”，对瑞士以及德国和奥地利的民俗学而言已经有了几十年的历史，而且这个过程仍在继续。本文的目的不是为了追“新”，而是讨论新的问题意识及其得失。

一、“民众生活”与瑞士民俗学的理论意识

本世纪初，瑞典学者奥瓦尔·勒夫格伦（Orvar Löfgren）曾认为，从总体上来看，欧洲民俗学或民族学的风格、潜在的习惯和不成文的规矩都具有鲜明的民族国家特色，不同国家学术景观的实际地势塑造了做民俗学的不同风格。② 对德语地区而言，这种说法仅具有一定程度的正确性，例如，瑞士不是民族国家意义上的国家，因而瑞士民俗学没有民族国家的或民族主义的目标设定。③ 但实际上，瑞士、德国和奥地利的民俗学研究向来交流频繁、联系广泛，这不仅因为它们的主要成果都用德语出版和发表，而且因为它们的学术活动也常常不分彼此、共同举办。例如，德国民俗学会历次大会几乎都是这三个国家民俗学者共同参加的盛会。2011 年 9 月 21—24 日，德国民俗学会在图

① 关于亨格纳，中国民俗学界并非完全陌生，因为吴秀杰博士曾翻译过他的文章《关于时间和空间的秩序——来自民俗学的评论》；简涛在《德国民俗学的回顾与展望》一文中对他也有所介绍；这两篇文章均见周星主编《民俗学的历史、理论与方法》，北京：商务印书馆，2006 年。

② 参见 Orvar Löfgren，Life after Postmodernity：Volkskunde in the New Economy，in Gudrun M. König/Gottfried Korff (Hrsg.)，*Volkskunde'00*，*Hochschulreform und Fachidentität*，Tübinger Vereinigung für Volkskunde E. V. 2001。

③ 参见 Richard Weiss，*Volkskunde der Schweiz. Grundriss*，S. 58，Eugen Rentsch Verlag，Erlenbach-Zürich，1978。

宾根召开了第38届大会，以这三个德语国家为主的参会人数达数百人之多，其主题是“文化—文化：思考、研究、描述”（Kultur-Kultur：Denken. Forschen. Darstellen）。更为重要的是，这三个德语国家的学者经常有跨国兼职或特聘的情况。例如，除了把在瑞士培养起来的亨格纳从汉堡聘回来担任所长和教授之外，苏黎世大学大众文化研究所还从德国聘请了卡斯帕·马瑟（Kaspar Maase）和哈尔姆—佩尔·齐默尔曼（Harm-Peer Zimmermann）担任该所全职教授。2006年，奥地利维也纳大学的欧洲民族学研究所（原名：民俗学研究所）也从哥廷根聘请了布丽吉塔·施密特—劳伯（Brigitta Schmidt-Lauber）担任所长和教授。应该说，德语国家的民俗学有差异，但共性更明显，其中一个突出的共性就在于它们对理论问题思考的深度和广度。尽管鲍辛格在20世纪60年代初曾抱怨民俗学界对理论的轻视甚至敌意，但德语国家的民俗学者毕竟生活在擅长思辨的文化传统之中，在我看来，他们已经做出的理论贡献和成就，令非德语国家的许多学者难以望其项背。

单说瑞士早年的民俗学理论，我们就不能不提到爱德华·霍夫曼—克赖尔（Eduard Hoffmann-Krayer，1864—1936）和里夏德·魏斯（1907—1962）这两员“大将”。尽管说起瑞士民俗学的奠基人，人们一般会想到卢塞恩市的文书伦瓦特·齐萨特（Renwart Cysat，1545—1614），但要说瑞士民俗学之父，则非霍夫曼—克赖尔莫属，因为他不仅率先在瑞士高校创立民俗学教授职位，使这门新学科在学术专业和研究领域获得一席之地，使瑞士民俗学成为一门独立的学科，而且还在1896年创建了瑞士民俗学会。早在1902年，霍夫曼—克赖尔就在苏黎世出版了他的大学教授首次就职演讲稿《作为科学的民俗学》，从科学的立场和角度对民俗学的研究对象和学科属性做出理论思考，并把民俗学划分为部族民俗学（Die stammheitliche Volkskunde）和普通民俗学(Die allgemeine Volkskunde)，前者研究某个部族或民族的特征，后者研究民族直观的原因、原理和基本规律。这本小册子刚刚问世，阿道夫·施特拉克(Aldolf Strack，1849—1916)就写了书评，对霍夫曼一克赖尔提出批评，由此在他们二人之间引发了一场关于民众与个人的关系以及民众生活中是否存在自然规律等问题的论争。① 尽管施特拉克对克赖尔的观点有所误解，但这些讨论对新时代民俗学的理论思考无疑具有非常大的预示和启发作用。

里夏德·魏斯也曾长期担任苏黎世大学民俗学研究所所长职务，在瑞士民俗学理论方面做出了不可磨灭的贡献。1946 年，他出版了名著《瑞士民俗学纲要》。当德国民俗学者还没有从第二次世界大战的阴影中走出之时，魏斯就以高瞻远瞩的理论目光对民俗学做出了新的思考。该书在民俗学理论方面至少有几个方面的重要贡献：其一，把民俗学的主观的概念规定发展为客观的、科学的概念规定。魏斯认为，民俗学的基本概念和研究对象是“民众”，它已经使真正意义上的非历史的、非政治的民众概念与历史性的和国民意义上的“民众”概念划清了界限。通过对“民众”概念的语用分析，魏斯指出，人们已经不再把“民众”概念看作某个特定社会群体意义上的“下层”，而是看作从心理学的意义上对每个人身上的民众特性的限定。因此，民俗学从精神科学的立场出发，把各种与人有关的物质的和精神的民间文化当作研究对象，确切地说，这种民间文化关涉的不是某个特定的阶层，而是每个人身上的民众特性(das Volkstümliche in jedem Menschen)，所谓“民众特性”，也就是受共同体和传统制约的特性。每个人都同时生活在个人文化和民间文化之间，都同时处于民众的行为方式与非民众的行为方式的持续张力之中。其二，对民俗学的研究对象做出新的理论阐释和规定。魏斯认为，民俗学是研究民众生活的

---

① 这些论争文章，参见 Gerhard Lutz (Hrsg.)，*Volkskunde*：*Ein Handbuch zur Geschichte ihrer Probleme*，Erich Schmidt Verlag Berlin，1958。

科学,“民众生活受共同体与传统决定,就此而言,它由民众和民间文化之间的相互作用的关系构成”。这就意味着,魏斯说的“民众生活”既不是人也不是物,既不是民众也不是民间文化,而是它们之间的关系和相互作用。换言之,“民众生活”并非一种实体实在论,而是一种关系实在论,这在民俗学思想史上不啻为一次巨大的解放。首先,他把“民众”的概念从下层或农民等实体意义转变为指每个人身上的“民众特性”,这就为后来的民俗学者重新思考研究对象并扩展研究视野开辟了道路;其次,在魏斯的论述中,构成或决定“民众生活”的,不再是所谓的物质或单纯的人(民众),而是功能和关系。他形象地说,民俗学必须同时关注人与物、民众和民间文化,例如,民俗学的服饰研究关注的对象既不是服饰本身,也不仅仅是服饰的穿戴者,而是穿戴行为;同样,在民俗学的其他各个领域,要研究的也是说唱、吃喝、信仰等等行为本身的社会功能。为此,其三,魏斯明确提出了民俗学的功能研究方法,即把民众生活看作人与民间文化相互作用和关联的整体,而这种整体就确保了民俗学各个研究分支的学科统一性。他认为,对民间文化的评价、保护、更新和改造是“应用民俗学”要做的事情,而科学的民俗学只需指出这种关系是怎样的以及它们是如何被改变的。在这本书中,魏斯用功能研究法对瑞士民俗做了集中的描述和展示,书中还附有大量照片,形象地记录了瑞士人既往的民俗生活。魏斯认为,民俗学的基本概念和目标设定决定了它是一门精神科学,民俗学的目标是认识人,即认识人在文化的各种对象上表现出来的精神的和心理的行为方式。通过对人及其文化的认识有所贡献,民俗学也就成为精神科学链条上的一个必要环节。[①] 该书提出的这些理论观点,曾对瑞士乃至德语国家和欧美民俗学产生了深远影响,在今天看来,仍具有现实意义和进一步思考的余地或价值。尽管魏斯的观点难免带

---

① 参见 Richard Weiss, *Volkskunde der Schweiz. Grundriss*, Eugen Rentsch Verlag, Erlenbach-Zürich, 1978。

有时代局限，因而受到后来学者的批评，但他对民众以及民众生活的理论思考无疑为新一代民俗学者提供了很高的理论起点。从他的功能论和关系实在论中，我们至少能够看出民俗学研究的一种潜在可能性：即民俗的功能和关系是一种由人创造的实在，是人的实践的产物，而不是对既定的和现成的“物”或“实体”的被动接受。

本文要分析的当代瑞士民俗学理论，正是在霍夫曼—克赖尔和魏斯等前辈学者的基础上继续发展和不断深化的结果。

二、名称之变与理论转向

众所周知，自20世纪五六十年代开始，欧洲民俗学经历了一场关于名称的论争，许多研究所相继改名。由于时代变迁和文化结构的转换，欧洲地区原来在民俗学（Volkskunde）与民族学（Völkerkunde）之间划分的界限越来越模糊。于是，1955年，在荷兰阿纳姆召开的国际民俗学会议上，有人提出用Europäische Ethnologie（欧洲民族学）作为欧洲范围内民俗学专业的统一名称。此后，这个名称就成为统合传统的民俗学和民族学学科的称号，陆续被欧洲许多国家采纳。① 当然，与传统的民俗学只限于欧洲各国之内的民俗研究相比，“欧洲民族学”就相当于比较民俗学，它试图使传统的欧洲民俗学“现代化”和“去民族国家化”（Entnationalisierung），更强调欧洲各国之间的比较研究和整合视角。② 这也是欧洲一体化进程的一个“必然”后果。

---

① 参见Klaus Roth, Zwischen Volkskunde und Völkerkunde: Europäische Ethnologie und Interkulturelle Kommunikation, in Christian Giordano und Johanna Rolshoven (Hrsg.), *Europäische Ethnologie — Ethnologie Europas*, Universitätsverlag Freiburg Schweiz, 1999。

② 参见Thomas Haushild, Zur Einführung: Forman Europäische Ethnologie, in Heide Nixdorff und Thomas Hauschild (Hrsg.), *Europäische Ethnologie. Theorie-und Methodendiskussion aus ethnologischer und volkskundlicher Sicht*, Dietrich Reimer Verlag, 1982。

在此期间,瑞士民俗学也经历了一场重新定位和不断反思的过程。它从所谓的精神科学(Geisteswissenschaft)转变为一门文化科学(Kulturwissenschaft)。在苏黎世大学,魏斯 1945 年成为第一个全职民俗学教授,当时的民俗学研究所(Volkskundliches Seminar)下设"民俗学"和"欧洲民间文学"两个分专业,1968 年为著名学者麦克斯·吕蒂(Max Lüthi,1909—1991)专设了第一任欧洲民间文学教授席位。对于瑞士乃至德国和奥地利这样传统深厚的欧洲国家而言,变革的付诸实施总要慢半拍。自 20 世纪 50 年代开始酝酿的改名"运动",在这些国家多半停留在思想层面。到了 1970 年,德国民俗学会及其常务委员会在德国的法尔肯施泰因召开的工作会议才真正把学科改名问题提上了议事日程,由此启动了德语国家民俗学研究的所谓"法尔肯施泰因革命"。据说,1971 年,曾有人提议把苏黎世大学民俗学研究所改名为"欧洲民族学研究所",但遭到哲学系的否决(按照德语国家传统的大学建制,民俗学研究所大多附属于哲学系)。[①] 自 2006 年起,该研究所终于更名为现在的 Institut für Populäre Kulturen(大众文化研究所),主要任务是以大众文化(Populäre Kulturen)为界面(Schnittstellenfach)来研究日常文化(Alltagskultur)和生活世界,研究所下设两个专业:"日常文化"(Alltagskulturen)和"大众文学与媒体"(Populäre Literaturen und Medien)。目前,该所拥有 800 名学生,而且从专职教授和教师的数量来看,它在德语地区也堪称大所。该研究所改名的时间之晚及其对名称的选择似乎也可以印证瑞士民俗学不算激进而趋于稳健的一面。

实际上,早在 1969 年,鲍辛格就曾提议把民俗学的研究对象界定为 populäre Kultur(大众文化),因为在他看来,这个形容词既没有意

① 参见 Ueli Gyr, Europäische Ethnologie aus der Sicht der Schweizer Volkskunde, in Christian Giordano und Johanna Rolshoven (Hrsg.), Europäische Ethnologie — Ethnologie Europas, S.47, Universitätsverlag Freiburg Schweiz, 1999。

识形态的负荷，也不会像 Volk（民众）那样经常遭人误解或发生歧义，尤其重要的是，它还能扬弃民间文化与大众文化之间的错误对比，去除实体化理解的倾向。[①] 德语 populär 和英语 popular 相似，有“普及的”“通俗的”“大众的”和“受人欢迎的”等意思。但正如《欧洲区域民族学和民俗学国际词典》所指出，populär 相当于德语 volkstümlich，指“任何与民众有关或具有民众特征的东西”（anything referring to the folk，or characterized by the folk）。[②] 仅从字面上来看，把原来的民俗学研究所更名为 Institut für Populäre Kulturen（大众文化研究所）不仅不算离谱，而且几乎就是换汤不换药。但实际上，该研究所的研究内容早就不限于传统意义上的“民众”了。该所的女教授英格丽德·汤姆科维卡（Ingrid Tomkowiak）在研究所改名时曾解释说，populär 这个概念可以指不同的东西。首先，它指在某个社会中众所周知和为人们喜爱的东西。其次，它指为大众创造并且在大众中广为传播的东西。再次，它指人们用来展示或反思自己的生活的大众文化要素，如日记本或相册。目前，该研究所与苏黎世大学电影学研究所比邻而居，图书馆也合为一处，这似乎以颇具象征意味的方式表明了两个研究所在研究对象和研究旨趣上的彼此靠近——它们都在研究大众文化。在我看来，populär 这个词不仅回避了 Volk 的传统歧义和身份政治色彩，而且突出了文化的公共性、共有性和民主性。

当然，正如在美国民俗学的名称之争中有学者反对民俗学更名一样，在苏黎世大学，也并非所有学者都认同现在这个名称。当我问起该研究所何时改名时，现任所长托马斯·亨格纳苦笑了一下，表示他也不知道，言外之意是他并不十分认可这个名称，他明确表示自己更

① 参见 Hermann Bausinger，Kritik der Tradition. Anmerkungen zur Situation der Volkskunde，in *Zeitschrift für Volkskunde*，65. Jahrgang 1969，II。

② 参见 *International Dictionary of Regional European Ethnology and Folklore*，Volume 1，P.198，Copenhagen：Rosenkilde and Bagger，1960。

喜欢图宾根大学的“经验文化学研究所”这个名称，因为他认为民俗学的任务就是研究经验文化，民俗学的研究方法是对文化现实的微观分析。

在我看来，名称变了，至少总会失去些什么。当我们用一个新的名称来命名一门学科时，或许意味着旧学科已经死亡或正在消亡。由于名称的改变，民俗学将面临的命运要么是寿终正寝，要么是起死回生。或许可以说，当欧洲民俗学者们发现自己传统的研究对象和研究领域已经越来越少或者正在趋于消亡时，危机和焦虑促使他们及时调整了学科的策略和方向，欧洲各国民俗学研究所的更名“运动”正是他们做出及时调整的一个重要手段。无论改为“欧洲民族学研究所”“经验文化学研究所”还是“大众文化研究所”，名称之变总是理论意识和方法论转变的直观体现。根据黑尔格·格恩特的总结，这其中至少有三方面的理论预示：首先是一门直接从观察、询问和传承出发并且通常限于欧洲文化之内的经验科学；其次是以中间社会阶层的日常生活事件为对象领域；再次是重点关注功能特征和调解过程及其变化的研究方法。[①] 瑞士以及德语国家民俗学的转向体现出民俗学者强烈的参与现实和介入现实的要求和意识。民俗学是否应该介入现实和社会的问题，大概已经无需争论，但它如何介入和怎样介入现实的问题，仍有讨论的必要。

三、从农村到城市：城市民俗学理论的兴起

由此不难看出，德语地区当代民俗学的一个明显转向是不再纠缠于容易被意识形态化的“民众”(Das Volk)和“精神”(Der Geist)之类的抽象概念，而是突出具体的文化和日常生活。用形象的比喻来说，

① 参见 Helge Gerndt，Zur Perspektive volkskundlicher Forschung，in *Zeitschrift für Volkskunde*，76. Jahrgang 1980。

民俗学者开始"进城"研究普通人的日常生活，这就催生了城市民俗学的兴起。城市民俗学在欧洲起步较晚，但也并非全新的东西，至少从20世纪上半叶开始，德语地区就出现了零星的城市民俗学研究。例如，1940年，奥地利民俗学者利奥波德·施密特（Leopold Schmidt，1912—1981）出版了《维也纳民俗学概要》；1958—1959年，奥地利民俗学者汉斯·科门达（Hans Commenda，1889—1971）出版了两卷本的《多瑙河畔林茨市的民俗学》。1961年，德国民俗学者鲍辛格出版了《技术世界中的民间文化》，此书虽然不是直接的城市民俗学研究著作，但无疑为民俗学的城市研究打开了新的视界。①

1983年9月26—30日，德国民俗学会在柏林召开了第24次会议，主题是"大城市：经验研究面面观"。在这次会议上，慕尼黑的民俗学者黑尔格·格恩特敏锐地指出，没有好的文化理论背景，就不可能有好的经验文化研究。大城市民俗学或都市民俗学必定取决于整个学科的理论。他提出了考察大城市或都市的三种方式：一是把它看作包含封闭的日常世界的文化结构，二是把它看作一个文化中转空间或活动场地，日常生活在其中得以展开，三是把它看作一个文化意义场或价值世界。② 他不仅对城市民俗学理论做了初步的总结，而且对城市民俗学理论发出了殷切的呼唤和进一步的期待。

在瑞士，苏黎世大学大众文化研究所前任所长乌埃利·吉尔（Ueli Gyr，1945—）从20世纪80年代起就在研究城市民俗学。当时，他曾不无抱怨地说，在瑞士民俗学研究界，保守势力占据主导地

① 托马斯·亨格纳在与我谈起鲍辛格的这本书时赞赏有加，他认为后来的许多研究并没有超过鲍辛格50年前写的这本书。我完全同意他的这一看法，而且我认为，从一定意义上说，亨格纳目前的研究是在鲍辛格的思考基础上进行的，也是对鲍辛格的某些思考的进一步深化和展开。

② 参见 Helge Gerndt，Grossstadtvolkskunde — Möglichkeiten und Problem，in Theodor Kohlmann und Hermann Bausinger（Hrsg.），*Grossstadt. Aspekte empirischer Kulturforschung*，Berlin 1985。

位，瑞士有城市，但根本没有真正意义上的城市民俗学研究。① 正如鲍辛格早就指出的那样，城市民俗学不能兴盛的根本原因在于缺乏有力的理论支柱。或许正是出于对这种理论匮乏局面的清醒认识，年轻一代的学者托马斯·亨格纳才在他的一系列研究中对城市民俗学理论做出了认真的梳理和更深入的反思。亨格纳 1960 年出生在瑞士东部以中世纪手抄本图书馆著称的圣加伦，在伯尔尼大学完成了他的本科、博士学位论文和教授资格论文。1996 年后在德国汉堡大学民俗学研究所任教授，2010 年 8 月起被苏黎世大学校长特聘为大众文化研究所所长和教授。从德语思想传统中成长起来的亨格纳将理论思考与田野调查有机地结合起来，很早就取得了不凡的成绩。亨格纳性格随和，尽管已过了知天命之年，脸上还不时流露出大男孩的稚气和童真。不过，当我翻开他的著作时，却丝毫没有发现稚气和朴拙的感觉，而是明显感觉到他早熟的理论辨析能力。

首先看他的博士学位论文《埃默河谷的上帝与世界：在宗教特殊群体的框架下对宗教生活的形成、传播和构成的民俗学研究》（*Gott und die Welt im Emmental. Eine volkskundliche Untersuchung zur Entstehung, Ausbreitung und Gestaltung religiösen Lebens im Rahmen religiöser Sondergruppen*, Bern 1990）。“埃默河谷”（Emmental），或译“爱蒙塔尔”，是瑞士伯尔尼州以盛产多孔奶酪著称的一个地区。亨格纳认为，“埃默河谷”是地理现象，但也是历史的、经济的和文化的空间，所以，他没有把这个地方当作简单的地理区域或位置，而是当作研究的领域和对象。作者在开篇就讨论了“埃默河谷”这个概念，并开宗明义地指出他研究的目的是在景观中描绘某个景观的肖像（ein Portrait einer Landschaft in der Landschaft zu

① 参见 Ueli Gyr, Volkskunde und Stadt — Volkskunde in der Stadt? Zur Situation städtischer Kulturforschung in der Schweiz, in Theodor Kohlmann und Hermann Bausinger (Hrsg.), *Grossstadt. Aspekte empirischer Kulturforschung*, Berlin 1985。

zeichnen)——他要寻求一个统一的"埃默河谷"。亨格纳告诉我，他研究的宗教特殊群体实际上就是"教派"(Sekte)，只是为了避免这个词的贬义，他才选择了"religiöse Sondergruppen"(宗教特殊群体)这种比较中性的措辞。

实际上，亨格纳的研究也是一项宗教民俗学研究，而这种研究在瑞士向来不甚发达。为了把握埃默河谷宗教生活的实际状况，他分别研究了宗教生活的历史基础、宗教生活在19—20世纪埃默河谷的展开以及当代埃默河谷出现的宗教团体的概况。但作者并不局限于宏观研究，而是先从不同的层次、因素和侧面描述了宗教特殊群体的历史的、教会史的、经济的、社会的、结构的和居住史的基础，然后描述了特殊群体的出现，最后再描述单个的特殊群体。尤其值得称道的是，作者在书中对宗教特殊群体中个人自我描述和自我评价资料的大量使用，不仅让民众的声音获得了合法的表达，而且也使这些鲜为人知的第一手资料获得了科学的展现。

在写作这篇博士论文时，亨格纳年仅28岁。该文1989年获伯尔尼大学哲学史系优秀博士论文奖。亨格纳认为，这篇论文研究的既非小传统或地方传统，也非大传统或城市文化，而是介于两者之间。或许有人会说，这不就是我们常说的"城乡结合部"吗？但我以为，且慢"对号入座"，因为亨格纳在书中研究的并不是"埃默河谷"这个地方本身，而是这个地方的特殊群体的宗教生活形式。但无论如何，我们也许可以认为，此书象征着民俗学已经走在从乡村进入城市的途中。

四、从城市到城市特性：城市人创造的日常生活和生活世界

但是，亨格纳的研究并不证明常识，他也不满足于单纯的"从农村到城市"。1995年，他向伯尔尼大学提交了教授资格论文《从民俗学的

角度看城市特性问题:关于作为民俗学研究领域的城市问题的学术史的和专业理论的研究》(*Zur Frage der Urbanität aus volkskundlicher Sicht. Wissenschaftshistorische und fachtheoretische Zugänge zur Problematik der Stadt als volkskundlichem Forschungsfeld*)。该书1998年经过修改,改名为《城市研究领域:论城市生活形式的民俗学研究史》(*Forschungsfeld Stadt. Zur Geschichte der volkskundlichen Erforschung städtischer Lebensformen*, Dietrich Reimer Verlag, 1999),1999年正式出版。这本书并非单纯的学术史研究,亨格纳认为它是有关思想的思想。或许我们可以称之为反思,在我看来,这种反思与其说是reflektieren意义上的,不如说是nachdenken意义上的,因为虽然这两个词都有"反思"的意思,但后者的字面意思是"后思",大有中国古语所谓"螳螂捕蝉,黄雀在后"的深意。

从时间上说,我们后人对前人的思想成果固然有天然的反思或"后思"的优势,但这并不能保证我们就一定能比前人想得更好或更深。换言之,时间上的在后虽然为我们提供了学习和借鉴前人经验或成果的优势,但这种优势并不能保证我们就一定能够站在前人的肩上。亨格纳在梳理前人有关城市的思考时并不限于民俗学领域,也不限于德语地区。他更想在学术史的基础上总结并提炼出自己的理论,在和我交谈时,他也明确对那种东拼西凑式的研究持保留态度。的确,指出前辈学者对城市的拒斥、忽视或者思考不足,似乎并非难事,亨格纳在书中也讨论了许多前辈学者对城市民俗学的思考及其缺憾,但真正难的是如何弥补前人的不足或避免他们的失误。在论述层次上,亨格纳采用了层层递进的方式,先是讨论前辈学者的城市民俗学思考中的盲点,再论述后来学者对这些盲点的发现和批判,最后进展到他本人的理论深化和升华阶段。

亨格纳在一开始就引述莱曼(Lehmann)的说法:"科学的民俗学

是从城市开始的”（第 27 页），并重点对“城市民俗学”（Volkskunde der Stadt）和“城市中的民俗学”（Volkskunde in der Stadt）做出区分，这似乎有些类似于国内社会学和民俗学田野工作者近年来常讨论的问题：是研究村落还是在村落研究？但在我看来，从哲学认识论层面来看，这些讨论都还没有脱离“实体实在论”的束缚。正如马克思研究的资本不是物而是关系一样，实际上，仅从民俗学领域来看，以魏斯的《瑞士民俗学纲要》为理论先导，以鲍辛格在 50 年前出版的《技术世界中的民间文化》为理论主导，民俗学的前辈已经从整体概念上打破了这种“实体实在论”的认识论模式，从而进入了“观念实在论”或“关系实在论”的认识层面。

也就是说，无论民俗学还是社会学，研究的都不是“地点”本身，而是地点上的“关系”，或者说是由“关系”构成的“地点”。或许正是在这个意义上，亨格纳才认为，“城市民俗学”与“城市中的民俗学”的本质区别就在于：前者把城市作为“焦点”（focus），而后者只是把城市当作“地点”或“场所”（locus），①试图在城市中寻找农村即所谓的“城中村”（Dorf in der Stadt），在城市中“猎奇”，用我们常说的话，也就是在城市中寻觅“遗留物”，结果，找来找去找到的不过是自己的影子而已。但城市民俗学则要以城市本身为中心，或者更确切地说，是以“城市特性”为目标。

在我看来，或许正是为了避免把城市实体化的危险，亨格纳才“发明”了 Urbanität（城市特性）这个词，它指的不是城市的实体，而是城市的日常生活维度或者人在城市里的感觉和经验。亨格纳想获得对城市的一种整体理解方式，他要把城市民俗学的传统研究方式提升为对“城市特性”和城市生活风格的研究。当然，亨格纳进一步强调说，城市特性也指城市的生活世界，而不仅仅是城市的经验世界

① 早在 20 世纪 80 年代，瑞典学者乌尔夫·汉纳兹（Ulf Hannerz，1942— ）就注意到 focus 与 locus 的对立关系，但他并没有像亨格纳那样对这种关系作严格的范畴区分。

(Städtische Lebenswelt, und nicht nur urbane Erlebniswelten),因为"城市特性常常是由研究者创造出来的某种东西"(Urbanität oft eine von den Forschenden geschaffene ist,第328页),所以,归根结底,民俗学研究的也不是"城市特性",而是人对城市特性的创造和体验。亨格纳不无抱怨地说,在以往的许多研究中,对人的关注目光消隐在对结构的关注目光之后(参见第259页)。其实,这道出了民俗学研究与其他学科研究的一个根本区别:即民俗学关注人,而且是微观的人。从根本上说,"城市要素是生活形式和生活空间,是社会的和文化的构成物,是被感知、被激活、被体验的量值"(Urbanes als Lebensform und Lebensraum, als soziales und kulturelles Gebilde, als wahrgenommene, belebte und gelebte Grösse,第258页)。这就是说,城市特性既是民俗学者的建构,更是城市中的人在日常生活中的建构、体验和塑造的结果。换言之,人是城市特性出现或产生的条件,并不是说,先有了所谓"城市特性"然后人才去体验,而是说,如果没有包括学者和城市中的民众在内的人,就无所谓"城市特性"。

当然,如上所述,亨格纳用"城市特性"这个词也是想从理论上把城市"虚化"或"内在化"——尽管城市民俗学的经验研究面对的永远是具体的城市或城市生活和城市体验,也就是从具体的城市开始,但作为民俗学的城市理论或者城市民俗学的理论,则必须在抽象的或概念的层面上思考城市及其特征,也就是从具体的城市到抽象的城市,然后再从抽象的城市返回具体的城市,而这时的"具体"已经不是当初的"具体",而是经过"抽象"的中介和"否定"之后的"具体",恰如从"看山是山,看水是水"到"看山不是山,看水不是水"再到"看山还是山,看水仍是水"的第三境界。亨格纳认为,民俗学的研究方法是对文化现实的微观分析,即描述城市中的日常世界和日常现实,从外在的城市进入内在的城市特性或内心的城市化(innere Urbanisierung),而城市体验的特定范畴就是时间和空间。

在《关于时间和空间的秩序——来自民俗学的评论》一文中，他就抓住“时间”和“空间”这两个核心概念来“说事”：时间和空间不是人或物的所谓客观属性，而是“人以他们的表情、动作和行为制造了空间并赋予其以时间性”，因此，民俗学作为日常文化科学，就是要“以人为核心，从人的思想、行为和认知出发，从人的文化习得、行为方式和价值判断出发，从人的经验和实践出发”“只有当我们改变视角，也就是从人出发来考虑空间和时间时，我们才能从思想的死胡同中走出。从人出发，空间展示出的就是超越了地域性，超越了空间的范围，超越了一个地点，超越了以空间为出发点的行为、思想和阐释，超越了将自己置身于空间之中的观念……空间是运动和定位，是想法和经验，是形体和想象，是居住和交流的地点”。① 总而言之，时间和空间只有在人的主观经验建构的意义上才有意义。

亨格纳认为，民俗学与社会学虽然都研究社会，但它们的着眼点不同：社会学关注城市的整体和结构，而民俗学关注城市中的人和个体以及他们如何体验、如何做事。前者宏观，后者微观，前者重“事”，后者重“人”。用另一位学者的概括来说，欧洲民族学或者现代民俗学的日常文化研究关注的中心不是历史的宏观结构，而是人对日常生活的主观感受、个人体验的获得方式以及个人为这种体验赋予的独特意义。由这种“内在的和下层的视角”来看，人不仅是预先规定的被动接受者，而且是文化和历史的积极塑造者。② 应该说，这种对民众和普通人的实践主体性与创造性的认识和发现，这种从实体实在论向关系实在论的转变，是欧洲民族学或现代民俗学思想的一个巨大进步。

---

① 托马斯·亨格纳：《关于时间和空间的秩序——来自民俗学的评论》，吴秀杰译，载周星主编《民俗学的历史、理论与方法》，北京：商务印书馆，2006年，第882—896页。

② 参见 Guido Szymanska，Zwischen Abschid und Wiederkehr：Die Volkskunde im Kulturemodell der EKW，in *Standortbestimmungen. Beiträge zur Fachdebatte in der Europäischen Ethnologie*，Herausgegeben von Tobias Schweiger und Jens Wietschorke，S.80，Verlag des Institutes für Europäische Ethnologie，Wien 2008。

1962年4月17日，吕蒂在《新苏黎世报》上撰文说，鲍辛格目光锐利，有能力创造强有力的概念。在我看来，亨格纳也有类似的才情。1999年，亨格纳获汉堡大学学术教学突出成就奖。2002年，由于此前在民俗学研究方面取得的突出成绩，亨格纳获德意志研究会的莱布尼兹奖。近年来，亨格纳教授完成和承担的课题基本上都是对城市文化的微观分析研究，如研究电话、火车站和享乐品（Genussmittel）在城市日常生活和城市人体验中起到的作用等等。

五、城市民俗学与中国民俗学的关联

从消极地、无奈地适应城市到积极主动地理解城市，从批判城市到面对城市，从仅仅看到外在的城市到意识到人创造和体验出来的内在的或心理的城市——即精神的城市。这既是普通人甚至许多学者面对城市的态度转变历程，也是民俗学的城市观或城市民俗学实际走过的真实轨迹。城市民俗学体现出当代民俗学者强烈的现实感和“与时俱进”的精神。

在我看来，无论民俗学从前研究乡村还是现在研究城市，尽管民俗学者从农村进入了城市，甚至形成了“以农村包围城市”的架势，但一旦从关系实在论的角度着眼，我们就不难看到，研究地点和场所的变化并不能改变民俗学学科的性质，因为学科的性质并不取决于研究的场所或地点，也不取决于研究对象是乡下人还是所谓的城里人。尽管城乡生活形式的确存在差异，但生活在城市或乡村中的人都有各自的生活世界，而人们的生活世界既有不同的一面，也有相同的一面，因此，如果说民俗学是研究人的日常生活世界的一门学问，那么，生活世界的统一性就确保了民俗学学科的内在统一性和存在的必要性。或许正是因为这个原因，亨格纳在书中阐述城市民俗学的根本任务时并没有止步于研究城市的“各种生活形式”（Lenensformen），而是强调了研究城市“生活世界”（Lebenswelt）的重要性。从这个意义上说，所谓的城乡对立，其实并不存在。尽管从经验科学的角度来看，民俗学的研究似乎主要面对的是城乡生活世界之“异”，但这并非本质性的差异。作为研究和描述普通人的生活世界的一门学问，民俗学永远肩负着呈现民众生活和表达普通人心声的任务，作为一门实践科学，它一直承担着发现民众和普通人的主体意愿和实践智慧的义务。

从现实层面来看，中国目前正处于急遽的城市化进程之中。尽管民俗学者无力改变这一进程，但我们有责任关注这个进程中普通人的日常生活和生活世界。换言之，中国民俗学也急需用城市民俗学的研究目光来使城市特性成为民俗学的研究对象，来聚焦城市普通人的民俗文化和日常生活，而这种研究在目前的中国民俗学界还没有形成基本的问题意识和研究阵容。另外，由于中国社会结构的公共空间相对狭窄，所以，中国城市民俗学研究者还肩负着开辟文化公共空间的特殊任务。也就是说，正因为民主的、公共的文化空间结构在中国现实社会中的不发达甚至缺失，中国城市民俗学研究者才更有责任和义务去通过自己的研究促成文化公共领域的民主表达和结构完善，“在中国造就公共知识，说明普通人的日常生活具有自我选择的正当性，从而促使整个社会对他们的生活予以应有的尊重。民俗学者要发挥自己的专业优势，以服务于自己的研究对象的职业精神，促成这些观念成为中国社会的共识、常识和基本的道德价值”。① 在中国，民俗学大概在城市里才有可能最先获得甚至创造种种客观条件来“脱胎换骨”，来获得相对意义上的、外在的学科自由，完成由研究民众到研究普通人、从研究民俗文化到研究日常生活、从实体实在论到关系实在论以及（下文中即将论述的）从经验科学向实践科学的根本转变。在这个过程中，民俗学者会发现，文化就是日常，文化就在日常生活之中，但

① 高丙中：《中国人的生活世界：民俗学的路径》，第 187 页，北京：北京大学出版社，2010 年。

文化似乎又不仅仅是日常。生活世界蕴藏着民俗学者可以做足功课的广阔天地，可供民俗学的经验研究甚至（非经验的）实践研究尽力施展自己的拳脚。

六、民俗学："经验科学"还是"实践科学"？

当然，面对德语地区民俗学的强烈社会科学化和社会学化的实际倾向，除了肯定它们已经取得的成绩之外，早在 2006 年，我也表达过"倒洗澡水连婴儿一起倒掉"的遗憾，①原因至少有两个：一是因为据我所知，德语地区的某些非常深刻的研究传统在近几十年里近乎中断。例如，关于民俗学或民间文学的本体特征，它们曾有过最出色的研究，而现在，这方面的研究却后继乏人。② 其次是因为在我看来，当前德语地区民俗学的实际进程毕竟也不是没有"危险"和"代价"，那就是它们几乎完全摒弃了民俗学的精神科学或实践科学的维度，从而有可能使民俗学发展为一门完全的经验科学。尽管发达如德语地区的民俗学也并没有经历明确的学科分化和实际的细化，但现代民俗学研究从一开始就有分科的趋势和可能，而且不少前辈学者曾明确把民俗学定位为精神科学。③ 尽管我完全理解德语地区尤其是德国民俗学为了肃清民俗学中的纳粹余毒而毅然决然地使民俗学社会科学化的艰苦努力，④并且承认民俗学的经验研究可以不断取得知识的积累和

---

① 参见户晓辉：《德国民俗学者访谈录》，载《民间文化论坛》2006 年第 5 期或中国社会科学院文学研究所编《走向世界的中国文学研究》，北京：社会科学文献出版社，2010 年。

② 例如，安德烈·约勒斯的名著《简单的形式：圣徒传说、传说、神话、谜语、格言、案例、回忆录、童话、笑话》和麦克斯·吕蒂的名著《欧洲民间童话：形式与本质》都是我们学科的经典著作，可惜这种出色的研究传统在当代德语区的民俗学研究中已经后继乏人。这两本书已由户晓辉翻译为汉语，有待出版。

③ 参见户晓辉：《返回爱与自由的生活世界——纯粹民间文学关键词的哲学阐释》，南京：江苏人民出版社，2010 年。

④ 关于当代德国民俗学的社会科学化倾向，参见上文提到简涛的文章。

学术上的进步，也能够不断扩大研究的对象和领域，但我仍然认为：如果这些就是学科研究的全部，那么，民俗学学科自身的内在依据和存在的必要性就仍然缺乏根本的论证，学科本身的基础问题也还有待从理论上做出深入的思考和进一步澄清，否则，学科研究面临的一些根本矛盾就无法加以解决，学科就会难免面临自身的根本危机。例如，一个首要的矛盾就是：民俗学承诺要研究民众的生活，但民众作为人，并不完全是一种经验性的存在，按照康德的说法，人既生活在自然界也生活在本体界，人既是现象又是物自身，这就是说，人既是经验的存在，又是超越经验条件的存在。换言之，民众的文化和生活也具有超验的维度，不是能够完全被经验研究"一网打尽"的现象。① 因此，与其频繁地更换名称，或者向其他学科"投靠"即主张所谓的"跨学科"，不如认真思考学科研究的哲学基础问题。

我认为，经验研究不是民俗学的全部，或者民俗学不完全等于经验民俗学。尽管"非经验的民俗学"（姑且这么称呼）在民俗学发展的实际历程中并没有发育和成长起来，甚至可以说"胎死腹中"，但这并不表明民俗学就应该按照实际发展的那样成为一门完全的经验科学。

当然，我并不固守所谓的学科本位。也许像无数已经随风而逝的事物一样，民俗学也有完成使命而终归消失的一天，而且绝大多数所谓社会科学学科都已经完全成为事实上的经验学科，但这些并不妨碍我将民俗学的至少另一个"分支"思考为非经验的部分。换言之，我认为，只有加上非经验的分支或部分，经验的民俗学研究才算"完整"，而

---

① 关于民俗学的经验研究的局限性，吕微已经提出了质疑："经验科学能否通过从抽象上升到具体的方法给出充分甚至完全意义上的生活中的整全的人即自由的而不是被规定的人，即不仅仅是作为经验学科的民俗学视野下的局部和片面的'民俗之民'"，他站在康德哲学的立场给出的论证结果是："民俗之民能否被还原为生活中的充分、完全意义上的整全的人，看来仅仅站在经验科学的立场上，是无能为力的。在经验论的民俗学中，民俗之俗以及民俗之民都是作为现象而呈现的，因此，无论俗还是民都是被规定物或被规定者，而不可能是规定者自身"。参见吕微：《民俗学的笛卡尔沉思——高丙中〈民俗文化与民俗生活〉申论》，载《民俗研究》2010 年第 1 期。

且只有这两部分合起来才能构成民俗学学科存在的充足依据，才能完成它在起源时为自己设定的根本任务。原因其实并不复杂：因为民俗学以研究民众的生活为己任，而人也是一种超验的存在，人的生活并不完全是经验生活。我主张保留民俗学的精神科学以及实践科学维度的原因，恰恰也是因为这些维度能够对民俗学的经验研究做出补充或者构成经验研究的基础。

但是，这样的说法仍然只是比较保守的说法，而且是出于对既有学科格局的"照顾"而想出的权宜之计。因为从纯粹理论层面上进而言之，亚里士多德对人的理论知识、实践知识和制作知识的区分以及康德对经验、先验和超验的划分已经为我们认识人的本质及其文化创造提供了迄今最具解释力和最有逻辑说服力的基本框架，但无论中外，这样的认识论区分都未能在绝大部分社会科学甚至人文科学中体现出来，由此使这些学科中存在着大量利用经验方法研究非经验"现象"、运用理论认识解决实践问题的"越界"研究，这无异于缘木求鱼，但绝大多数学者对此却浑然不知，这是现代社会科学诸学科甚至某些人文学科已经陷入或者可能陷入深层危机的一个重要原因。以现代民俗学为例，它研究的对象主要并非处于自然因果关系决定中的自然现象，而是人的自由实践创造出来的"现象"，因而是具有非经验和超经验特性的"对象"。尽管我们也可以从自然因果关系的角度对这些现象加以解说和研究，但这样的解说和研究从根本上把人及其文化置于外在因果关系的多元决定之中，而无法开启人的自由维度，因而也难以彰显民俗或文化作为人的自由创造的本质。从根本上说，民俗或文化是人的实践领域，而不是康德哲学划分出来的经验领域。因此，如果我们把民俗学定位为纯粹的经验科学，就会在方法论和认识论上存在方向性的严重误置和重大偏失，从而埋下学科危机的深层隐患。如果不从根本方向上扭转这种"缘木求鱼"的局面，也就无法从根本上消除学科危机的深层根源。

这些重要而复杂的问题，笔者拟在另外的专著中详加论证，这里只能简要说明民俗学之所以不能仅仅成为一门"经验科学"而是应该成为一门"实践科学"的理由。按照通常的理解，经验科学与理论科学相对，指偏重于描述经验事实并且具有明确实用性的科学，一般较少抽象的理论概括。在研究方法上，经验科学以归纳法和定量研究为主，自然科学的早期阶段就属于经验科学，即通过一整套严格的程序来控制变量，观察事件的发生与变化，处理数据并归纳出关于对象的客观结论。在许多人眼里，理论与实践也是相对而言。但是，本文说的"经验科学"不同于自然科学意义上的实验科学，而且这里尤其是在康德对理论和实践划分的意义上来理解"实践科学"，因而与我们一般理解的"理论"（经验）和"实践"有本质区别。

按照康德的区分："与对象有关，并规定什么适于或不适于对象的命题，称为理论命题；反之，实践命题是陈述行为的命题，而行为是客体借以成为可能的必要条件"。[①] 换言之，经验科学研究的是理论命题，即有关被给予的经验对象及其条件的命题，而实践科学研究的是人的行为创造的对象及其条件的命题。本文主要在康德的意义上理解"经验"和"实践"并以此划分"经验科学"和"实践科学"。这样一来，"经验科学"也就是康德意义上的"理论科学"，它们实际上是一回事。顾名思义，所谓经验科学就是以感性经验为知识的唯一源泉的科学。人的感性经验，一方面受先天的感性条件——时间和空间以及先验范畴的限制，另一方面受外在的"某物"给我们感性的刺激的制约，因此，一切感性经验都以特定时间和空间中的因果关系为条件，也就是说，它是被决定者和适应者。

因此，作为经验科学的民俗学强调在具体的时空（环境或语境）中获得具体的观察经验，但这样获得的知识，不仅本身是随着时间和空

① 康德：《逻辑学讲义》，许景行译，北京：商务印书馆，2010 年，第 106 页。

间而变化的知识,而且它呈现出来的也是受到自然因果关系决定或制约的民众或民俗。尽管我们可以为不同时空中的民众或习俗找出不同的因果关系,但民众或民俗一直是自然因果关系链条上的环节。在这样的经验研究中,研究者是被动的和被决定者,被研究的人或物也是被动的和被决定者。

用一个简单的比喻来说,太阳把石头晒热了,太阳晒是石头热的原因,石头热是太阳晒的结果。研究这种自然因果关系的学者必须以这种自然因果关系为前提或者受到它的决定,但是,民俗学实际上并不研究这种因果关系,也不研究作为自然产物的石头本身。民俗学研究的是作为民俗的石头或者石头与人的文化关系。换言之,民俗学要研究的是:人用石头干什么?人为石头赋予什么样的文化意义和目的?尽管石头不是人创造出来的,但石头的文化功能和对人而言的“目的”却是人创造并赋予它的,因此,人与石头就构成了实践关系。不用说,民俗学要研究的恰恰是这种实践关系。人与石头的实践关系固然都发生在特定的时空之中,但它并不绝对受特定时空的决定和制约,因为与人在感性经验中受自然因果关系制约不同的是,人在实践关系中可以开启新的因果链条,可以在经验知识之外为事物赋予意义或新的“因果关系”。

进而言之,尽管自然界中的石头不是人创造的,但作为文化或民俗现象的“石头”却是人创造出来的。一块“宝石”生在无人问津的自然界,无所谓宝石不宝石,既无所谓价值也无以体现它的“价值”,只有人的实践活动才发现或赋予它价值,才可以把它用作“宝石”,因而人是“宝石”产生的条件。同样,没有人的实践活动,一块普通的石头也不可能成为一块“石敢当”或者一件石雕。民俗、文化或民间文学主要不是人的感性经验的产物,而是人的实践活动的产物,由此看来,无论是乡村民俗学还是城市民俗学,要面对和研究的主要应该是人的实践活动,而不是人的感性经验。

由此，我们也可以进一步领会民俗学与社会学的本质区别：社会学研究"事"意味着它更多的是一种经验科学，它把城市当作客观的、已成的事实和结构，这里的城市是一种先在的、处于特定时空中的"物"，而民俗学研究"人"意味着它把城市或城市特性看作人创造和体验出来的东西，因而城市或城市特性是人的实践活动的结果，这里是先有"人"，后有城市或者城市特性，人是城市特性的条件而不是相反。这也就决定了民俗学本质上不是一门经验科学，而是一门实践科学。因此，简而言之，现代民俗学要发现和研究的民众或普通人的创造性和自由并不在经验领域，而是在实践领域。① 民俗学要发现民俗或文化的本质并对人的自我认识真正有所贡献，就不能把自己变成一门经验科学，而是应该成为一门实践科学。民俗学与现实的关系，也可以跳出经验科学的视野而从实践科学的角度得到重新认识和思考。

与此相应的是，经验科学与实践科学的区别不仅在于它们在方法论上的不同，即经验科学主要采用解释(Erklärung/explanation)的方法研究各种因果关系，而实践科学则主要采用理解(Verständigung/understanding)的方法领会人的行为及其作品的意义和价值，更在于它们根本的研究立场存在差异。例如，实践科学也"做"田野调查，但它的田野调查不仅是静观式的或者参与式的观察，而是促成研究对象自由呈现和表达，完成学科实践目的的自我实现。

实际上，从实际的现实层面来看，所谓纯粹的经验研究只是理论上的一种理想类型，因为无论哪一种经验研究，无论怎样标榜所谓的"经验"，都不可能做到"纯粹"。德语地区的许多民俗学研究，如鲍辛格和亨格纳的研究，尽管自称为经验研究，但从实际的研究方式和内

① 在一定意义上，康德哲学正是通过限定了理性的理论或经验用法，而为理性的实践用法开辟了空间，正如李长之所指出："理性的作用乃是统整的(regulative)，而不是建设的(constitutive)、创造的。建设与创造乃是意志(will)所有事；意志是我们能力的根本，也是万物的根本。这是康德哲学的主要思想。"参见李长之：《德国的古典精神》，北京：中国社会科学出版社，2010年，第212页。

容来看，他们也并没有局限于纯粹的经验领域，而是跨入了实践领域。① 因此，既然学科的目的和初衷决定了我们的学科性质，我主张索性不要把民俗学标榜为一门经验科学，而是把它界定为一门实践科学，它以研究人在实践活动中表现出来的主体性和自由创造为目的，以研究文化和生活世界为手段，最终对人的自我认识有所助益。

① 例如，鲍辛格在接受我的访谈时曾说，“经验研究不一定要成为实证研究，它可以是理论性的研究，也可以是实践性的研究……我们不想成为美国式的经验性社会研究，因为它太接近于统计学和量化研究，而我们做的是质性研究。这就意味着我们无法统计人们对我们的问题作何感想，我们试图更多地亲近人们的生活。”参见户晓辉：《德国民俗学者访谈录》，载《民间文化论坛》2006 年第 5 期或中国社会科学院文学研究所编《走向世界的中国文学研究》，北京：社会科学文献出版社，2010 年。

城市化与城市民俗学

——韩国民俗学的转型探索

高　静*

随着中国经济的迅猛发展以及城市化进程的快速推进，中国民俗学迈入转型期，城市民俗学越来越受重视。虽然国内学者早在20世纪80年代就倡导对城市民俗进行研究，但中国城市民俗学至今尚未完全开展起来。在这样的背景下，探讨20世纪末就已基本完成城市化的韩国，在民俗学转型与城市民俗学发展方面的历程，对于今后中国民俗学的转型探索与中国城市民俗学的学科建设具有现实意义。

韩国民俗学诞生于日本殖民时期的1932年。1966年推进的“祖国近代化”运动与1979年出现的“汉江奇迹”，致使韩国民俗学尚未来得及清算殖民地时期的“混种属性”①，就需要仓促面对工业化与城镇化引发研究领域骤然改变的新局面。20世纪70年代金泰坤与李相日积极主张韩国民俗学应从“过去学”转向“现在学”，民俗学的研究重点应从农村民俗学转移到城市民俗学。这种主张在沉寂20余年后，引发了林在海与南根佑之间旷日持久的学术争论。

* 高静，民俗学博士，广西科技大学艺术与文化传播学院副教授、硕士生导师。本文原发表于《西北民族研究》2020年第3期。

① “殖民地混种论”是指1932年成立的朝鲜民俗学会在当时的政治权力作用下，对日本殖民统治者具有反抗与迎合的双重性。

林在海反对金泰坤的“现在学”观点，认同民俗学的本质主义，主张城市民俗学既是农村民俗学的衍生领域又是新生领域；从民俗学的阶级性出发，提出从城市民众(即城市弱势群体)角度认识城市民俗学。南根佑则支持“现在学”的观点，否定民俗学的本质主义，全面解构韩国民俗学；在批判林在海的“民众主义”基础上，提出用 FOLKLORISM 研究克服城市民俗学的困境。尽管韩国民俗学界至今仍未就城市民俗学的定位达成共识，但围绕城市民俗学而展开的学史反思及学术争论成为影响当下韩国民俗学发展的理论基石。

一、“农村消亡论”中韩国民俗学的转型探索

1966 年韩国政府提出“祖国近代化”口号，大力发展工业促进社会经济发展。工业化影响下，越来越多的农民离开农村涌向城市，城市规模不断壮大，农村则日益空心化。1970 年中央政府协同地方政府开展“新农村运动”，全面推进农村现代化建设。在这样的时代背景下，“农村消亡论”开始弥漫于韩国民俗学界，“今后山村消失，偏远村落消失，农村实现现代化时，我们的民俗学去哪里寻找研究对象呢? 如果仍然只是固执于以前的研究对象，我们的民俗学恐怕要关门了。”危机意识促使民俗学界积极行动起来，谋求新形势下韩国民俗学的定位与发展。

1971 年圆光大学民俗学研究所在金泰坤的组织下成立，随后召开了以“传统与民俗学的现代性方向”(1971 年 10 月)、“民俗学转型的课题”(1972 年 2 月)、“民俗学的对象”(1972 年 6 月)、“民俗学的方向”(1972 年 9 月)为主题的四次学术研讨会。当时的参会者有任东权、金宅圭、崔在锡、文相熙、金泰坤、李相日等韩国学者，以及中国学者施翠峰、日本学者竹田旦等。会议以议题讨论的形式进行，会议过程记录

在《韩国民俗学：原论性的对话》(1973年，益山：圆光大学出版社)一书中。[①]

金泰坤在四次原论性对话中，积极主张韩国民俗学应实现从“过去学”向“现在学”的转型。金泰坤首先对以往的韩国民俗学进行了犀利的批判：韩国民俗学长期以来固执于偏远村落的原始残存文化研究，以期发现民族文化的渊源与民族精神的本质。这种研究方法与日治时期的“殖民地民俗学”并无差异，属于“过去学”范畴[②]。然后他提出“今后的韩国民俗学将‘城市民间人’纳入到研究范围，关注民间层现在的生活、文化现象，重视民俗学的现实性”[③]；最后倡议学者研究态度的转变：“民俗学者不应该站在‘客体的’立场，将民俗保有者当作动物园动物一样，只关注其学术上的利用价值；而应该站在‘主体的’立场，站在民间人的立场。”金泰坤的主张虽然提及“城市民间人”，但没有上升到“城市民俗学”的层面，只是主张开拓“社会民俗学”，对新领域展开研究。

李相日是金泰坤“现在学”的支持者，也是被学界公认的在韩国提

---

① 1984年金泰坤在这部论文集基础上新增两个新章节(第一章与第七章)后，改名为“韩国民俗学原论”由诗人社出版发行。

② 金泰坤的言论的原文如下：“时至今日韩国民俗学仍然只是把偏僻村落的原始残存文化视作民俗……长期以来韩国民俗学的目标一直着力于从民俗中寻找民族文化的源流与民族的思想，探求民族文化的本质，故将研究对象限定在农村或偏远山村。这种方法其实是日治时期殖民政策所使用的伎俩，日本殖民政府为了加强对韩民族的精神控制，展开对偏远地区的民俗调查以此来寻找民俗的原形。这种方法可以称之为‘殖民地民俗学’，其目标是从民俗之中寻找韩民族的精神信仰从而制定更为有效的殖民政策，其出发点并不是为改善民俗享有者-民间人的生活，所以属于‘过去学’的范畴。然而，当下的韩国民俗学却没有任何反思就沿袭了这种方法。”

③ 金泰坤相关言论的具体论述：“以往民俗学的研究方法是：(1)学问的目标是‘过去指向性’；(2)学者对待民俗的学术立场是处于客体位置；(3)民俗的研究领域只局限在偏远的民间传承体；(4)民俗学的效用性来看，民俗学游离于民间人的现实生活之外。……今后民俗学应改提倡的方法除根据情况需要可以继承上述的(1)之外，同时还需要：①学问的目标应当着眼当下，树立‘未来指向性’；②学者对待民俗的学术立场应站在主体位置；③民俗学的研究领域应该既包括偏远的民间人，也包括城市的民间人，应该关注现在民间层的生活、文化现象；④民俗学应该参与到民间层的实际生活当中。”

出“城市民俗学”概念的第一人。曾在瑞士学习德国文学(戏剧方向)的他受赫尔曼·鲍辛格《技术世界的民众文化》的启发,1974年3月发表题为“形成的民俗与残存的民俗——城市民俗学对农村民俗学”的论文。文中首先按照研究对象将民俗学进行了二元化划分,将“僻地”的民俗学研究归类为“农村民俗学”,将“以技术产业现场所发生的民俗”为对象的研究归类为“城市民俗学”;接着对农村民俗学的浪漫主义进行批判;最后指出“随着城市化与工业化的发展,无数的现代民俗不断涌现,所以应当提倡用现代民俗学的体系与城市民俗学的研究方法,关注日益更新的民众生活,从而探究民众意识与思维、行为”。李相日提出青少年离家出走与叛逆行为、工厂的劳资纠纷、水库移民政策及其社会保障制度等都可以作为城市民俗学的研究课题,但没有论述具体的研究方法。

“城市民俗学”的概念出现后,并没有引起学界的普遍关注,因为当时“抢救无形文化财”是民俗学界乃至整个社会关注的焦点。新农村运动过程中大量民俗文化被以“破除迷信”的名义损毁,以至于1972年4月韩国内务部长官紧急下达了“全国民俗文化财保护令”。因此,1972年6月首次召开的“民俗学全国大会”将“民俗学的定位”与“文化财的保存和传授”结合在一起集中讨论①。在这样的趋势下,“现在学”的倡导者金泰坤很快投身到巫俗研究之中,“城市民俗学”的提出者李相日则投入了戏剧研究之中。韩国城市民俗学一诞生便进入长达20余年的沉寂期。

二、林在海的城市民众主义

20世纪末韩国工业化与城市化建设进入尾声,城市人口趋于饱

① 1972年6月4日民俗学全国大会讨论会记录,收录于1972年出版的第5期《韩国民俗学》。

和，农村人口老龄化严重。另外，如火如荼的新农村运动已趋于平静，现代化技术与设施带给农民生活便利的同时，也使农村社会完全暴露于大众文化与流行文化之中。民俗文化在农村的传承根基逐步瓦解，人口密集的城市则不断涌现出各种新民俗。不但如此，由于离农现象导致的人口迁移，即便研究农村民俗，有时也不得不去城市寻找相关知情人。总之，随着城市与农村在社会结构中地位的逆转以及城市文化对农村文化的辐射，“城市民俗学”成为韩国民俗学再也无法回避的课题。

2002 年秋到 2003 年春，庆熙大学民俗学研究所召开了以“城市与民俗现场以及研究方法论”“城市与民俗生活”“城市开发与传统”为主题的三次学术研讨会。2003 年 8 月与 2004 年 2 月，韩国民俗学会召开了以“20 世纪与韩国民俗学”为议题的系列研讨会，通过反思 20 世纪韩国民俗学存在的问题，展望 21 世纪韩国民俗学的发展方向；在此基础上，2005 年 2 月与 2006 年 2 月又先后召开了以“城市空间内民俗文化的形态”“城市民俗学的方法与方向”为主题的研讨会，集中讨论城市民俗学的学术定位。

值得一提的是，此时的韩国民俗学已经拥有了坚实的学科背景。韩国国立安东大学 1979 年开始设立民俗学本科专业①，长期以来附属于历史学、国文学等学科的民俗学终于成为独立学科，1988 年与 1999 年该校又相继开始招收民俗学硕士与博士研究生。1998 年韩国中央大学也开设(比较)民俗学本科专业。高校民俗学专业的蓬勃发展，为民俗学理论的构建与实践提供了有力的平台。对韩国城市民俗学研究产生重要影响的城市民众主义理论，正是安东大学民俗系教授林在海提出的。

---

① 安东大学民俗学专业不仅是韩国最早成立的，而且是现存唯一的民俗学专业。韩国中央大学 1998 年曾开设比较民俗学专业，但因招生不足，2013 年停止招生。

林在海的“城市民众主义”理论由《民俗学的新领域与方法——城市民俗学的再认识》(1996 年)、《对‘现在学’观点审视 20 世纪民俗学的批判性认识》(2004 年)、《城市中民俗文化的传承形态与城市民俗学的新纪元》(2007 年)三部曲构成。1996 年的论文对城市民俗的传承形态进行了归类，并提出运用城市民俗学这种新方法实现民俗学研究从“民俗传承论”向“民俗生成论”的转型；2004 年的论文批判金泰坤的“现在学”主张，探讨民俗学研究的问题意识；2007 年的论文在前两篇论文的基础上，在关注城市弱势群体的基础上，提出城市民俗学应实现从民俗主义向民众主义的升华。

林在海的城市民俗学理论建立在对 20 世纪 70 年代金泰坤与李相日言论的批判基础上，具体批判内容如下。第一，“农村消亡论”的说法不成立，因为城市只有依赖农村才能生存，城市化与产业化只是引发社会结构变化从而促使民俗发生变化，但绝对不可能导致民俗消失，所以“民俗学丧失研究对象而关门”的言论不合理。第二，将韩国民俗学贬低为研究农村残存文化的“过去学”是忽视文化相对主义的西方进化论观点，因为残存文化取决于文化传承力而与传承区域无关；况且韩国民俗学从未只固执于农村民俗而有意排斥过城市民俗，“城市民俗学”作为一个历史性概念从韩国民俗学成立初期就已经存在，城市傩舞研究便是最好的证明①。第三，将探究民族文化精神本质的民俗学研究等同于“殖民地民俗学”的说法不合逻辑，因为探寻民族文化的精髓是民俗学的学术起点与重要使命，即便本国学者与日本

① 林在海的具体论述如下：“我们的民俗学界在城市化以前，也就是民俗学成立初期，就已经把城市民俗作为研究对象了。也就说在把城市民俗学视作与村落民俗学相对的地理概念之前，就已经将其视为历史性概念进行了关注。举例来说，将傩舞的起源设定为丰农巫事的话，可以推论城市傩舞是农村傩舞变化发展而来；反之，如果主张傩舞起源于山台戏的话，那么可以推论山台戏是由首尔传播到各地从而形成了农村的傩舞。这时丰农巫事与傩舞的发展过程、山台戏与傩舞发展过程就已经将农村民俗与城市民俗共同作为历时性发展阶段的历史概念，而不是地理概念进行了关注。所以，我们的民俗学界只是关注民俗本身，并没有只是固执于村落民俗而有意过排斥城市民俗。”

殖民政府的研究对象相同,但研究目的不同,学问性质亦不同。第四,不应将民俗学进行农村民俗学与城市民俗学的二元划分,因为现在的城市过去也曾是农村,离农现象促使城市文化与农村文化相互交融,因此城市民俗无法从地理概念上独立于农村民俗,而且文化形态才是界定民俗的标准,即"传承群体的民众性、生产的共同性、传播途径的口头性、生产者与享有者的统一性、现实认识的批评性、历史的传统性";而与民俗事象所处的地理位置无关。

在批判的基础上,林在海指出:对城市民俗学的认识不应局限在空间位置上,而应将其视作一种时间性、历史性概念的新型研究方法。传统民俗学立足于"民俗传承论",即关注民俗事象的传承问题,重视追溯文化的起源;产业化与城市化大规模推进后,城市民俗呈现出不同于传统民俗的现实性与功能性,城市民俗学作为新的研究方法应立足于"文化生成论",从文化变动角度关注新民俗的出现原因。以"汽车开光仪式"为例,这种新民俗伴随着汽车的普及而出现,虽然保险公司有事后理赔服务,但驾驶者出于预防交通事故的心理,大多会在新车使用前准备祭品举行简单的祭祀仪式。这种祭祀仪式的形式与过去渔船起航祭祀相似,从文化变动角度来看可以视作驱邪祈福仪式的传统民俗在新环境与新事物的冲击下发生的变异现象。

林在海将城市中存在的民俗按照传承形态归纳为五类。第一,城市土著民俗。这类由城市土著居民世代传承的民俗在城市化过程中,虽然传承力日渐弱化,但能很好地反映城市民俗的传承与变异问题。第二,新城市民俗。这类民俗是城市规模扩张过程中,农村被纳入城市版图后,原来的农村民俗与城市文明碰撞中形成的民俗。第三,移民民俗。这类民俗是伴随农民进城而流入城市的民俗,大多以家庭或老年组织为单位传承。第四,移植民俗。这类民俗是由于城市经济与消费能力的吸引,具有表演才能的民间艺人向城市聚集而形成的民俗。第五,新生成民俗。这类民俗大多与商品化有关,如情人节、“双11节”①等。林在海指出:对城市民俗复杂性与多样性的研究不仅能很好地阐释文化的传承与变异、文化的碰撞与交融、文化的生产与兼容问题,而且能从中捕捉城市居民的文化意识。

2007年林在海对城市民俗学的认识发生了质的转变,在论证“民俗学是阶级性鲜明的学问,民俗文化是被统治阶级的文化”的基础之上,提出“城市民俗学的定位应是站在‘城市民众’角度,批判城市社会存在的结构性矛盾以及商品化与市场化带来的负面影响”的主张。这里的“城市民众”是指居住在城市边缘,经济困难,无固定职业或从事受歧视行业的弱势群体,如贫民窟的贫民、街头留宿人员、流动商贩、苦力、女服务员、性工作者等。

林在海将固执于寻找城市中新出现的民俗现象而忽视其传承主体——城市民众的民俗学研究定义为民俗主义研究,认为:这类研究大多与研究者看重个人业绩的利己主义有关,多采用Etic的研究立场;取而代之的“民众主义”研究则将探索民俗文化的健康传承与改善民众的现实生活作为主要目标,要求研究者具有强烈的社会责任感,能将民众利益置于个人利益之上,需采用Emic的研究立场。林在海认为,记录城市民众的故事与歌曲、信仰与梦想、生活法则与思维方式的调查报告以及从民众角度诠释生活真谛的学术研究将是城市民俗学发展的方向,将开启民俗学的新篇章。

林在海是韩国第三代民俗学者的代表人物②,是“现场论”研究方

① 韩国的“双11节”叫作“빼빼로날”,是指11月11日这天恋人或朋友之间相互赠送一种叫作“빼빼로”的巧克力棒。

② 林在海1952年出生,历任安东大学民俗系学科长与安东大学民俗研究所所长,论著60余部。2012年韩国“金福文化奖”学术领域获奖人,2013年东亚日报评选的“全国人文社会领域最具影响力人物排名第四”,韩国研究财团统计得出的论文引用率最高者。

法的创始人①，曾担任2008—2018年“韩国口碑文学大系增补事业”现场调查团长，长期致力于农村口碑文学资料的收集，所以对农村民俗文化在城市化进程中的传承变异有深刻认识。因此，他反对将城市民俗学作为地理性概念置于农村民俗学的对立面，主张“民众主义”城市民俗学与农村民俗学互为补充。林在海对城市民俗学与农村民俗学这种非对等关系的设定，对韩国民俗学界产生了深远的影响，至今城市民俗学仍被视为农村民俗学的历史延伸。

三、南根佑的FOLKLORISM研究

东国大学南根佑教授毕业于日本筑波大学人类学专业，受后现代主义思潮影响，从20世纪90年代开始致力于对韩国民俗学的解构研究，主张用FOLKLORISM理论解决城市民俗学的困境。南根佑与林在海的学术争论主要集中在《“民俗”的近代，脱近代的民俗学》(2003年)、《民俗的文化财化与观光化——以江陵端午祭的FOLKLORISM为中心》(2006年)、《从城市民俗学到FOLKLORISM研究的转型——针对林在海的“批判性认识”》(2008年)三篇论文之中。2003年的论文主要批判朝鲜民俗学会的殖民属性，呼应金泰坤的“现在学”言论；2006年的论文则导入“FOLKLORISM”概念深入剖析了江陵端午祭的人为创作过程，尝试建构现代民俗学的研究范例；2008年的论文则针对林在海的民众主义城市民俗学展开批判，主张不区分城市与农村，共同采用FOLKLORISM研究。

南根佑对韩国民俗学的解构主要从学史、学术定位、方法论三方面展开。首先从学史层面来看，南根佑通过考证日文资料指出，1932

① 林在海的“现场论”研究方法反映在《说话作品的现场论性分析》一书中，“现场论”研究方法在20世纪90年代引发了韩国民俗学界“现场论”研究的热潮，出现了大批以“××的现场论性研究”命名的论文。

年成立的朝鲜民俗学会标榜“民族主义”所开展的“抢救(salvage)民俗学”，与朝鲜总督府的殖民地政策存在“共犯关系”，即宋锡夏与孙晋泰所提倡的“乡土娱乐论”是响应日本为侵华战备而开展的农村振兴运动与厚生运动。其次从学术定位层面来看，南根佑认为“将民族文化设定为先验性存在，将探究其本质作为重要使命”的韩国民俗学定位不合理，“因为民俗文化的原始形态是无法探知的，包括民俗学在内的所有近代经验科学的方法论都无法进行证明”“民族文化的本质与民族的精神元素其实并不是客观存在的实体，而是在特定的社会政治语境中不断被重构”。最后从方法论层面来看，南根佑提出，韩国民俗学者代替“他者”为民俗主体发声的行为与东方学研究如出一辙，即如同东方学的研究者在否定东方人的话语权与自主权的基础上展开研究，这种方法无视民俗主体的能动性与创造性。在全面解构的基础上，南根佑援用金泰坤的“现在学”说法，倡导韩国民俗学应聚焦民俗主体根据自身的生活需要有意识重构民俗文化的行为，即关注 FOLKLORISM 的实践现场。

“FOLKLORISM”概念于 20 世纪 80 年代在美国民俗学界盛行，20 世纪 90 年代传播到日本民俗学界，是指“民俗文化经中间人(second hand)传承过程中，在脱离原传承地后产生新功能与新目标的现象；或者无关任何传统而被人为有意识地发明与创造出的类似民俗”。南根佑将这一概念与“文化客体化”(objectification：将文化视为可被人为操作与不断创新的对象)结合在一起，指出“民族文化或地区文化是文化客体化过程中，经过人为筛选后向‘他者’展示的文化要素，这些被选择的文化要素已脱离了原有语境，被赋予了新的含义”。因此，南根佑主张对民俗的创造与发明、改变与应用、观光资源开发与商品化、政策的影响与使用等课题进行文化政治学研究才是现代民俗学的重点。在这样的理论指导下，南根佑对江陵端午祭的人为创造过程，即民俗学者与当地居民为申报无形文化财与世界无形文化遗产，对端午民俗文化要素的筛选与重构过程进行了剖析。

南根佑构建起 FOLKLORISM 的研究范例后，围绕“城市民俗”与“城市民众”的界定问题对林在海的民众主义城市民俗学展开了批判。首先，南根佑认为林在海论证城市民俗时存在自相矛盾之处：林在海主张文化形态是界定民俗的标准，但城市民俗已发生变化，很难套用传统民俗的认定标准；林在海所列举的“情人节”等城市民俗事例也无法满足“传承群体的民众性、生产的共同性、传播途径的口头性、生产者与享有者的统一性、现实认识的批评性、历史的传统性”等传统标准。其次，南根佑反对林在海将城市弱势群体定义为“城市民众”，对贫民窟的贫民、街头留宿人员、流动商贩、苦力、女服务员、性工作者等群体内是否存在民俗提出质疑，认为即使这些群体内存在民俗也面临无法实地调研的困境，“难道要去首尔的地下通道，或者红灯区，或者饭店才能发现‘贫民层民俗’‘露宿人员民俗’‘性工作者民俗’吗?”南根佑犀利地指出，“城市民俗”或“城市民众的民俗”如果拘泥于传统的民俗定义（共同体的无意识性惯行）与传承要求（口头传承的连续性），那么其研究对象与方法会被歪曲，认识论也将陷入误区。

在解构“民众主义”城市民俗学理论的基础之上，南根佑对民俗的传承主体进行重新定位：民俗传承主体是与民俗研究者共同生活在 21 世纪的普通人；他们可以根据自己的需要有意识的重构与重释“民俗”；他们为了维护自身的生活利益，有时会操纵自己的文化实践；他们也会为了达成自己的目的，灵活利用民俗学成果与主流社会舆论。因此，南根佑认为民俗学研究无需区分城市与农村，自己将关注韩国农（渔）村兴起的乡村旅游①，分析这些借助旅游开发发展地区经济的村落共同体成员，如何立足现实利用民俗等文化要素创造“新旅游文化”的过程，倾听围绕旅游文化的本真性与商品性以及经济利益分配

① 2012 年南根佑发表了《Green-tourism 的文化政治学》一文，对忠清南道 B 村进行乡村旅游开发过程中矛盾与对立及其化解过程进行了论述。

等问题产生的多种声音，观察各种声音背后的政治权力及其他各种力量的对抗与调停过程，在参与观察的基础上展开 FOLKLORISM 研究。

四、学术争鸣中韩国民俗学的探索实践

林在海与南根佑的学术争论成为韩国城市民俗学乃至当下韩国民俗学的发展基石。21 世纪韩国民俗学者构建城市民俗学宏观理论体系时，大多在论及这场学术争论的基础上，即支持/反对一方或总体评价双方后，再提出个人观点。朴焕英在林在海所提出的城市民俗五种分类基础上，结合美国民俗学家 Dorson 的分类，细化出城市民俗学的九类研究对象：其一，对城市中存在的农村进行社会民俗层面的研究，如洞祭；其二，城市中少数群体的特有文化，如校园隐语与涂鸦文化；其三，城市中隐蔽存在的俗信文化，如校园祈考文化；其四，城市中的岁时风俗，如“双 11 节”；其五，城市中存在的多种城市传说，如学校怪谈；其六，国际婚姻引发的城市文化多元化研究；其七，多媒体与大众媒体中的文化创意与民俗诠释，如电视剧、电影中的民俗元素的传达方式与诠释方法，以及观众对此的观览感受等；其八，贫民窟或城市街巷等特殊区域的民俗研究；其九，朝鲜民俗研究。

崔元晤认为：“林在海与南根佑关于城市民俗学的定位与研究合理性的争论为时尚早，因为城市民俗学个案研究还未普遍展开的情况下，讨论过分抽象的理论问题犹如空中楼阁，实际意义不大”。因此，他在分析 11 套城市民俗志的内容构成基础上，指出城市民俗学的调查内容应由浅至深分为三个层次有序展开，即“城市与农村共存的传统民俗要素”“城市中独有的城市民俗文化要素”“现代城市的消费文化与大众文化”，随着研究层次的过渡，韩国城市民俗学也会如同日本城市民俗学一样，逐步从“都鄙连续体论”过渡到“城市异质论”，从关

注民俗传承的群体转向个体。

大部分学者聚焦韩国城市民俗学宏观理论构建的同时，部分学者与文化机构另辟蹊径从微观个案研究出发，探索城市民俗学的发展可能。如金明子对城市岁时风俗的研究、金示德对城市葬礼的研究、朴景勇对城市集市文化的研究等。特别是郑衡浩对首尔龙山区六位居民的个人生涯史研究受到学界的关注，他指出："城市民俗学不同于农村民俗学，研究结果会因选取的调查对象不同而产生巨大差异。农村地区的传统文化分布均衡，即使选取的调查对象不同，研究结论的差异也不大；但城市个体的文化背景不同，如果不在认真分析个体的生活经历与记忆以及其居住空间与谋生手段的变化基础上将调查对象进行分类的话，研究结论将没有意义，因此城市民俗学研究应建立在个人生涯史研究之上。"

2008—2009 年国立民俗博物馆与首尔历史博物馆联手对列入旧城改造对象的首尔儿岘区与定陵区进行了民俗调查，并出版发行了 11 部城市民俗志①。调查者常驻调查区域，利用个人访谈与个人文书(ego-document)相结合的方式，采用"经验性民族志"的记述手法编写民俗志。这套丛书首次将"生活物质文化"纳入城市民俗学研究范围，受到了民俗学界的高度评价，被认为是挑战以往城市民俗学风格(城市庆典与城市传说等)的积极尝试。

---

① 11 部城市民俗志分别是：《儿岘洞人们的故事：世上没有所谓别人的事》(城市民俗调查报告书 01，民俗志，2008)、《金钟浩・金福顺夫妇的物件故事：物件，连接熟悉的过去与陌生的现在》(城市民俗报告书 02，生活财，2008)、《变化，共鸣，交流》(城市民俗报告书 03，定陵 3 洞民俗志，2008)、《定陵 3 洞生活财，金正基・赵圣福的家庭故事》(城市民俗报告书 04，2008)、《普光洞的人们，普光洞》(首尔特别市 新城民俗志，2008)、《普光洞的人们，普光洞》(首尔特别市 新城民俗志 02，2008)、《江南：用照片来解读》(2008 年首尔生活文化资料调查，2009)、《江南：用故事来解读》(2008 年首尔生活文化资料调查，2009)、《加佐里——令人怀念的加佐里》(2008 年首尔生活文化资料调查，2009)、《加佐里——加佐里相册 2008 年 8 月—12 月》(2008 年首尔生活文化资料调查，2009)、《加佐里——生活于故事》(2008 年首尔生活文化资料调查，2009)。

五、余　　论

20 世纪 70 年代在“农村消亡论”中开始探索转型的韩国民俗学，至今尚未就城市民俗学的研究领域与研究方法以及城市民俗的传承主体等问题达成共识。但是韩国民俗学者们在反思本国民俗学史的基础上,展开的理论探讨与个案实践,无疑为韩国民俗学的长远发展提供了更多的可能与更大的发展空间。

随着中国工业化与城镇化步伐的迈进,中国民俗学的研究领域也逐步从农村走向城市。中国城市民俗学的学术定位、研究领域、研究方法也正处于探索阶段①。林在海的“城市民众论”立足民俗学的阶级性,将人文关怀注入到城市民俗学研究之中;南根佑的“文化解构论”,关注 FOLKLORISM 的实践现场,将文化政治研究引入民俗学领域。这些理论体系虽然未必适用于中国,但可以为中国民俗学,特别是中国城市民俗学的理论构建,提供一定的借鉴和参考。

参考文献

[1] 徐赣丽.中产阶级生活方式：都市民俗学新课题[J].民俗研究,2017,(4).

[2] [韩]全京秀.朝鲜民俗学会与《朝鲜民俗》的殖民地与隐抗策[J].民俗学研究,2013,(32).

[3] [韩]崔元晤.城市民俗志的制作与城市民俗学的可能性[J].民俗学研究,2009,(25).

[4] [韩]金泰坤.韩国民俗学原论[M].首尔：诗人社,1984.

[5] [韩]南根佑.从城市民俗学向 Folklorism 研究的转型[J].韩国民俗学,2008,(47).

[6] [韩]李相日.形成的民俗与残存的民俗——城市民俗学对农村民俗学[J].世

① 2019 年 10 月底,在华东师范大学召开的“第十届城市社会国际论坛-民俗学分论坛”,中日韩的民俗学者围绕城市民俗学与现代民俗学的理论建构进行了专题讨论。

代，1974，(3).
[7] [韩]南根佑."民俗"的近代，脱近代的民俗学[J].韩国民俗学，2003，(38).
[8] [韩]林在海.城市中民俗文化的传承形态与城市民俗学的新纪元[J].实践民俗学，2007，(9).
[9] [韩]林在海.民俗学的新领域与方法——城市民俗学的再认识[J].民俗研究，1996，(6).
[10] [韩]林在海.对"现在学"观点审视20世纪民俗学的批判性认识[J].南道民俗学，2004，(2).
[11] [韩]林在海.说话作品的现场论性分析[M].首尔：知识产业社，1991：311—316.
[12] [韩]南根佑.韩国民俗学再考——跨越本质主义与复原主义[M].首尔：民俗苑，2014：18.
[13] [韩]南根佑.民俗的文化财化与观光化——以江陵端午祭的FOLKLORSIM为中心[J].韩国民俗学，2006，(43).
[14] 高静.从原形解构看韩国学术界对江陵端午祭的认识论转变[J].文化遗产，2016，(3).
[15] [韩]南根佑.Green-tourism的文化政治学[J].韩国民俗学，2012，(56).
[16] [韩]朴焕英.城市民俗研究的方法和领域[J].韩国民俗学，2011，(54).
[17] [韩]金明子.城市生活与岁时风俗[J].韩国民俗学，2005，(41).
[18] [韩]金示德.现代城市空间的葬礼文化[J].韩国民俗学，2005，(41).
[19] [韩]朴景勇.青少年集团的俗信文化与城市民俗[J].东北亚文化研究，2007，(13).
[20] [韩]郑衡浩.通过个人生涯史探索城市民俗学的研究方法[J].实践民俗学研究，2007，(9).
[21] [韩]李建旭.城市民俗调查的经验共享[J].民俗学研究，2008，(23).

通往“新都市民俗学”之路

——从日本都市民俗学及其问题谈起

［日］中村贵*

日本都市民俗学是1970年代至1990年代掀起的一股学术热潮。随着经济发展与都市化进程（包括乡村的都市化）的推进，日本民俗学者开始关注都市里的民俗、都市化的民俗及市民的生活状况。因为现代化覆盖了整个社会，也就是说，几乎全国都实现了城市化。所以目前在日本民俗学界很少人提起都市民俗学，它变为现代民俗学或其中一部分。尽管如此，在当今社会不断变化与学科转型的背景下，对中国民俗学而言，日本都市民俗学的研究积累仍然有一定的借鉴意义。因此，本文首先梳理日本都市民俗学的发展背景与脉络、研究类型及问题点，并在此基础上，提出今后值得我们借鉴和学习的民俗学对都市研究的六个方向。

一、都市民俗学研究的三个问题

本文主旨不是提倡建立一门新都市民俗学，而是通过讨论民俗学的都市研究，探讨民俗学的学科转型及其相关问题。关于都市民俗学

---

* 中村贵，华东师范大学社会发展学院民俗学研究所讲师、日本关西学院大学世界民俗学研究中心研究员。本文原发表于《华东师范大学学报（哲学社会科学版）》2021年第1期。

研究的问题,有必要讨论以下三点。首先,对于民俗学而言“都市”意味着什么?有关都市民俗学的会议讨论的内容,大多数是传说、非遗、庙会等以往民俗学的研究内容,都市只不过是研究地点。关于都市民俗学这一研究领域本身,却还没有充分讨论。对于我们的学科而言,都市到底意味着什么?我认为这是一个值得讨论的问题。

其次,都市民俗学研究的复杂性与模糊性。每位学者根据自己的方法、维度和范式来讨论都市民俗学,所以虽然内容丰富多彩,但专门讨论都市民俗学的研究目的、目标及研究方法的却并不多见。因此,我们需要从中发现新的方向,并讨论怎样把握都市空间,怎样了解都市背景下的市民的日常生活。再次,以“都市民俗”为对象的研究即为都市民俗学吗?在现代化语境下,民俗学所面临的,不仅是研究对象的转向,更是研究范式的转变。因此我们应该重新探讨民俗学式的都市研究。

二、日本都市民俗学的发展脉络

首先,经济高速发展是都市民俗学发展的重要原因之一。经济发展给人们的生活带来了前所未有的变化,比如,冰箱、电视机、洗衣机、空调、私家车等逐渐进入日本人的日常生活并得到普及。物质水平的提高,充分反映到民众的生活层面。与此同时,随着物质生活的提升,不仅是饮食习惯,休闲方式和生活观念与规范也发生了巨大变化。

其次,农村人口和都市人口比例的逆转,也是都市民俗学发展的重要原因之一。根据日本总务省统计局国势调查的结果,1940 年城市人口为总人口的 38%,1955 年超过 50%,经济高速增长末期的 1970 年达到了 72%。2005 年上升至 86%,2019 年达到了 91.7%。由于农村逐渐都市化,人口流动(移到都市)和产业结构变化,因此日本民俗学者认为民俗本身变化了,研究领域也缩小了,继而让他们觉得产生一种危机感,由此开始关注都市民俗。这些是日本都市民俗学兴起的主要原因。

日本都市民俗学的发展可以分为四个阶段。第一阶段是在都市里发现民俗(1970年代)，这里的民俗所指的是从农村传过来的民俗事象。第二阶段是都市形成了特有的民俗(1980年代)。第三阶段是都市形成了新的民俗(1980年代后期)。第二、三阶段看起来有点像，其实两者之间是有区别的。在日本，传统城市叫做“城下町”。在江户时代(1603—1867)，各个诸侯建立了城池，周围有商人街，武士、商人及从村落过来的农民在城下町进行交易与交流，因此，第二个阶段就是原本只在都市里传承的民俗。第三个阶段是新建的都市里的新民俗。第四个阶段就是现代民俗学(1990年代至今)。都市民俗学为什么变成现代民俗学？现代化覆盖了整个社会，都市与农村之间没什么区别了，因此，可以说当今社会是现代的逻辑下的社会，没有必要提都市与农村之分。

1980年代至1990年代初，研究都市民俗的学者们就陆续把自己的研究成果出版，其中大致有五本经典著作。比如仓石忠彦对公寓住宅区的研究，探讨了在公寓内存在最多的是以女性为主体传承的民俗，衣食生活方面的主题尤为瞩目。以男性为主体的民俗则比较少。其原因是由于城市市民“职住分离”的特点。留守在家的主妇和儿童便成为公寓住宅区民俗生活的主要参加者、组织者和民俗生产者。此外，还有祭礼研究，祭礼除了祭祀活动之外，还包括艺术表演的成分和观看者。另外，自布鲁范德的《消失的搭车客》被翻译介绍到日本以后，日本的民俗学者开始关注都市传说，成为热门一时的研究主题之一。

三、日本都市民俗学的研究类型及其问题

福田亚细男按照具体的研究内容，将日本都市民俗学分为四个类型，即在都市发现民俗、都市形成了特有的民俗、传统都市中的民俗事

象、都市形成了新的民俗。

第一到第三类型有共同点，研究对象是近代形成并传承下来的民俗事象，调查地点是都市（包括传统都市），理论支撑是柳田国男所说的“城乡连续体论”。除了这三个类型之外，还有第四类型，就是口头传承文艺应对社会环境变化的新类型，就是对“现在”的讲述，比如学校流行的怪谈、“世间话”（有关事象百态的闲聊）等。

接下来，还有两位学者对日本都市民俗学的研究内容进行了分类。大月隆宽提到“都市”还是“变化”的观点。他说有些学者过于看重都市及其空间，在他们看来，都市是与村落迥然不同的空间，在其空间里是否存在民俗？这是他们的关注点。另外，还有些学者注重于都市空间里的社会变化，如何变化、变化什么，他们认为这些问题都是民俗学的研究范围。具体而言，包括都市市民的生活规范、社会观念如何变化，等等。对此，岩本通弥也提到了两个分类。其一是所谓以往的民俗学研究，就是从都市发生的各种现象来把握民俗，其目的是探讨民俗事象的原型和变迁。另一个，是把在都市发生的各种现象和都市社会、都市化过程中产生的特征联系起来加以考察，这一点与大月教授提到的“变化”观点有相似之处。

在日本民俗学的学术脉络中，都市民俗学严格来说只是一个热潮，而不是一个研究方向。其原因究竟在哪里？高桑守史认为，首先，民俗学者对都市社会的特征、结构等把握不足。虽然有些学者参照美国学者罗伯特・芮德菲尔德提出的“民俗社会”（folk society），却很少人提到都市社会学的研究，比如罗伯特・帕克、路易斯・沃思等芝加哥学派的研究，还有曼纽尔・卡斯泰尔等人的研究。这导致民俗学对都市研究的视角狭窄，继而对都市社会的把握不足。

其次，都市民俗学者在研究都市时延续了以往以村落为对象的民俗学的概念与方法的局限性。如果按照以往的方法和范式，那就只能关注都市社会中的与村落社会相同的民俗事象。所以，高桑教授认为需要关注当下社会的现代性侧面，有必要通过观察传承的创造过程、结构及领域，阐明作为都市市民的现代日本人的日常行为模式或者生活状况。这应该是都市民俗学的未来走向之一。

大月隆宽也提到一些问题，即在日本民俗学界“都市”“都市民俗”的“乱用”导致都市民俗学的复杂性和模糊性，所以都市民俗学的问题，不仅仅是都市民俗学这一研究领域本身的问题，也是整个日本民俗学的学科属性的问题，其背后有即将丧失学科属性的危机感。因此，大月教授指出，我们还要回到一个根本性问题，就是作为现代科学的日本民俗学的学科特性何在？此外，岩本通弥也对都市民俗学研究提出了自己的观点。岩本教授认为只是在都市进行研究，并不是都市民俗学，而是要立志于搞清楚与都市的特性、现状有关系的东西。都市民俗学不是关注民俗事象本身，而是探讨其背后的都市市民的实际生活及其生活目的。

四、通往“新都市民俗学”之路
——民俗学都市研究的六个方向

日本都市民俗学虽然在1970年代至1990年代掀起了一股热潮，学者们关注都市里的（新）民俗、都市化的民俗及都市市民的生活，但以往的研究范式已经失去了解释力，所以需要以新的研究方法、维度及解释框架来探究都市民俗的问题。如果我们重新讨论都市民俗学的话，需要改变思维，从都市民俗学转到民俗学的都市研究。民俗学的都市研究不仅包括研究都市里的民俗，也应包含都市市民的家庭观念、生活观念与规范等。

我认为今后值得我们学人借鉴和学习的民俗学式的都市研究有六个方向。第一是岩本通弥所说的都市里的个体及其生活经验，主要借用生活史、个人史等方法，关注个体在都市里的生活经验与内心活动(心意)。岩本教授一直关注“亲子心中”(亲子殉死或亲子结伴寻死)。这是20世纪初数量急剧增加的,并主要在都市里发生的现象。这个现象通过媒体被故事化(即“家庭崩溃”),不断产生现实与“现实感”之间的距离。他通过分析媒体上的“亲子心中”及其背后的时代背景,从而论述了媒体报道、都市里的核心家庭(化)与“不能给别人添麻烦”这一社会规范是“亲子心中”增加的主要原因。

第二是面向“人”及其日常生活的研究。2014年出版的《面向“人”的民俗学》,是日本新一代民俗学者撰写的论文集,研究者们试图摆脱以往的研究范式,提倡关注人的主体性、主观性和生活经验的学问。他们的理论探讨与个案研究是值得参考的。

第三是个人生活史(life history)的应用,中野纪和用个人生活史的方法,以地方都市的祭礼为个案,探讨参与者是如何把有关祭礼的规范内在化,并通过口述将其外在化的。通过这样的研究,可以了解参与者共同体内部的复杂性,并且共同体内部的多重记忆不断地被建构,通过揭示这些过程,有助于促使人们对民俗学所研究的对象进行反思。

第四是口述史方法的跨学科应用。这是我这几年一直推进的研究方法,作为方法的口述史主要关注普通人对历史及历史事件的经历与记忆,从而揭示历史及其事件背后的社会意义。因此,依靠口述史方法与记忆理论,通过面向(民俗载体的)普通人并了解其日常生活,阐明在他们的日常生活背后的生活观念与心态,就是现代民俗学的目的之一。

第五是今和次郎的考现学,考现学通过街道上的观察调查,依靠数量化与统计方法,主要关注点落在都市日常层面上,试图把握都市居民的生活行为。在这个意义上,它的研究领域与都市民俗学有着密切关系。

第六是“Third Place”(第三场所),这是美国社会学家雷·欧登伯格(Ray Oldenburg)提出的概念,第一场所是家庭,第二场所是工作地点,第三个场所就是如酒吧、咖啡厅、公园等都在都市中心的闹市区出现的空间。第三场所是让人们将压力释放出来并感觉舒服的空间,并且在那里人们的关系是自由和平等的,没有职场的上下等级意识,也没有家庭里各种角色的束缚。

我最近开始关注居酒屋与日本人的饮酒习惯。当今社会,居酒屋往往是在都市里的闹市区,其建筑仍然保留着江户时代的风格。那么,都市市民为什么在这样的传统空间里喝酒呢?为了释放自己还是什么?居酒屋是治愈的空间吗?饮酒文化本来是民俗学的重要研究对象之一,那么,当代都市市民在都市空间里,尤其是如居酒屋等第三场所里,通过酒和饮酒习惯怎样建构人际关系呢?在他们的都市生活中,饮酒习惯、第三场所到底扮演着怎样的角色?这是我最近比较感兴趣的问题。

结　语

进入现代社会,城镇化、信息化、商业化等现象全面展开,人们的生活方式与观念也发生了新的变化。当下,中国社会城镇化率不断提升,这不仅意味着大量村落开始城市化进程,而且意味着大量农民被"市民化",一些新的都市空间与都市文化也因此诞生。在这种情况下,我们有必要通过讨论民俗学式的都市研究,如关注都市里的个体及其生活体验、个人生活史与口述史方法的应用,以及考现学的观察与视角等,进而超越以往研究范式并探寻新的范式、理论与方法,探讨民俗学的转型及其问题。在这个意义上,都市是民俗学学科发展与转型的"实验室",也是民俗学转型的关键。